21 世纪高职高专财经类能力本位型规划教材
财会专业教学改革教材

会计基础实务

主　编　刘素菊　潘素琼
副主编　李翠凤　周小妮
参　编　裴小妮　贾忠秋
主　审　胡　英

北京大学出版社
PEKING UNIVERSITY PRESS

内容简介

本书以工作过程为导向，以工作任务为驱动，将学科基础知识与基本技能训练相结合，注重学生职业技能及动手能力的培养。本书整体设计框架为一个大项目，以一个虚拟企业为例，介绍其在发生各种经济业务时如何进行会计处理，前后章节业务相互关联，避免条块分割。本书针对高职高专院校学生的学习，实用性强。本书一方面可使学生掌握会计的基本知识、基本方法和基本技能，具备初步的职业能力，能够处理业务简单的小企业的会计工作；另一方面，可以为学生学习和掌握财务会计、财务管理、成本会计等后续专业核心课程奠定良好的专业基础。

本书适合作为财经管理类专业的教材，也可以作为会计类相关从业人员的参考用书。

图书在版编目（CIP）数据

会计基础实务/刘素菊，潘素琼主编. —北京：北京大学出版社，2012.8

（21 世纪高职高专财经类能力本位型规划教材）

ISBN 978-7-301-21145-8

Ⅰ. ①会…　Ⅱ. ①刘…②潘…　Ⅲ. ①会计实务—高等职业教育—教材　Ⅳ. ①F233

中国版本图书馆 CIP 数据核字(2012)第 192580 号

书　　　名：会计基础实务

著作责任者：刘素菊　潘素琼　主编

策 划 编 辑：赖　青　李　辉

责 任 编 辑：姜晓楠

标 准 书 号：ISBN 978-7-301-21145-8/F · 3292

出　版　者：北京大学出版社

地　　　址：北京市海淀区成府路 205 号　100871

网　　　址：http://www.pup.cn　http://www.pup6.cn

电　　　话：邮购部 62752015　发行部 62750672　编辑部 62750667　出版部 62754962

电 子 邮 箱：pup_6@163.com

印　刷　者：三河市欣欣印刷有限公司

发　行　者：北京大学出版社

经　销　者：新华书店

787mm×1092mm　16 开本　13.5 印张　309 千字

2012 年 8 月第 1 版　　2015 年 9 月第 2 次印刷

定　　　价：27.00 元

前　言

“基础会计”是会计专业、财务管理专业的入门课程，通过本课程的学习，学生可以掌握会计的基本知识、基本方法和基本技能，熟悉企业会计工作的基本业务流程。具体而言，学生可以对会计学科和会计工作有一个整体轮廓：什么是会计？如何开展会计工作？应该掌握哪些方法和技能？如何应用这些方法和技能进行业务处理？通过对整体轮廓的把握，学生将具备良好的专业基础和初步的职业能力，能够处理业务简单的小企业的会计工作。

编者根据高职高专院校的教学特点及会计专业的人才培养目标，结合多年的会计实践及教学经验编写了本书。为便于学生理解与学习，在介绍了必备的专业基础知识(知识一、知识二)以后，编者创建了一个虚拟企业——广州美味食品有限责任公司，本书实务操作部分的内容均以该企业为会计主体，以该企业的会计工作任务为驱动，以会计实际工作步骤为主线来展开。本书在“技能模块”中，结合虚拟企业的情况，首先阐述了企业在日常生产经营过程中，相关的经济业务如何进行会计处理(项目一)；其次介绍了怎样填制原始凭证，如何根据原始凭证填制记账凭证，以及记账凭证怎样审核(项目二)；之后阐述了如何登记各种类型的账簿，期末如何对账、结账(项目三)；然后介绍了怎样进行财产清查，财产清查结果如何处理(项目四)；进而论述了会计的最终产品——财务报告(项目五)；最后介绍了企业账务处理程序(项目六)。本书通过这一内容设计思路，将原本比较抽象的会计循环，生动形象地展现在学生面前，使学生对企业会计工作的整体框架有比较清晰的认识，知道企业会计工作包含哪些内容，以及经济业务应该怎样处理等，从而可以避免学生学完本门课程后产生“只见树木，不见森林”的弊端。

本书各部分均设计了知识要点结构图、教学目标、大量的例题及详细的分析说明、知识链接、学习小结、阅读材料、课后习题等。此外，本书配有电子课件及课后习题参考答案，方便教师备课及教学。

本书由刘素菊、潘素琼任主编，李翠凤、周小妮任副主编，裴小妮、贾忠秋参编，胡英主审。具体编写分工如下：知识一、项目一由刘素菊编写，知识二、项目二由李翠凤编写，项目三、项目四由裴小妮编写，项目五由贾忠秋编写，项目六由周小妮编写。此外，潘素琼参加了部分习题的编写和统稿工作，胡英负责审稿工作，刘素菊负责全书的定稿工作。

由于时间和水平有限，书中难免有不足之处，敬请广大读者批评指正。

编　者

2012 年 6 月

目　　录

模块一　知识模块

模块二　技能模块

模块一

知识模块

知识一　会计概述

教学目标

本部分主要介绍会计基本知识，包括会计的概念、会计对象与职能、会计方法、会计要素、会计等式、会计法规、会计机构与人员等基础知识。通过学习，要求学生了解会计的概念和方法、会计机构与人员；理解会计的职能与对象；重点掌握会计要素、会计等式、会计法规、会计基本假设和会计信息质量要求。

知识要点结构图

- 会计概述
  - 会计基础概述
    - 会计的概念
    - 会计对象与职能
    - 会计核算方法
  - 会计要素与会计等式
    - 会计要素
    - 会计等式
  - 会计法规
    - 会计法律
    - 会计行政法规
    - 国家统一的会计制度
    - 地方性会计法规
  - 会计机构与会计人员
    - 会计机构
    - 会计人员

思考

你身边有没有人从事会计工作，你了解会计是怎样的一种职业吗？什么是会计？怎样做会计工作？应该掌握哪些方法和技能？如何应用这些方法和技能进行业务处理？学完本部分知识后你将会有自己的答案。

知识 1.1 会计基础概述

知识 1.1.1 认识会计

1. 会计的产生与发展

会计不是从来就有的，它是随着人类社会的发展而逐步产生的一种经济管理活动。物质资料生产是人类社会存在和发展的基础。依赖于物质资料的生产，人类才能得以生存并且不断发展。在漫长的原始社会初期，人类生存环境恶劣，物质资料匮乏，不具备会计产生的社会经济基础。到了原始社会末期，随着生产力的发展逐渐产生了私有财产，为由社会物质基础所决定的会计的产生提供了必要性。这一时期的“实物记事”、“绘画记事”、“结绳记事”、“刻契记事”等原始计量记录法的应用和完善，是人类会计行为的萌芽，是会计行为产生的条件。

西周时期，会计已经从一种从属的地位独立出来，会计书籍、会计科目、记账符号、会计报告都已出现。西周的官制中专设了“司会”一职，主管朝廷的财政收支。

春秋战国时期，人们逐渐明晰了会计的含义，并最终确立了“会计”的命名。在各级政权机构的职能部门中一般均设置主管核算事宜的职官，会计核算中使用不同的凭证和账册，会计报告已形成制度。

漫长的封建社会中会计得到了进一步的发展，出现了“四柱清算法”、“三脚账”、“龙门账”、“四脚账”等记账法。“三脚账”、“龙门账”、“四脚账”是我国复式记账法的最初形式，记录比较全面，为以后复式记账法的发展奠定了基础。

辛亥革命后，我国会计学家积极引进西方借贷复式记账法。

新中国成立以来，会计法律制度体系和会计管理体系建立并不断完善。我国先后颁布了《中华人民共和国会计法》、《中华人民共和国注册会计师法》、《企业财务报告条例》、《企业会计准则》、《企业会计制度》等会计法律法规。在会计管理体系方面，设立了具体负责统一会计制度建设工作的会计司，建立并不断完善了预算会计管理体制和企业会计管理体制。

2. 会计的概念

会计是以货币为主要计量单位，以提高经济效益为主要目标，运用专门方法对企业、机关、事业单位和其他组织的经济活动进行全面、综合、连续、系统的核算和监督，并随着社会经济的日益发展，逐步开展预测、决策、控制和分析的一种经济管理活动。

由此可见，会计具有以下特点。

(1) 以货币作为主要的计量尺度。采用货币量度，可对不同质的事物用相同的量度来进行反映，并可进行分类汇总和比较，提供综合指标。有时会计也要运用实物量度和劳动量度作为辅助量度，但是货币量度始终是会计最基本的、主要的计量尺度。

(2) 会计履行职能、实现目标，具有一套较为完整的专门方法。会计方法基本由会计的核算，检查，分析，预测、决策和控制等方法组成。其中，会计核算方法是会计信息的基础，会计检查方法是会计质量的保证，会计分析方法是会计信息利用的前提，会计预测、决策和控制方法是会计职能的延伸和管理细化的扩充。这几种方法既密切联系，又有一定区别，都是为了从事会计活动、履行会计职能、实现会计目标所运用的技术手段。

(3) 具有连续性、系统性、全面性和综合性。会计在利用货币量度计算和监督经济活动时，以经济业务发生的时间先后为顺序，对每笔经济业务进行连续登记，登记时，要进行分类整理，使之系统化，做到连续、系统、全面完整，并通过价值量进行综合、汇总，以综合地反映经济活动的过程和结果。

知识链接

什么是“会”、“计”

“会”字字形，在古汉语中写作“會”。《说文解字》中解释：“会，合也，从亼、从曾省，曾，益也。”分别释之，“合，合口，从亼、从口”，“亼，三合也，从人、一、象三合之形”。

“计”字字形，在古汉语中写作“計”。《说文解字》中解释：“计，会也；筭也。从言、从十。”分别释之，“会，合也”，“筭，长六寸，计历数者”。古汉语中 “筭”与“算”为同音假借字，“算，数也。从竹从具。”

汉代以后，“会计”逐渐成为固定的单一用法。“会计”一词，据清代焦循在《孟子正义》中的阐述，为“零星算之为计，总合算之为会”。

知识 1.1.2 会计对象与职能

1. 会计对象

会计对象就是指会计所要核算和监督的内容。由于会计以货币为主要计量单位，所以具体来讲，会计对象是指企事业单位在经济活动中所表现出的资金运动，即资金运动构成了会计核算和会计监督的内容。

任何企业要从事生产经营活动，首先必须拥有一定数量的财产物资，这些财产物资的货币表现，就称之为经营资金，简称资金。随着企业生产经营活动的不断进行，企业的资金也在不断地发生变化，包括资金的投入、资金的循环、资金的退出等．这就是资金的运动。

会计正是利用货币为主要计量尺度，以企业的资金运动为对象，对企业生产经营活动进行核算和监督的。因此，企业会计的对象可以概括为企业再生产过程中的资金运动，具体包括资金的投入、资金的循环、资金的退出等方面。

在不同的企业或单位，资金运动的形式和内容各有不同，会计核算和监督的对象也有所不同。下面以工业企业为例来说明资金运动的过程。

1) 资金投入

工业企业要进行生产经营，必须拥有一定的资金，这些资金的来源包括所有者投入企业的资金以及从银行等金融机构借入的资金。这是资金的投入，也是资金运动的起点。

2) 资金循环

企业的资金随着生产经营活动的进行表现为不同的形态。工业企业的经营过程包括供应、生产、销售 3 个阶段，资金投入企业后经过供应过程、生产过程、销售过程，进行周而复始的循环运动。在供应过程中，企业要购买机器设备、原材料等劳动资料；在生产过程中，劳动者借助一定的劳动手段将劳动对象加工成特定产品，同时发生原材料消耗、固定资产的折旧费、生产工人的工资等；在销售过程中，企业将生产的产品销售出去，发生销售费用、收回款项等业务活动。综上所述，资金的循环就是从货币资金开始依次转化为储备资金、生产资金、成品资金，最后又回到货币资金的过程，资金周而复始的循环称为资金循环。

3) 资金退出

企业上缴税费、归还借款、向所有者分配利润等经济活动是资金的退出。

以上是工业企业资金运动的过程，具体过程如图 1.1 所示

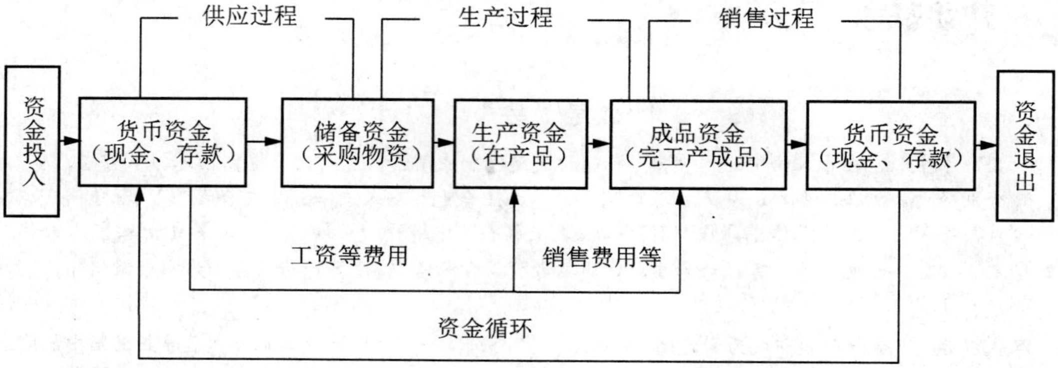

图 1.1　工业企业资金运动的过程

由图 1.1 可见，工业企业资金运动的几个过程是相互联系、相互制约的，没有资金的投入，就不会有资金的循环与周转，就不会有债务的偿还、税费的上缴和利润的分配等资金退出；没有资金的退出，就不会有新一轮的资金投入，就不会有企业的进一步发展。

2. 会计基本职能

会计职能是指会计在经济管理中所具有的职能，是会计本质的外在表现。会计的职能随经济的发展和会计内容、作用的不断扩大而发展。会计核算与会计监督是会计的两个基本职能。随着社会经济的发展，会计产生了预测、决策、预算、控制、分析等新的职能。

1) 会计的核算职能

会计的核算职能是指会计通过确认、计量、记录、报告，运用一定的方法和程序，利用货币形式，从价值量方面反映企业已经发生或完成的客观经济活动情况，为经济管理提供可靠的会计信息。会计核算具有连续性、系统性、全面性和综合性的特点。

2) 会计的监督职能

会计的监督职能是指在经济事项发生以前，经济事项进行中或发生后，会计利用预算、检查、考核、分析等手段，对单位的货币收支及其经济活动的真实性、完整性、合规性和有效性进行指导与控制。会计监督包括事前、事中和事后监督。

会计核算与会计监督是相互作用、相辅相成的。会计核算是会计监督的基础，没有核算，监督就无从谈起；而会计监督是会计核算质量的保证。对经济活动进行会计核算的过程，同时也是实行会计监督的过程。

知识 1.1.3 会计核算方法

会计方法是指从事会计工作所使用的各种技术方法，一般包括会计核算方法、会计分析方法和会计检查等方法。其中会计核算方法是会计方法中最基本的方法，主要包括以下 7 种专门方法：设置账户、复式记账、填制和审核凭证、登记会计账簿、成本计算、财产清查和编制会计报表。

1. 设置账户

设置账户是对会计核算的具体内容进行分类核算和监督的一种专门方法。会计对象的具体内容是复杂多样的，要对其进行系统、连续的核算和监督，就必须对经济业务进行科学的分类，通过设置会计科目对会计对象进行科学分类，根据会计科目设置会计账户，以便分门别类、连续地记录经济业务，实现会计核算和监督的职能。

2. 复式记账

复式记账是指对每一项经济业务，以相等的金额，同时在两个或两个以上相互联系的账户中进行登记的一种专门方法。采用复式记账方法，可以全面地反映每一笔经济业务的来龙去脉，而且可以防止差错，便于检查账簿记录的正确性和完整性，是一种比较科学的记账方法。

3. 填制和审核会计凭证

会计凭证是记录经济业务，明确经济责任，作为记账依据的书面证明。各单位发生的任何会计事项都必须取得原始凭证，证明其经济业务的发生或完成。原始凭证要送交会计进行审核，审核其填制内容是否完备、手续是否齐全、业务的发生是否合理合法等，经审核无误后，才能编制记账凭证。记账凭证是记账的依据，原始凭证和记账凭证统称为会计凭证。审核和填制会计凭证是会计核算的一种专门方法，它能保证会计记录的完整、可靠，提高会计核算的质量。正确填制和审核会计凭证是核算和监督经济活动财务收支的基础，是做好会计工作的前提。

4. 登记会计账簿

账簿是具有一定格式，用来记账的簿籍。登记会计账簿就是根据审核无误的会计凭证，采用复式记账法，把经济业务分门别类、内容连续地在有关账簿中进行登记。借助于账簿，就能将分散的经济业务进行分类汇总，系统地提供每一类经济活动的完整资料，反映一类或全部经济活动发展变化的全过程，满足经济管理的需要。账簿记录的各种数据资料，也是编制财务报表的重要依据。

5. 成本计算

成本计算是按照一定对象归集和分配生产经营过程中发生的各种费用，以便确定该对象的总成本和单位成本的一种专门方法。例如，工业企业要计算生产产品的成本，就要把企业进行生产活动所耗用的材料、支付的工资，以及发生的其他费用加以归集，并计算产品的总成本和单位成本。产品成本是综合反映企业生产经营活动的一项重要指标。正确地进行成本计算可以考核生产经营过程中的费用支出水平，同时又是确定企业盈亏和制定产品价格的基础，并且能为企业进行经营决策提供重要数据。

6. 财产清查

财产清查就是通过对各项财产物资、货币资金等进行实物盘点，对往来款项进行核对，以查明实存数同账存数是否相符的一种专门方法。通过财产清查，可以提高会计记录的正确性，保证账实相符。同时，还可以查明各项财产物资的保管和使用情况，以及各种结算款项的执行情况，以便对积压或损毁的物资和逾期未收到的款项，及时采取措施进行清理，加强对财产物资的管理，保证财产的完整，并能为编制会计报表提供真实、准确的资料。

7. 编制会计报表

编制会计报表是根据账簿记录的数据资料，采用一定的表格形式，概括、综合地反映各单位在一定时期内经济活动过程和结果的一种方法。编制会计报表是对日常核算工作的总结，是在账簿记录基础上对会计核算资料的进一步加工和整理。会计报表提供的资料是进行会计分析、会计检查的重要依据。

以上会计核算的7种方法，虽各有特定的含义和作用，但并不是独立的，而是相互联系、相互依存、又相互制约的。它们构成了一个完整的方法体系。这些方法相互配合运用的程序如下。

(1) 经济业务发生后，取得和填制会计凭证。

(2) 按会计科目对经济业务进行分类核算，并运用复式记账法在有关会计账簿中进行登记。

(3) 对生产经营过程中的各项费用进行成本计算。

(4) 对账簿记录通过财产清查加以核实，保证账实相符。

(5) 期末，根据账簿记录资料和其他资料，进一步地进行加工和整理，编制会计报表。

会计核算的工作程序如图1.2所示。

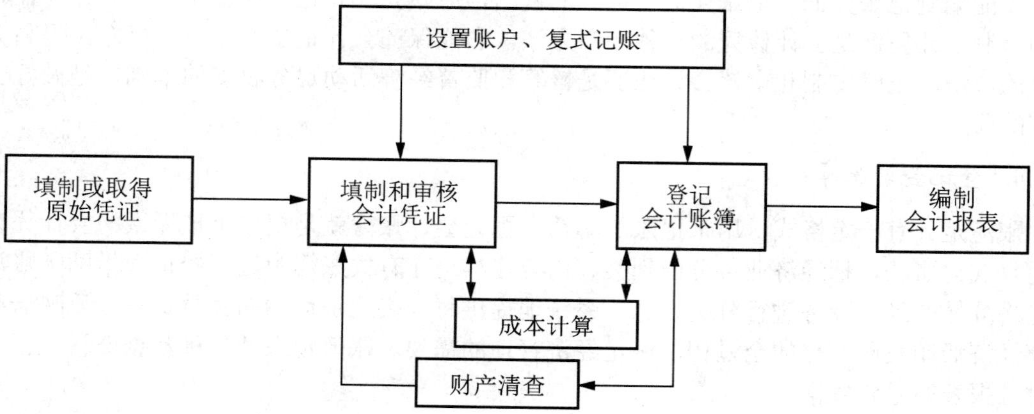

图1.2　会计核算的工作程序

知识1.2　会计要素与会计等式

知识1.2.1　会计要素

会计要素是对根据交易或者事项的经济特征所确定的会计对象所进行的基本分类。基本准则规定，会计要素按照其性质分为资产、负债、所有者权益、收入、费用和利润，其中，资产、负债和所有者权益要素侧重于反映企业的财务状况，收入、费用和利润要素侧重于反映企业的经营成果。会计要素的界定和分类可以使财务会计系统更加科学严密，为投资者等财务报告使用者提供更加有用的信息。

1. 资产

1) 资产的定义

资产是指企业过去的交易或者事项形成的、由企业拥有或者控制的、预期会给企业带来经济利益的资源。根据资产的定义，资产具有以下特征。

(1) 资产应为企业拥有或者控制的资源。资产作为一项资源，应当由企业拥有或者控制，具体是指企业享有某项资源的所有权，或者虽然不享有某项资源的所有权，但该资源能被企业所控制。

一般而言，在判断资产是否存在时，所有权是考虑的首要因素。有些情况下，资产虽然不为企业所拥有，即企业并不享有其所有权，但企业控制了这些资产，同样表明企业能够从资产中获取经济利益，符合会计上对资产的定义。例如，企业以融资租赁方式租入一项固定资产，尽管企业并不拥有其所有权，但是如果租赁合同规定的租赁期相当长，接近于该资产的使用寿命，表明企业控制了该资产的使用及其所能带来的经济利益，应当将其作为企业资产予以确认、计量和报告。

(2) 资产预期会给企业带来经济利益是指资产直接或者间接导致现金或现金等价物流入企业的潜力。这种潜力可以来自企业日常的生产经营活动，也可以是非日常活动；带来经济利益的形式可以是现金或者现金等价物形式，也可以是能转化为现金或者现金等价物的形式，或者是可以减少现金或者现金等价物流出的形式。

资产预期能为企业带来经济利益是资产的重要特征。例如，企业采购的原材料、购置的固定资产等可以用于生产经营过程，制造商品或者提供劳务，对外出售后收回货款，货款即为企业所获得的经济利益。如果某一项目预期不能给企业带来经济利益，那么就不能将其确认为企业的资产。前期已经确认为资产的项目，如果不能再为企业带来经济利益，也不能再确认为企业的资产。例如，确定不能收回的应收账款，由于不符合资产定义，不应当再确认为资产。

(3) 资产是由企业过去的交易或者事项形成的。资产应当由企业过去的交易或者事项所形成，过去的交易或者事项包括购买、生产、建造行为或者其他交易或事项。换句话说，只有过去的交易或者事项才能产生资产，企业预期在未来发生的交易或者事项不形成资产。例如，企业有购买某存货的意愿或者计划，但是购买行为尚未发生，就不符合资产的定义，不能因此而确认存货资产。

2) 资产的确认条件

将一项资源确认为资产，需要符合资产的定义，还应同时满足以下两个条件。

(1) 与该资源有关的经济利益很可能流入企业。

(2) 该资源的成本或者价值能够可靠地计量。

3) 资产的分类

对资产可以作多种分类，常见的是按流动性分类。按流动性进行分类，可以分为流动资产和非流动资产。流动资产是指那些在一年内变现的资产，如应收账款、存货等。有些企业经营活动比较特殊，其经营周期可能长于一年，比如造船、大型机械制造，从购进原料到销售商品直到收回货款，周期比较长，往往超过一年，在这种情况下，就不能把一年内变现作为划分流动资产的标志，而是将经营周期作为划分流动资产的标志。长期投资、固定资产、无形资产的变现周期往往在一年以上，所以称为非流动资产。

特别提示

按流动性对资产进行分类，有助于掌握企业资产的变现能力，从而进一步分析企业的偿债能力和支付能力。一般来说，流动资产所占比重越大，说明企业资产的变现能力越强。流动资产中，货币资金、短期投资比重越大，则支付能力越强。

2. 负债

1) 负债的定义

负债是指企业过去的交易或者事项形成的、预期会导致经济利益流出企业的现时义务。根据负债的定义，负债具有以下特征。

(1) 负债是企业承担的现时义务。负债必须是企业承担的现时义务，这是负债的一个基本特征。其中，现时义务是指企业在现行条件下已承担的义务。未来发生的交易或者事项形成的义务，不属于现时义务，不应当确认为负债。

例如，企业购买原材料形成应付账款，企业向银行借入款项形成借款，企业按照税法规定应当交纳的税款等，均属于企业承担的现时义务，需要依法予以偿还。而企业计划下个月向银行借款，则不属于现时义务，不应确认为负债。

(2) 负债预期会导致经济利益流出企业。预期会导致经济利益流出企业也是负债的一个本质特征，只有企业在履行义务时会导致经济利益流出企业的，才符合负债的定义，如果不会导致企业经济利益流出，就不符合负债的定义。在履行现时义务清偿负债时，导致经济利益流出企业的形式多种多样。例如，用现金偿还或以实物资产形式偿还；以提供劳务形式偿还；以部分转移资产、部分提供劳务形式偿还等。

(3) 负债是由企业过去的交易或者事项形成的。负债应当由企业过去的交易或者事项所形成。换句话说，只有过去的交易或者事项才形成负债，企业将在未来发生的承诺、签订的合同等交易或者事项，不形成负债。

2) 负债的确认条件

将一项现时义务确认为负债，需要符合负债的定义，还应当同时满足以下两个条件。

(1) 与该义务有关的经济利益很可能流出企业。

(2) 未来流出的经济利益的金额能够可靠地计量。

3) 负债的分类

预期在一年或一个经营周期内到期清偿的债务属于流动负债。除以上情形以外的债务，即为非流动负债，一般包括长期借款、应付债券、长期应付款等。

3. 所有者权益

1) 所有者权益的定义

所有者权益是指企业资产扣除负债后由所有者享有的剩余权益。公司的所有者权益又称为股东权益。所有者权益是所有者对企业资产的剩余索取权，它是企业资产中扣除债权人权益后应由所有者享有的部分，既可反映所有者投入资本的保值增值情况，又体现了保护债权人权益的理念。

2) 所有者权益的来源构成

所有者权益的来源包括所有者投入的资本、直接计入所有者权益的利得和损失、留存收益等，通常由实收资本(或股本)、资本公积(含资本溢价或股本溢价、其他资本公积)、盈余公积和未分配利润构成。

所有者投入的资本是指所有者投入企业的资本部分，它既包括构成企业注册资本或者股本部分的金额，也包括投入资本超过注册资本或者股本部分的金额，即资本溢价或者股本溢价，这部分投入资本在我国企业会计准则体系中被计入了资本公积，并在资产负债表中的资本公积项目下反映。

直接计入所有者权益的利得和损失，是指不应计入当期损益、会导致所有者权益发生增减变动的、与所有者投入资本或者向所有者分配利润无关的利得或者损失。其中，利得是指由企业非日常活动所形成的、会导致所有者权益增加的、与所有者投入资本无关的经济利益的流入。损失是指由企业非日常活动所发生的、会导致所有者权益减少的、与向所有者分配利润无关的经济利益的流出。

留存收益是企业历年实现的净利润留存于企业的部分，主要包括累计计提的盈余公积和未分配利润。

3) 所有者权益的确认条件

所有者权益的确认和计量主要取决于资产、负债、收入、费用等其他会计要素的确认和计量。所有者权益即为企业的净资产，是企业资产总额中扣除债权人权益后的净额，反映所有者(股东)财富的净增加额。通常企业收入增加时，会导致资产的增加，相应地会增加所有者权益；企业发生费用时，会导致负债增加，相应地会减少所有者权益。因此，企业日常经营的好坏和资产负债的质量直接决定着企业所有者权益的增减变化和资本的保值增值。

4. 收入

1) 收入的定义

收入是指企业在日常活动中形成的、会导致所有者权益增加的、与所有者投入资本无关的经济利益的总流入。根据收入的定义，收入具有以下特征。

(1) 收入是企业在日常活动中形成的。日常活动是指企业为完成其经营目标所从事的经常性活动以及与之相关的活动。例如，工业企业制造并销售产品、商业企业销售商品、保险公司签发保单、咨询公司提供咨询服务、软件企业为客户开发软件、安装公司提供安装服务、商业银行对外贷款、租赁公司出租资产等，均属于企业的日常活动。明确界定日常活动是为了将收入与利得相区分，日常活动是确认收入的重要判断标准，凡是日常活动所形成的经济利益的流入应当确认为收入，反之，非日常活动所形成的经济利益的流入不能确认为收入，而应当计入利得。比如，处置固定资产属于非日常活动，所形成的净利益就不应确认为收入，而应当确认为利得。再如，无形资产出租所取得的租金收入属于日常活动所形成的，应当确认为收入，但是处置无形资产属于非日常活动，所形成的净利益，不应当确认为收入，而应当确认为利得。

(2) 收入会导致所有者权益的增加。与收入相关的经济利益的流入应当会导致所有者权益的增加，不会导致所有者权益增加的经济利益的流入不符合收入的定义，不应确认为收入。例如，企业向银行借入款项，尽管也导致了企业经济利益的流入，但该流入并不导致所有者权益的增加，而使企业承担了一项现时义务，不应将其确认为收入，应当确认一项负债。

(3) 收入是与所有者投入资本无关的经济利益的总流入。收入应当会导致经济利益的流入，从而导致资产的增加。例如，企业销售商品，应当收到现金或者在未来有权收到现金，才表明该交易符合收入的定义。但是，经济利益的流入有时是由所有者投入资本的增加所致的，所有者投入资本的增加不应当确认为收入，应当将其直接确认为所有者权益。

2) 收入的确认条件

企业收入的来源渠道多种多样，不同收入来源的特征有所不同，其收入确认条件也往往存在一些差别，如销售商品、提供劳务、让渡资产使用权等。一般而言，收入只有在经济利益很可能流入从而导致企业资产增加或者负债减少、经济利益的流入额能够可靠计量时才能予以确认。收入的确认至少应当符合以下条件：一是与收入相关的经济利益应当很可能流入企业；二是经济利益流入企业的结果会导致资产的增加或者负债的减少；三是经济利益的流入额能够可靠计量。

5. 费用

1) 费用的定义

费用是指企业在日常活动中发生的、会导致所有者权益减少的、与向所有者分配利润无关的经济利益的总流出。根据费用的定义，费用具有以下特征。

(1) 费用是企业在日常活动中形成的。费用必须是企业在其日常活动中所形成的，这些日常活动的界定与收入定义中涉及的日常活动的界定相一致。企业非日常活动所形成的经济利益的流出不能确认为费用，而应当计入损失。

(2) 费用会导致所有者权益的减少。与费用相关的经济利益的流出应当会导致所有者权益的减少，不会导致所有者权益减少的经济利益的流出不符合费用的定义，不应确认为费用。

(3) 费用与向所有者分配利润无关。费用的发生应当会导致经济利益的流出，从而导致资产的减少或者负债的增加(最终也会导致资产的减少)。其表现形式包括现金或者现金等价物的流出，存货、固定资产和无形资产等的流出或者消耗等。企业向所有者分配利润也会导致经济利益的流出，而该经济利益的流出属于投资者投资回报的分配，是所有者权益的直接抵减项目，不应确认为费用，应当将其排除在费用的定义之外。

2) 费用的确认条件

费用的确认除了应当符合定义外，至少还应当符合以下条件：一是与费用相关的经济利益应当很可能流出企业；二是经济利益流出企业的结果会导致资产的减少或者负债的增加；三是经济利益的流出额能够可靠计量。

6. 利润

1) 利润的定义

利润是指企业在一定会计期间的经营成果。通常情况下，如果企业实现了利润，表明企业的所有者权益将增加，业绩得到了提升；反之，如果企业发生了亏损(即利润为负数)，表明企业的所有者权益将减少，业绩下降。利润是评价企业管理层业绩的指标之一，也是投资者等财务报告使用者进行决策时的重要参考。

2) 利润的来源构成

利润包括收入减去费用后的净额、直接计入当期利润的利得和损失等。其中收入减去费用后的净额反映企业日常活动的经营业绩，直接计入当期利润的利得和损失反映企业非日常活动的业绩。

3) 利润的确认条件

利润反映收入减去费用、计入当期利润的利得减去计入当期利润的损失后的净额。利润的确认主要依赖于收入和费用以及计入当期利润的利得和计入当期利润的损失的确认，其金额的确定也主要取决于收入、费用、计入当期利润的利得和计入当期利润的损失金额的计量。

以上各要素，资产、负债及所有者权益能够反映企业在某一个时点的财务状况，如某企业在 2011 年 12 月 31 日，财务状况为资产 200 万元，负债 80 万元，所有者权益 120 万元，这 3 个要素属于静态要素，在资产负债表中予以列示，称之为资产负债表要素；收入、费用及利润能够反映企业在某一个期间的经营成果，如 2011 年某企业实现收入 80 万元，扣除成本费用 60 万元，本年度企业实现利润 20 万元，因此这 3 个要素属于动态要素，在利润表中列示，称之为利润表要素。

知识 1.2.2 会计等式

1. 资产、负债及所有者权益之间的平衡关系

由前述可知，资金运动在静态情况下，资产、负债及所有者权益 3 个要素之间存在着平衡关系。资产各项目反映了资金的使用状况，而负债和所有者权益则体现了资金的来源情况，三者之间的平衡关系为

资产=负债+所有者权益 (等式 1)

该等式反映了资产的归属关系，是会计对象的公式化，同时也反映了其经济内容和数学上的等量关系，既是资金平衡的理论依据，也是设置账户、复式记账和编制资产负债表的理论依据。因此，会计上又称为基本会计等式。

2. 收入、费用与利润之间的关系

资金运动在动态情况下，其循环周转过程中发生的收入、费用和利润，也存在着平衡关系，其平衡公式为

收入-费用=利润 (等式 2)

若利润为正数，则企业有盈利；若利润为负数，则企业存在亏损。

3. 综合等式

企业在经营过程中，或盈利，或亏损。在某一时点，“收入-费用=利润”，若利润为正，表明经济利益流入大于经济利益流出，即企业资产增多。平衡公式为

资产=负债+所有者权益+(收入-费用) (等式 3)

4. 会计等式的恒等性

由上面分析可以看出，等式 1 是反映资金运动的整体情况，而等式 2 反映的是企业资金运动状况，资产加以运用取得收入后，资产便转化为费用，收入减去费用后即为利润，该利润作为资产用到下一轮经营，于是便产生了等式 3，当利润分配后，等式 3 便消失，又回到等式 1。所以不管 6 个会计要素如何相互转变，最终均要回到“资产=负债+所有者权益”这一会计基本等式。

企业在生产经营过程中，每天会发生多种多样、错综复杂的经济业务，经济业务的发生会引起会计要素的增减变动，但不论各会计要素如何变动，都不会破坏“资产=负债+所有者权益”的恒等关系。这一恒等关系是复式记账法的理论基础，也是编制资产负债表的依据。

下面举例说明该等式的恒等性。

经济业务的发生引起“资产=负债+所有者权益”等式两边的会计要素的增减变动，可以总结归纳为以下4种类型。

1) 资产和负债及所有者权益同时等额增加

【例1-1】 A公司所有者甲于2010年7月1日追加投入资本60 000元，款项已存入银行。

【分析】 这笔经济业务的发生，使公司资产方的银行存款增加了 60 000 元，同时使负债及所有者权益方的实收资本增加了60 000元，等式两边同时等额增加，使资产总额仍然等于负债及所有者权益总额，因此并未破坏等式的平衡关系。

2) 资产和负债及所有者权益同时等额减少

【例1-2】 A公司于2010年12月31日以银行存款归还长期借款500 000元。

【分析】 这笔经济业务的发生，使资产方的银行存款减少了500 000元，同时使负债及所有者权益方的长期借款少了 500 000 元。等式两边同时等额减少，使资产总额仍然等于负债及所有者权益总额，因此并未破坏等式的平衡关系。

3) 资产内部有增有减，增减的金额相等，负债和所有者权益不变

【例1-3】 A公司于2010年5月6日用银行存款100 000元支付购买机器设备的款项。

【分析】 这笔经济业务的发生，使资产方的银行存款减少100 000元，同时引起资产方的固定资产增加 100 000 元，由于资产方一个项目减少而另一个项目增加，且增减金额相等，因此，资产总额不变，资产总额仍然等于负债及所有者权益总额，并未破坏等式的平衡关系。

4) 负债及所有者权益内部有增有减，增减的金额相等，资产不变

【例1-4】 A公司欠B公司货款150 000元，长期无力偿还，经双方协商，将该欠款转作B公司对A公司的投资。

【分析】这笔经济业务的发生，使A公司的负债及所有者权益方的应付账款减少了150 000元，同时负债及所有者权益方的实收资本增加了 150 000 元，结果是负债及所有者权益内部有增有减，且增减的金额相等，负债及所有者权益方总额不变，资产总额仍然等于负债及所有者权益总额，并未破坏等式的平衡关系。

上述会计要素增减变动的4种类型还可以进一步细分为以下9种类型。

(1) 资产和负债同时等额增加。

(2) 资产和所有者权益同时等额增加。

(3) 资产和负债同时等额减少。

(4) 资产和所有者权益同时等额减少。

(5) 资产内部项目等额有增有减，负债和所有者权益不变。

(6) 负债内部项目等额有增有减，资产和所有者权益不变。

(7) 所有者权益内部项目等额有增有减，资产和负债不变。

(8) 负债减少，所有者权益等额增加，资产不变。

(9) 负债增加，所有者权益等额减少，资产不变。

综上所述，经济业务的发生会引起会计要素的变化，但不论会计要素如何变化，始终不会破坏会计等式的平衡关系。

知识1.3 会计法规

会计法规是指国家权力机关和行政机关制定的各种会计法规性文件的总称，我国会计法律制度体系包括会计法律、会计行政法规、国家统一的会计制度、地方性会计法规等。

知识1.3.1 会计法律

会计法律是指由全国人民代表大会及其常委会经过一定立法程序制定的有关会计工作的法律，是调整我国经济生活中会计关系的法律总规范，我国现行的会计法律是1999年10月31日第九届全国人大常委会第十二次会议修订的《中华人民共和国会计法》(以下简称《会计法》)，自2000年7月1日起实施。《会计法》是我国会计法律制度中层次最高的法律规范，是制定其他会计行政法规、会计规章的依据，也是指导会计工作的最高准则。现行的《会计法》共有7章52条，主要对会计工作总的原则、会计核算、公司和企业核算的特别规定、会计监督、会计机构和会计人员以及法律责任等方面作了具体的规定。

知识1.3.2 会计行政法规

会计行政法规是指调整我国经济生活中某些方面会计关系的法律规范。它由国务院制定发布，或者由国务院有关部门拟定经国务院批准发布，制定依据是《会计法》。例如，1990年12月31日国务院发布的《总会计师条例》，2000年6月21日国务院颁布的《企业财务会计报告条例》，2006年2月15日财政部以第33号令的形式发布的修订后的《企业会计准则》等。

新的企业会计准则包括基本准则和38个具体准则，新准则的发布是我国会计改革发展史上的一个新的里程碑，标志着我国会计制度与国际会计的进一步趋同，这对完善我国市场经济体制、全面提高对外开放水平、加速我国经济融入全球经济都具有重要意义。

1. 企业会计准则——基本准则

《企业会计准则——基本准则》是企业会计准则体系的主导，分为11章50条，包括会计基本假设、会计基础、会计信息质量要求等。

1) 会计基本假设

会计基本假设是企业会计确认、计量和报告的前提，是对会计核算所处时间、空间环境等所作的合理设定。会计基本假设包括会计主体、持续经营、会计分期和货币计量。

(1) 会计主体。会计主体是指企业会计确认、计量和报告的空间范围。设定会计主体假设有如下意义。

首先，明确会计主体，才能划定会计所要处理的各项交易或事项的范围。在会计实务中，只有那些影响企业本身经济利益的各项交易或事项才能加以确认、计量和报告，那些不影响企业本身经济利益的各项交易或事项则不能加以确认、计量和报告。通常所讲的资产、负债的确认，收入的实现，费用的发生等，都是针对特定会计主体而言的。

其次，明确会计主体，才能将会计主体的交易或者事项与会计主体所有者的交易或者事项以及其他会计主体的交易或者事项区分开来。例如，企业所有者的经济交易或者事项是属于企业所有者主体所发生的，不应纳入企业会计核算的范围，但是企业所有者投入到企业的资本或者企业向所有者分配的利润，则属于企业主体所发生的交易或者事项，应当纳入企业会计确认、计量和报告的内容中。

会计主体不同于法律主体。一般而言，法律主体必然是一个会计主体。例如，一个企业作为一个法律主体，应当建立财务会计系统，独立地反映其财务状况、经营成果和现金流量。但是，会计主体不一定是法律主体。例如，企业集团中的母公司拥有若干子公司，母、子公司虽然是不同的法律主体，但是母公司对子公司拥有控制权，为了全面反映企业集团的财务状况、经营成果和现金流量，需要将企业集团作为一个会计主体，编制合并财务报表，在这种情况下，尽管企业集团不属于法律主体，但它却是会计主体。再如，由企业管理的证券投资基金、企业年金基金等，尽管不属于法律主体，但属于会计主体，应当对每项基金进行会计确认、计量和报告。

(2) 持续经营。持续经营是指在可以预见的将来，企业将会按当前的规模和状态继续经营下去，不会停业，也不会大规模削减业务。在持续经营前提下，会计确认、计量和报告应当以企业持续、正常的生产经营活动为前提。会计准则体系是以企业持续经营为前提加以制定和规范的，涵盖了从企业成立到清算(包括破产)的整个期间的交易或者事项的会计处理。一个企业在不能持续经营时就应当停止使用这个假设，如仍按持续经营基本假设选择会计确认、计量和报告原则与方法，就不能客观地反映企业的财务状况、经营成果和现金流量，会误导会计信息使用者的经济决策。

(3) 会计分期。会计分期是指将一个企业持续经营的生产经营活动划分为一个个连续的、长短相同的期间。会计分期的目的在于通过会计期间的划分，将持续经营的生产经营活动划分成连续、相等的期间，据以结算盈亏，按期编报财务报告，从而及时向财务报告使用者提供有关企业财务状况、经营成果和现金流量的信息。

在会计分期假设下，企业应当划分会计期间，分期结算账目和编制财务报告。会计期间通常分为年度和中期。中期是指短于一个完整的会计年度的报告期间。

(4) 货币计量。货币计量是指会计主体在会计确认、计量和报告时以货币作为计量尺度，反映会计主体的生产经营活动。

在会计的确认、计量和报告过程中之所以选择货币为基础进行计量，是由货币本身的属性决定的。货币是商品的一般等价物，是衡量一般商品价值的共同尺度，具有价值尺度、流通手段、贮藏手段和支付手段等特点。其他计量单位，如重量、长度、容积、台、件等，只能从一个侧面反映企业的生产经营情况，无法在量上进行汇总和比较；不便于会计计量和经营管理。只有选择货币这一共同尺度进行计量，才能全面地反映企业的生产经营情况，所以基本准则规定，会计确认、计量和报告选择货币作为计量单位。

2) 会计基础

企业会计的确认、计量和报告应当以权责发生制为基础。根据权责发生制的要求，凡是当期已经实现的收入和已经发生或应当负担的费用，无论款项是否收付，都应当作为当期的收入和费用，计入利润表；凡是不属于当期的收入和费用，即使款项已在当期收付，也不应当作为当期的收入和费用。

在实务中，企业交易或者事项的发生时间与相关货币收支时间有时并不完全一致。例如，款项已经收到，但销售并未实现；或者款项已经支付，但并不是为本期生产经营活动而发生的。为了更加真实、公允地反映特定会计期间的财务状况和经营成果，基本准则明确规定，企业在会计确认、计量和报告中应当以权责发生制为基础。

收付实现制是与权责发生制相对应的一种会计基础，它是以收到或支付的现金作为确认收入和费用等的依据。目前，我国的行政单位会计采用收付实现制，事业单位会计除经营业务可以采用权责发生制外，其他大部分业务采用收付实现制。

3) 会计信息质量要求

会计信息质量要求是对企业财务报告中所提供高质量会计信息的基本规范，是使财务报告中所提供会计信息对投资者等使用者具有决策有用性应具备的基本特征，根据基本准则规定，它包括可靠性、相关性、可理解性、可比性、实质重于形式、重要性、谨慎性和及时性等。

(1) 可靠性。可靠性要求企业应当以实际发生的交易或者事项为依据进行确认、计量和报告，如实地反映符合确认和计量要求的各项会计要素及其他相关信息，保证会计信息真实可靠、内容完整。可靠性是高质量会计信息的重要基础和关键所在，如果企业以虚假的经济业务进行确认、计量和报告，属于违法行为，不仅会严重损害会计信息质量，而且会误导投资者，干扰资本市场，导致会计秩序混乱。

(2) 相关性。相关性要求企业提供的会计信息应当与投资者等财务报告使用者的经济决策需要相关，有助于投资者等财务报告使用者对企业过去、现在或者未来的情况做出评价或者预测。

会计信息是否有用，是否具有价值，关键是看其与使用者的决策需要是否相关，是否有助于决策或者提高决策水平。相关的会计信息应当能够有助于使用者评价企业过去的决策，证实或者修正过去的有关预测，因而具有反馈价值。相关的会计信息还应当具有预测价值，有助于使用者根据财务报告所提供的会计信息预测企业未来的财务状况、经营成果和现金流量。

(3) 可理解性。可理解性要求企业提供的会计信息应当清晰明了，便于投资者等财务报告使用者的理解和使用。

企业编制财务报告、提供会计信息的目的在于使用，而要使使用者有效地使用会计信息，应当能让其了解会计信息的内涵，弄懂会计信息的内容，这就要求财务报告所提供的会计信息应当清晰明了，易于理解。只有这样，才能提高会计信息的有用性，实现财务报告的目标，满足向投资者等财务报告使用者提供决策有用信息的要求。

(4) 可比性。可比性要求企业提供的会计信息应当相互可比，主要包括两层含义。

其一，同一企业不同时期可比。为了便于投资者等财务报告使用者了解企业财务状况、经营成果和现金流量的变化趋势，比较企业在不同时期的财务报告信息，全面、客观地评价过去、预测未来、做出决策。会计信息质量的可比性要求同一企业不同时期发生的相同或者相似的交易或者事项，应当采用一致的会计政策，不得随意变更。但是，满足会计信息可比性要求，并非表明企业不得变更会计政策，如果按照规定或者在会计政策变更后可以提供更可靠、更相关的会计信息，可以变更会计政策。有关会计政策变更的情况，应当在附注中予以说明。

其二，不同企业相同会计期间可比。为了便于投资者等财务报告使用者评价不同企业的财务状况、经营成果和现金流量及其变动情况，会计信息质量的可比性要求不同企业同一会计期间发生的相同或者相似的交易或者事项，应当采用统一规定的会计政策，确保会计信息口径一致、相互可比，以使不同企业按照一致的确认、计量和报告要求提供有关会计信息。

(5) 实质重于形式。实质重于形式要求企业应当按照交易或者事项的经济实质进行会计确认、计量和报告，不仅仅以交易或者事项的法律形式为依据。

在多数情况下，企业发生的交易或事项其经济实质和法律形式是一致的，但在有些情况下也会出现不一致。例如，企业按照销售合同销售商品但又签订了售后回购协议，虽然从法律形式上看实现了收入，但如果企业没有将商品所有权上的主要风险和报酬转移给购货方，没有满足收入确认的各项条件，即使签订了商品销售合同或者已将商品交付给购货方，也不应当确认为销售收入。

(6) 重要性。重要性要求企业提供的会计信息应当反映与企业财务状况、经营成果和现金流量有关的所有重要交易或者事项。

财务报告中提供的会计信息的省略或者错报会影响投资者等使用者据此做出决策的，该信息就具有重要性。重要性的应用需要依赖于职业判断，企业应当根据其所处环境和实际情况，从项目的性质和金额大小两方面加以判断。

(7) 谨慎性。谨慎性要求企业对交易或者事项进行会计确认、计量和报告时保持应有的谨慎，不应高估资产或者收益、低估负债或者费用。

在市场经济环境下，企业的生产经营活动面临着许多风险和不确定性，如应收款项的可收回性、固定资产的使用寿命、无形资产的使用寿命、售出存货可能发生的退货或者返修等。会计信息质量的谨慎性要求，需要企业在面临不确定性因素的情况下做出职业判断时，应当保持应有的谨慎，充分估计到各种风险和损失，既不高估资产或者收益，也不低估负债或者费用。例如，对有证据表明不能收回的应收账款计提坏账准备等。

谨慎性的应用不允许企业设置秘密准备，如果企业故意低估资产或者收入，或者故意高估负债或者费用，将不符合会计信息的可靠性和相关性要求，损害会计信息质量，扭曲企业实际的财务状况和经营成果，从而对使用者的决策产生误导，这是不符合会计准则要求的。

(8) 及时性。及时性要求企业对于已经发生的交易或者事项，应当及时进行确认、计量和报告，不得提前或者延后。

会计信息的价值在于帮助所有者或者其他信息使用者做出经济决策，具有时效性。即使是可靠的、相关的会计信息，如果不及时提供，就失去了时效性，对于使用者的效用就大大降低，甚至不再具有实际意义。在会计确认、计量和报告过程中贯彻及时性，一是要求及时收集会计信息，即在经济交易或者事项发生后，及时收集整理各种原始单据或者凭证；二是要求及时处理会计信息，即按照会计准则的规定，及时对经济交易或者事项进行确认或者计量，并编制财务报告；三是要求及时传递会计信息，即按照国家规定的有关时限，及时地将编制的财务报告传递给财务报告使用者，便于其及时使用和决策。

2. 企业会计准则——具体会计准则

具体会计准则分为一般业务准则、特殊行业的特定业务准则和财务报告准则三大类，它是根据基本准则的要求，就企业发生的经济业务的会计处理做出的具体规定。2006 年 2 月 15 日财政部发布的 38 项具体准则见表 1-1。

表 1-1 38 项具体会计准则

序号	名称	序号	名称	序号	名称
1	存货	14	收入	27	石油天然气开采
2	长期股权投资	15	建造合同	28	会计政策、会计估计变更和差错更正
3	投资性房地产	16	政府补助	29	资产负债表日后事项
4	固定资产	17	借款费用	30	财务报表列报
5	生物资产	18	所得税	31	现金流量表
6	无形资产	19	外币折算	32	中期财务报告
7	非货币性资产交换	20	企业合并	33	合并财务报表
8	资产减值	21	租赁	34	每股收益
9	职工薪酬	22	金融工具确认与计量	35	分部报告
10	企业年金基金	23	金融资产转移	36	关联方披露
11	股份支付	24	套期保值	37	金融工具列报
12	债务重组	25	原保险合同	38	首次执行企业会计准则
13	或有事项	26	再保险合同	—	—

知识 1.3.3 国家统一的会计制度

国家统一的会计制度是指由主管全国会计工作的行政部门——财政部就会计工作中某些方面的内容所制定的规范性文件。国务院有关部门根据其职责制定的会计方面的文件，如实施国家统一的会计制度的具体办法等，也属于会计规章，但必须报财政部审核批准。会计规章的制定依据是会计法律和会计行政法规。如财政部发布的《企业会计制度》、《会计基础工作规范》，财政部与国家档案局联合发布的《会计档案管理办法》等。

知识 1.3.4 地方性会计法规

地方性会计法规是指省、自治区、直辖市人民代表大会及其常委会在与会计法律、会计行政法规不相抵触的前提下，制定的仅限本行政辖区内有法律效力的规范性文件，如《河北省会计条例》、《广东省会计从业资格管理办法》等。

知识 1.4 会计机构与会计人员

知识 1.4.1 会计机构

会计机构是指各单位内部办理会计事务的职能部门。建立和健全会计机构是保证各单位会计工作正常进行，充分发挥会计职能，实现会计目标的重要条件。

1. 会计机构的设置

《会计法》第三十六条第一款规定："各单位应当根据会计业务的需要，设置会计机构，或者在有关机构中设置会计人员并指定会计主管人员；不具备设置条件的，应当委托经批准设立从事会计代理记账业务的中介机构代理记账。"

1) 根据业务需要设置会计机构

《会计法》对各单位是否设置会计机构，规定为“应当根据会计业务的需要”来决定，即各单位可以根据本单位的会计业务繁简情况决定是否设置会计机构。

2) 在有关机构中设置会计人员并指定会计主管人员

根据《会计法》的规定，不能单独设置会计机构的单位，应当在有关机构中设置会计人员并指定会计主管人员。这是会计机构设置的另一种形式。

“会计主管人员”不同于通常所说的“会计主管”、“主管会计”、“主办会计”等，而是指负责组织管理会计事务、行使会计机构负责人职权的负责人。这一规定的目的是强化责任制度，防止出现会计工作无人负责的局面。

3) 代理记账

代理记账是指从事代理记账业务的社会中介机构接受委托人的委托办理会计业务。委托人是指委托代理记账机构办理会计业务的单位。代理记账机构是指从事代理记账业务的中介机构。

《会计法》第三十六条第一款规定，不具备设置会计机构和会计人员条件的，“应当委托经批准设立从事会计代理记账业务的中介机构代理记账”。并对代理记账机构具备的条件、代理记账机构业务范围、代理记账机构与委托人的关系、委托代理记账的委托人的义务、代理记账机构及其从业人员的义务等作了相应的规定。

2. 会计机构中的会计工作岗位设置

一个单位究竟设置多少会计工作岗位，需要配备多少会计人员，主要取决于单位的组织结构形式和业务工作量、经营规模等因素，不同的单位有不同的要求，法律不可能设定出适应所有单位应当设置哪些会计岗位、配备多少会计人员的标准，《会计法》对此未作出具体规定。

但财政部发布的《会计基础工作规范》，对会计岗位设置、会计人员配备的原则作了规定，如规定“会计工作岗位，可以一人一岗、一人多岗或者一岗多人”。

会计工作岗位一般可以分为：会计机构负责人或者会计主管人员、出纳、财产物资核算、工资核算、成本费用核算、财务成果核算、资金核算、往来核算、总账报表、稽核、档案管理等。

3. 会计机构内部稽核制度和内部牵制制度

内部稽核制度是内部控制制度的重要组成部分。会计稽核是会计机构本身对于会计核算工作进行的一种自我检查或审核工作。建立会计机构内部稽核制度，其目的在于防止会计核算工作上的差错和有关人员的舞弊。

《会计法》第三十七条规定：“会计机构内部应当建立稽核制度。出纳人员不得兼任稽核、会计档案保管和收入、支出、费用、债权债务账目的登记工作。”

从会计工作实际情况看，会计机构内部稽核工作一般包括以下主要内容。

(1) 审核财务、成本、费用等计划指标项目是否齐全，编制依据是否可靠，有关计算是否正确，各项计划指标是否互相衔接等。

(2) 审核实际发生的经济业务或财务收支是否符合现行法律、法规、规章、制度的规定。

(3) 审核会计凭证、会计账簿、财务会计报告和其他会计资料的内容是否真实、完整，计算是否正确，手续是否齐全，是否符合有关法律、法规、规章、制度的规定。

(4) 审核各项财产物资的增减变动和结存情况，并与账面记录进行核对，确定账实是否相符。

内部稽核制度不同于内部审计制度，前者是会计机构内部的一种工作制度；后者是单位在会计机构之外另行设置的内部审计机构或者审计人员对会计工作进行再检查的一种制度。

内部牵制制度也称钱账分管制度，是内部控制制度的重要组成部分。它是指凡是涉及款项和财物收付、结算及登记的任何一项工作，必须由两人或两人以上分工办理，以起到相互制约作用的一种工作制度。

如现金和银行存款的支付，应由会计主管人员或其授权的代理人审核、批准，出纳人员付款，记账人员记账，不能由一个人同时办理付款和记账。单位购入材料物资，应由采购人员办理采购、报账手续，仓库人员验收入库，记账人员登记入账。发出材料时，应经使用单位领导批准，经办人员领用，仓库人员发料，记账人员记账。单位发放工资，应由工资核算人员编制工资单，出纳人员向银行提取现金和分发工资，记账人员记账，等等。上述业务均不得由一人兼办。

知识 1.4.2 会计人员

从事会计工作的所有人员，统称为会计人员。会计人员一般包括：会计机构负责人或会计主管人员、出纳、财产物资核算、工资核算、成本费用核算、财务成果核算、资金核算、往来核算、总账报表、稽核、档案管理等人员。

1. 会计从业资格

《会计法》第三十八条规定：“从事会计工作的人员必须取得会计从业资格证书。担任单位会计机构负责人(会计主管人员)的，除取得会计从业资格证书外，还应当具备会计师以上专业技术职务资格或者从事会计工作 3 年以上经历。”

会计从业资格是指进入会计职业、从事会计工作的一种法定资质，是进入会计职业的“门槛”。《会计从业资格管理办法》规定在国家机关、社会团体、公司、企业、事业单位和其他组织从事会计工作的人员必须取得会计从业资格，各单位不得任用(聘用)不具备会计从业资格的人员从事会计工作。要取得会计从业资格必须通过会计从业资格考试，考试科目为财经法规与会计职业道德、会计基础、初级电算化(或者珠算五级)。

2. 会计专业职务

《会计专业职务试行条例》规定，会计专业职务名称定为高级会计师、会计师、助理会计师、会计员。高级会计师为高级职务，会计师为中级职务，助理会计师、会计员为初级职务。《会计专业职务试行条例》还规定了各专业职务任职的基本条件和基本职责。

3. 会计职业道德

会计人员在工作中应遵守职业道德规范。会计职业道德主要有以下 8 项内容.

(1) 爱岗敬业。要求会计人员热爱会计工作，安心本职岗位，忠于职守，尽心尽力，尽职尽责。

(2) 诚实守信。要求会计人员做老实人，说老实话，办老实事，执业谨慎，信誉至上，不为利益所诱惑，不弄虚作假，不泄露秘密。

(3) 廉洁自律。要求会计人员公私分明、不贪不占、遵纪守法、清正廉洁。

(4) 客观公正。要求会计人员端正态度，依法办事，实事求是，不偏不倚，保持应有的独立性。

(5) 坚持准则。要求会计人员熟悉国家法律、法规和国家统一的会计制度，始终坚持按法律、法规和国家统一的会计制度的要求进行会计核算，实施会计监督。

(6) 提高技能。要求会计人员增强提高专业技能的自觉性和紧迫感，勤学苦练，刻苦钻研，不断进取，提高业务水平。

(7) 参与管理。要求会计人员在做好本职工作的同时，努力钻研相关业务，全面熟悉本单位的经营活动和业务流程，主动提出合理化建议，协助领导决策，积极参与管理。

(8) 强化服务。要求会计人员树立服务意识，提高服务质量，努力维护和提升会计职业的良好社会形象。

此外，《会计法》还规定了会计人员回避制度和会计人员的工作交接制度。

学习小结

会计是以货币为主要计量单位，以提高经济效益为主要目标，运用专门方法对企业、机关、事业单位和其他组织的经济活动进行全面、综合、连续、系统的核算和监督，并随着社会经济的日益发展，逐步开展预测、决策、控制和分析的一种经济管理活动，是经济管理活动的重要组成部分。

会计对象就是指会计所要核算和监督的内容。由于会计以货币为主要计量单位，所以具体来讲，会计对象是指企事业单位在经济活动中所表现出的资金运动，即资金运动构成了会计核算和会计监督的内容。

会计基本职能包括会计核算与会计监督，随着社会经济的发展，会计产生了新的预测、决策、预算、控制、分析等职能。

会计方法是指从事会计工作所使用的各种技术方法，一般包括会计核算方法、会计分析方法和会计检查方法。其中会计核算方法是会计方法中最基本的方法，主要包括以下 7 种专门方法：设置账户、复式记账、填制和审核凭证、登记会计账簿、成本计算、财产清查和编制会计报表。

会计要素是根据交易或者事项的经济特征所确定的财务会计对象所进行的基本分类。会计要素按照其性质分为资产、负债、所有者权益、收入、费用和利润。

资金运动在静态情况下，资产、负债及所有者权益 3 个要素之间存在平衡关系，即“资产=负债+所有者权益”，该等式为基本会计等式。资金运动在动态情况下，收入、费用与利润之间存在平衡关系，即“收入-费用=利润”。不管各会计要素如何变动，都不会破坏“资产=负债+所有者权益”的恒等关系。

会计法规是指国家权力机关和行政机关制定的各种会计法规性文件的总称，我国会计法律制度体系包括会计法律、会计行政法规、国家统一的会计制度、地方性会计法规等。

会计基本假设是企业会计确认、计量和报告的前提，是对会计核算所处时间、空间环境等所作的合理设定。会计基本假设包括会计主体、持续经营、会计分期和货币计量。

企业会计准则规定，会计信息质量要求包括可靠性、相关性、可理解性、可比性、实质重于形式、重要性、谨慎性和及时性。

会计机构是指各单位内部办理会计事务的职能部门。从事会计工作的所有人员，统称为会计人员，包括会计机构负责人或会计主管人员、出纳、财产物资核算、工资核算、成本费用核算、财务成果核算、资金核算、往来核算、总账报表、稽核、档案管理等人员。从事会计工作的人员必须取得会计从业资格证书。

阅读材料

国学大师南怀瑾讲《大会计》(节选)

时间：2004 年 10 月 23 日

地点：上海国家会计学院 600 人报告厅

听众：上海国家会计学院高级工商管理硕士学员，高级专业会计硕士兼财务总监学员，长江商学院部分学员；以及政府官员、学者、商界人士等，共约 1 000 人。

我们研究全世界的会计，是中国人开始的，是大禹开始的，所以把大禹的数据特别给大家找出来。我们的历史几千年，所谓三代公天下。公天下是民选的，唐尧、虞舜都活了 100 多岁喔！尧交给舜，舜交给大禹；大禹修了黄河长江，9 年把水利修好了，奠定了中国农业国家的基础。我们今天这个国家，当年没有机械，大禹 9 年当中把黄河、长江，以及其他小的水利，统统修好了，把泡在洪水里的一个国家，变成以农业立国的国家。大禹把中国水利修好了以后，接手做皇帝，8 年就死了。我国历史有个特别的方法，叫做干支纪年，这叫六十花甲。不管哪个政权，哪个人当皇帝，以历史发展的时代，60 年一轮转，用这个天干地支纪年。下面这一篇摘录《纲鉴易知录》卷一：“癸未，八岁”，大禹接手做皇帝。按现在西方的历法计算，指公元前 2198 年，距现在 4 202 年了。这个民主的皇帝，是把水利完成后，舜才禅位给他，他做了 8 年。“巡狩江南”，安徽、江西、浙江、江苏，都叫做江南。过了长江，就到江南视察，召见诸侯们，防风氏因迟到而被斩，大禹后来是死在会稽山，也葬在会稽山。绍兴的会稽山，原来叫做茅山，因为大禹当初召集了全国的诸侯来，“大会计，爵有德，封有功，更名茅山曰会稽，会稽者，会计也”，所以会计两个字是这样来的。大禹把国家的水利修好了，然后划分为九州岛，所以中国称九州岛。九州岛不是 9 个省喔，是划成 9 个区域。在九州岛区域里有很多的诸侯，所谓诸侯是在一个小乡镇，像一个县长，就是诸侯了。一个县是方圆一百里，所以我们古代文化称一个县长叫百里侯。大禹到绍兴来，创立了会计制度，可是诸位把这个忘记了。中国历史讲财经的、讲经济的，好像都没有提出来过吧？也许有人提出来过，我读书不多，看到的很少，现在我特别给大家提出来这一段，你们学会计可以把他放得大大地供起来，我们的祖师就是这个大禹。一点也没有错，大会计就是这样来的。现在倒推回去是 4 000 多年以前，会计在绍兴这里开始的，那时西方文化还没有会计，大禹 4 000 多年以前就有会计的范围了。

所以我们晓得，会计的来源是这样大。你们将来在家里，除了供一个学会计的祖师爷大禹皇帝以外，还有个副祖师爷孔子。孔子小的时候做过会计。因为他家里穷，爸爸死掉了，他妈妈还带着前母生的兄弟姐妹。孔子要帮忙维持家计，所以也做过会计，也收过税，什么事情都管过。所以，人家问孔子大圣人，你的学问怎么那么渊博呢？孔子说，我“少也贱”，我年轻时候家里穷啊，因为穷，要吃饭，什么事情都干过。所以，孔子做过会计的，你看多光荣啊。你们读会计学院，将来出去做个招牌，一边挂大禹像，一边挂孔子像，或者大禹像挂前面，孔子像挂后面。大家一看，做会计的真了不起。孔子以后呢，我们历史上对会计就叫得不好听了，叫做聚敛之臣，都是帮忙老板诸侯聚敛的，帮人家刮地皮收税的，这些事会计当然包括了。会计的范围非常大，所谓经济、财政、税务，都是属于会计的范围。古代一听到搞会计的，就叫账房，替人家算账的，很难听。但是孔子的学生，所谓三千弟子，72 个贤人，有好几个都是替人家管会计的，也就是聚敛之臣。但是，我们反转来看，几千年历史，重农轻商。过去有没有阶级观念？我不承认有阶级，但是过去的历史是士农工商分类，士是读书人，占第一位，第二是农人；第三是工人；第四是商人。这是传统的文化。但是这些会计，后来在历史上记载就不多了，都变成聚敛之臣了。我们中国的文化，从周朝开始，自从周公制定初步礼仪以后，几千年政府是有个体制的，大致上是六部九卿。在政府组织里的会计，清朝时会计，财政是归户部管的，同户口有关系，唐代和宋代有时候财经同会计叫度支部，也管审计，所以会计是很重要的。

资料来源：http://wenku.baidu.com/view/f2e6376375377232f60ddcca197.html.

课后习题

一、单项选择题

1. 会计的基本职能是（　　）。
   A．记录和计算　B．考核收支　C．核算和监督　D．分析和检查
2. 会计的主要计量单位是(　　)。
   A．实物计量单位　B．货币计量单位
   C．劳动计量单位　D．工时计量单位
3. 会计的一般对象是(　　)。
   A．社会再生产过程中发生的经济活动
   B．企业、行政事业单位的经济活动
   C．再生产过程中的全部经济活动
   D．再生产过程中发生的、能用货币表现的经济活动
4. 下列选项中，(　　)会计处理方法符合谨慎性要求。
   A．计提资产减值准备　B．将预收款记入主营业务收入
   C．固定资产计价采用历史成本　D．不得随意变更会计方法
5. 下列选项中，(　　)会计处理方法符合实质重于形式要求。
   A．计提资产减值准备　B．将预收款记入主营业务收入
   C．将融资租入固定资产计提折旧　D．计提坏账准备
6. 会计主体对相同的交易或事项应当采用相同的会计处理方法，体现的信息质量要求是(　　)。
   A．相关性　B．谨慎性　C．可比性　D．可理解性
7. 为会计核算工作确定了空间范围的基本前提是(　　)。
   A．会计主体　B．持续经营　C．会计期间　D．货币计量
8. 为会计核算工作确定了时间范围的基本前提是(　　)。
   A．会计主体　B．持续经营　C．会计期间　D．货币计量
9. 下列项目中属于企业资产的是(　　)。
   A．购入的某项专利权　B．经营租入的设备
   C．待处理的财产损失　D．计划购买的某项设备
10. 下列各项中，属于反映企业财务状况的会计要素是(　　)。
   A. 收入　B．所有者权益　C．费用　D．利润
11. 关于收入，下列说法中错误的是(　　)。
   A．收入是指企业在日常活动中形成的、会导致所有者权益增加的、与所有者投入资本无关的经济利益的总流入
   B．收入只有在经济利益很可能流入从而导致企业资产增加或者负债减少，且经济利益的流入额能够可靠计量时才能予以确认
   C．符合收入定义和收入确认条件的项目，应当列入利润表
   D．收入是指企业在日常活动中形成的、会导致所有者权益或负债增加的、与所有者投入资本无关的经济利益的总流入

12. 关于费用，下列说法中错误的是(　　)。
    A．费用是指企业在日常活动中发生的、会导致所有者权益减少的、与向所有者分配利润无关的经济利益的总流出
    B．费用只有在经济利益很可能流出从而导致企业资产减少或者负债增加，且经济利益的流出额能够可靠计量时才能予以确认
    C．企业发生的交易或者事项导致其承担了一项负债而又不确认为一项资产的，应当在发生时确认为费用，计入当期损益
    D．符合费用定义和费用确认条件的项目，应当列入资产负债表
13. 关于利润，下列说法中错误的是(　　)。
    A．利润是指企业在一定会计期间的经营成果
    B．直接计入当期利润的利得和损失，是指应当计入当期损益、会导致所有者权益发生增减变动的、与所有者投入资本或者向所有者分配利润无关的利得或者损失
    C．利润项目应当列入利润表
    D．利润金额取决于收入和费用的计量、不涉及利得和损失金额的计量
14. 按现行会计制度规定，下列各项中，属于流动资产的是(　　)。
    A．工程物资　　B．长期待摊费用
    C．交易性金融资产　　D．开发支出
15. 下列项目中属于负债内容的是(　　)。
    A．预付账款　　B．预收账款　　C．实收资本　　D．投资收益
16. 未分配利润属于会计要素中(　　)要素。
    A．负债　　B．所有者权益　　C．收入　　D．利润
17. 下列各项中不属于资产要素的是(　　)。
    A．应收账款　　B．预付账款　　C．预收账款　　D．累计折旧
18. 下列各项经济业务中，会引起公司股东权益总额变动的有(　　)。
    A．用资本公积金转增股本
    B．向投资者分配股票股利
    C．股东大会向投资者宣告分配现金股利
    D．用盈余公积弥补亏损
19. 企业资产扣除负债后由所有者享有的剩余权益称为(　　)。
    A．权益　　B．工业产权　　C．净资产　　D．所有者权益
20. 资产、负债和所有者权益是资金运动的(　　)。
    A．存在形态　　B．动态表现　　C．静态表现　　D．形成来源
21. 收入、费用和利润是资金运动的(　　)。
    A．存在形态　　B．动态表现　　C．静态表现　　D．形成来源
22. 以银行存款偿还应付账款，可使企业的(　　)。
    A．资产与负债同时增加　　B．资产与负债一增一减
    C．资产与负债同时减少　　D．资产内部项目一增一减

二、多项选择题

1. 资产具有的基本特征包括(　　)。
   A. 资产是由于过去的交易或事项所引起的
   B. 资产必须是投资者投入或向债权人借入的
   C. 资产是企业拥有或者控制的
   D. 资产预期能够给企业带来经济利益
2. 下列项目中，属于所有者权益项目的有(　　)。
   A. 所有者投入的资本　　B. 直接计入所有者权益的利得和损失
   C. 留存收益　　D. 应付职工薪酬
3. 下列属于反映企业经营成果的会计要素有(　　)。
   A. 收入　　B. 费用　　C. 负债　　D. 利润
4. 下列账户属于资产要素的有(　　)。
   A. 无形资产　　B. 银行存款　　C. 固定资产　　D. 应收账款
5. 下列账户属于所有者权益要素的有(　　)。
   A. 投资收益　　B. 盈余公积　　C. 实收资本　　D. 应付股利
6. 下列项目中，属流动资产的有(　　)。
   A. 固定资产　　B. 银行存款
   C. 预收账款　　D. 交易性金融资产
7. 流动负债包括(　　)。
   A. 其他应付款　　B. 应付票据　　C. 预收账款　　D. 预付账款
8. 长期负债包括(　　)。
   A. 长期应付款　　B. 长期借款　　C. 应付债券　　D. 应交税费
9. 企业资金运动的动态要素包括(　　)。
   A. 资产　　B. 负债　　C. 所有者权益
   D. 费用　　E. 收入　　F. 利润
10. 下列反映财务状况的会计要素有(　　)。
   A. 资产　　B. 负债　　C. 所有者权益　　D. 收入
11. 企业的收入具体可表现为(　　)。
   A. 资产的增加　　B. 负债的减少
   C. 部分资产的增加和部分负债的减少　　D. 负债的增加
12. 所有者权益包括(　　)。
   A. 实收资本　　B. 资本公积　　C. 盈余公积　　D. 未分配利润
13. 下列经济业务中属于资产内部此增彼减的有(　　)。
   A. 从银行提取现金　　B. 国家向企业投资设备
   C. 以银行存款归还借款　　D. 以银行存款购买原材料
14. 会计等式是各会计要素之间关系表达式，是(　　)的理论依据。
   A. 复式记账　　B. 试算平衡
   C. 成本计算　　D. 编制资产负债表

15. 下列会计等式中正确的有(　　)。
    A．资产＝权益
    B．资产＝负债+所有者权益
    C．资产＝所有者权益+负债
    D．资产＝负债+所有者权益+收入-费用
    E．资产＝负债+所有者权益+利润

三、判断题

1. 资产是指由过去的交易或事项引起的，企业拥有或控制的资源。(　　)
2. 企业因固定资产盘亏造成的待处理固定资产净损失属于企业的资产。(　　)
3. 收入是指企业在经营活动中形成的、会导致所有者权益增加的、与所有者投入资本无关的经济利益的总流入。(　　)
4. 费用和损失是指企业在日常活动中发生的、会导致所有者权益减少的、与向所有者分配利润无关的经济利益的总流出。(　　)
5. 如果某项资产不能再为企业带来经济利益，即使是由企业拥有或者控制的，也不能作为企业的资产在资产负债表中列示。(　　)
6. 利得和损失一定会影响当期损益。(　　)
7. 资产、负债和所有者权益之间的数量关系可以概括为“资产＝负债＋所有者权益”的会计等式。(　　)
8. 资产可以是货币，也可以是实物；可以是有形的，也可以是无形的。(　　)
9. “收入-费用=利润”是会计恒等式，任何经济业务的发生都不会破坏这一平衡关系。(　　)
10. 所有经济业务的发生都会引起会计等式两边发生变化。(　　)
11. 经济业务的发生可能对会计等式的平衡产生影响。(　　)
12. 资金运动在任一时点，都存在“资产=负债+所有者权益”的平衡关系，故称会计恒等式。(　　)
13. 制造费用属于期间费用，应计入当期损益。(　　)
14. 企业的资产来源于所有者和债权人，所有者和债权人都同时有权要求企业偿还他们所提 供的资产。(　　)
15. “资产=负债+所有者权益”这个平衡式是企业资金运动的动态表现。(　　)

四、简答题

1. 什么是会计核算？其特点如何？
2. 什么是会计监督？其特点如何？
3. 什么是会计对象？与会计要素的关系如何？
4. 什么是会计要素？有哪些会计要素？
5. 会计核算的主要方法有哪些？它们之间的联系是什么？
6. 简述资产的概念、特征及分类。
7. 简述所有者权益的构成。
8. 简述会计六要素之间的关系。
9. 什么是会计等式？

10. 为什么经济业务的发生不会影响会计等式的平衡关系？试举例说明。

五、技能训练题

1. 说明下列项目应归属哪个会计要素？

(1) 其他业务收入　(2) 资本公积　(3) 固定资产　(4) 管理费用
(5) 应付账款　(6) 营业利润　(7) 银行存款　(8) 预收账款
(9) 未分配利润

2. 判断下列经济业务发生后所引起的资产、负债、所有者权益的增减变化情况。

【资料】某企业2007年7月发生部分经济业务如下：

(1) 收回应收账款8 000元存入银行。
(2) 以现金60 000元发放职工工资。
(3) 购入材料5 000元，货款未付。
(4) 从银行提取现金3 000元。
(5) 以银行存款90 000元购入机床一台。
(6) 以银行存款支付前欠东方公司的购货款8 000元。
(7) 将多余的现金9 000元存入银行。
(8) 以银行存款5 000元偿还短期借款。
(9) 收回应收账款9 000元，存入银行。
(10) 收到甲投资者投入的现金100 000元。

知识二 会计科目、会计账户和复式记账法

教学目标

通过学习，要求学生能理解并掌握会计科目的含义、设置原则及科目的分类，掌握账户的含义、账户与会计科目的关系，理解复式记账法的基本原理，掌握借贷记账法的账户结构、记账规则，学会编制会计分录和试算平衡表。

知识要点结构图

- 会计科目、会计账户和复式记账法
  - 会计科目
    - 按经济内容分类
      - 资产类
      - 负债类
      - 所有者权益类
      - 共同类
      - 成本类
      - 损益类
    - 按提供会计信息详细程度分类
      - 总账科目
      - 明细分类科目
  - 会计账户
    - 账户结构
    - 账户分类
  - 复式记账法
    - 记账符号
    - 记账规则
    - 账户设置
    - 试算平衡

思考

企业经济业务活动繁多，要用专门的方法记录和反映出来，有必要对会计要素的内容进行具体的划分，并为之取个名称，也就是我们所说的会计科目，那么如何划分及设置科目名称？有了科目名称之后，如何反映某一类经济项目变化情况及变化后的结果？这些经济业务发生后会计采用什么方法进行记录？

知识 2.1 会 计 科 目

知识 2.1.1 认识会计科目

1. 会计科目的概念

会计对象的具体内容是会计要素，而每一个会计要素又都包含若干具体项目。例如，资产要素包含库存现金、银行存款、应收账款、原材料、固定资产等项目；负债要素包含短期借款、长期借款、应付账款、应付职工薪酬等项目。我们将表现会计要素具体内容的这些项目称为会计科目。所以，会计科目就是对会计要素的具体内容进行分类核算的项目。

会计科目是进行各项会计记录和提供各项会计信息的基础，设置会计科目也是复式记账中编制、整理会计凭证和设置账簿的基础，它可以将会计主体发生的繁杂的经济业务按其对会计要素增减变动的影响，分门别类地进行核算，提供全面的、连续的、系统的会计信息，便于投资人、债权人以及其他会计信息使用者掌握和分析企业的财务状况，经营成果和现金流量等。

2. 设置会计科目的原则

会计科目反映会计要素的构成及其变化情况，是为投资者、债权人、企业管理者等会计信息使用者提供会计信息的重要手段，在其设置过程中应努力做到科学、完整、合理、实用，因此在设置会计科目时应遵循下列基本原则。

(1) 设置会计科目要符合国家的会计法规体系的规定。国家的会计法规体系体现了国家对财务会计工作的要求。因此，设置会计科目首先要以此为依据，所设置的会计科目，应符合《会计法》以及《企业会计准则》等规定，以便编制会计凭证，登记账簿，查阅账目，实行会计电算化。

(2) 设置会计科目要结合所反映会计要素的特点，必须将统一性与灵活性相结合。会计信息首先保证能满足国家进行宏观调控和经济决策的需要，应具有统一性与可比性。为了规范企业的会计科目，便于会计指标的对比和汇总，我国由财政部统一制定会计科目，规定会计科目的名称、编号和核算的内容，各单位应按财政部的规定设置和使用会计科目。但同时企业是一个自主经营、自负盈亏的独立的经济实体，因此，根据行业的不同及其自身实际情况，在会计科目的设置上，应允许其有一定的自主权与灵活性。比如，有些公司制造工业产品，根据这一业务特点就必须设置反映和监督其经营情况和生产过程的会计科目，如“主营业务收入”、“生产成本”；而农业企业就可以设置“消耗性生物资产”、“生产性生物资产”科目；金融企业则应设置反映和监督吸收和贷出存款相关业务的科目，可以设置“利息收入”、“利息支出”等科目。此外为了便于发挥会计的管理作用，企业可以根据自身规模的大小、业务的繁简程度，自行增设、减少或合并某些会计科目。只有坚持统一性和灵活性相结合，才能使会计信息更具有相关性和可比性。

(3) 设置会计科目要全面地反映企业经济业务内容。为了全面而概括地反映企业的生产经营活动情况，设置会计科目必须对会计要素的具体内容进行分类，以分门别类地反映和监督各项经营业务，不能有任何遗漏，即所设置的会计科目应能覆盖企业所有的要素。会计科目的设置要保持会计指标体系的完整，企业所有能用货币表现的经济业务，都能通过所设置的某一会计科目进行核算。

(4) 会计科目应保持相对稳定，会计科目名称力求简明扼要，内容确切。为了便于不同时期会计资料的分析对比，会计科目的设置应保持相对稳定。此外，每一会计科目，原则上反映一项内容，各科目之间不能相互混淆。企业可以根据本企业具体情况，在不违背会计科目使用原则的基础上，确定适合本企业的会计科目名称，其名称要含义明确，简明易懂。

知识 2.1.2　会计科目的分类

1. 会计科目按经济内容分类

会计科目按其所反映的经济内容，可分为资产类、负债类、共同类、所有者权益类、成本类和损益类，其中损益类科目又可以划分为收入类和费用类两类会计科目。会计科目按经济内容分类，有助于了解和掌握各会计科目核算的内容以及各会计科目的性质。一般企业会计科目可参见会计科目名称表。

2. 会计科目按其提供会计信息资料的详细程度分类

由于经济管理的要求不同，所需要的核算指标的详细程度也就不同。根据经济管理的要求，既需要设置提供总括核算指标的总账科目，又需要设置提供详细核算资料的二级明细科目或三级明细科目。因此按照提供会计信息资料的详细程度不同，会计科目可以分为总分类科目和明细分类科目。

(1) 总账科目。总账科目即一级科目，也称总分类会计科目，是对会计要素的具体内容进行总括分类的会计科目，是进行总分类核算的依据。为了满足会计信息使用者对信息质量的要求，总账科目是由财政部颁发的《企业会计准则——应用指南》统一规定的。

(2) 明细科目。明细科目也称为明细分类会计科目、细目，是在总账科目的基础上，对总账科目所反映的经济内容进行进一步详细的分类，以便提供更详细、更具体的会计信息的科目。如在“原材料”总账科目下，可按材料类别开设“原料及主要材料”、“辅助材料”、“燃料”等二级科目。明细科目的设置，除了要符合财政部统一规定外，一般根据经营管理需要，由企业自行设置。对于明细科目较多的总账科目，可以在总账科目和明细科目下设置二级或多级科目。如在二级科目“原料及主要材料”下，再根据材料规格、型号等开设三级明细科目。

实际工作中，并不是所有的总账科目都需要开设二级和三级明细科目，根据会计信息使用者所需信息的详细程度不同，有些只需设一级总账科目，有些只需要设一级总账科目和二级明细科目，不需要设置三级科目等。会计科目的级别见表 1-2。

表 1-2　会计科目的级别

总账科目	明细科目	
	二级科目(子目)	三级科目(细目)
原材料	原料及主要材料	圆钢、角钢
	辅助材料	润滑剂、石炭酸
	燃料	汽油、原煤

知识 2.1.3 主要会计科目名称

目前，根据财政部颁布《企业会计准则——应用指南》，统一制定了企业实际工作中需要使用的会计科目。同时，企业在不违反会计准则中关于确认、计量和报告规定的前提下，可以根据实际情况自行增设、分拆、合并某些会计科目。

为了便于填制会计凭证、登记账簿、查阅账目和实行会计电算化，会计科目表统一规定了会计科目编号，为了便于增加和建立某些会计科目，科目编号留有空号，企业不应随意打乱重编。企业在填制会计凭证、登记账簿时，应当填列会计科目的名称，或者同时填列会计科目的名称和编号，不应只填科目编号不填科目名称。

根据相关规定，会计科目采用四位数字编号，编号的第一位反映的是会计科目的大类别，其他编号则表现会计科目的明细类别。具有会计科目名称及其编号的表格就是会计科目表，一般企业的常用会计科目见表 1-3。

表 1-3 会计科目名称表

序号	编号	会计科目名称	序号	编号	会计科目名称	序号	编号	会计科目名称
一、资产类			33	1602	累计折旧	65	2901	递延所得税负债
1	1001	库存现金	34	1603	固定资产减值准备	三、共同类		
2	1002	银行存款	35	1604	在建工程	66	3101	衍生工具
3	1012	其他货币资金	36	1605	工程物资	67	3201	套期工具
4	1101	交易性金融资产	37	1606	固定资产清理	68	3202	被套期项目
5	1121	应收票据	38	1621	生产性生物资产	四、所有者权益类		
6	1122	应收账款	39	1622	生产性生物资产累计折旧	69	4001	实收资本
7	1123	预付账款	40	1701	无形资产	70	4002	资本公积
8	1131	应收股利	41	1702	累计摊销	71	4101	盈余公积
9	1132	应收利息	42	1703	无形资产减值准备	72	4103	本年利润
10	1221	其他应收款	43	1711	商誉	73	4104	利润分配
11	1231	坏账准备	44	1801	长期待摊费用	五、成本类		
12	1321	代理业务资产	45	1811	递延所得税资产	74	5001	生产成本
13	1401	材料采购	46	1901	待处理财产损溢	75	5101	制造费用
14	1402	在途物资	二、负债类			76	5201	劳务成本
15	1403	原材料	47	2001	短期借款	六、损益类		
16	1404	材料成本差异	48	2101	交易性金融负债	77	6001	主营业务收入
17	1405	库存商品	49	2201	应付票据	78	6051	其他业务收入
18	1406	发出商品	50	2202	应付账款	79	6061	汇兑损益
19	1407	商品进销差价	51	2203	预收账款	80	6101	公允价值变动损益
20	1408	委托加工物资	52	2211	应付职工薪酬	81	6111	投资收益
21	1411	周转材料	53	2221	应交税费	82	6301	营业外收入
22	1421	消耗性生物资产	54	2231	应付利息	83	6401	主营业务成本
23	1471	存货跌价准备	55	2232	应付股利	84	6402	其他业务成本
24	1501	持有至到期投资	56	2241	其他应付款	85	6403	营业税金及附加
25	1502	持有至到期投资减值准备	57	2314	代理业务负债	86	6601	销售费用
26	1503	可供出售金融资产	58	2401	递延收益	87	6602	管理费用

续表

序号	编号	会计科目名称	序号	编号	会计科目名称	序号	编号	会计科目名称
27	1511	长期股权投资	59	2501	长期借款	88	6603	财务费用
28	1512	长期股权投资减值准备	60	2502	应付债券	89	6701	资产减值损失
29	1521	投资性房地产	61	2701	长期应付款	90	6711	营业外支出
30	1531	长期应收款	62	2702	未确认融资费用	91	6801	所得税费用
31	1532	未实现融资收益	63	2711	专项应付款	92	6901	以前年度损益调整
32	1601	固定资产	64	2801	预计负债	—	—	—

注：(1) 共同类项目的特点是既可能是资产也可能是负债。在某些条件下是一项权利，形成经济利益的流入，就是资产；在某些条件下是一项义务，将导致经济利益流出企业，这时就是负债。

(2) 损益类项目的特点是其项目是形成利润的要素。如反映收益类科目，如“主营业务收入”；反映费用类科目，如“主营业务成本。”

知识链接

我国行政事业单位会计科目与企业会计科目有较大不同，行政事业单位一般设置如下会计科目。

(1) 资产类：库存现金、银行存款、有价证券、暂付款、固定资产。

(2) 负债类：应缴预算款、应缴财政专户款、暂存款。

(3) 净资产类：固定基金、结余。

(4) 收入类：拨入经费、预算外资金收入、其他收入。

(5) 支出类：经费支出、拨出经费。

知识 2.2 会 计 账 户

知识 2.2.1 会计账户的概念

会计科目只是对会计对象的具体内容(会计要素)进行分类的项目名称。为了能够分门别类地对各项经济业务的发生所引起会计要素的增减变动情况及其结果进行全面、连续、系统、准确的记录，就需要设置账户。所谓会计账户，是根据会计科目开设的，具有一定格式，用来分类、连续地记录经济业务，反映会计要素增减变动及其结果的一种核算工具。

会计科目与账户是两个既相互区别，又有联系的不同概念。二者的联系是它们所反映的会计对象的具体内容是相同的，会计科目是设置会计账户的依据，是会计账户的名称。会计账户是会计科目的具体运用，会计科目所反映的经济内容，就是会计账户所要登记的内容。它们之间的区别是会计科目只是对会计要素具体内容的分类，本身没有结构和格式；会计账户则有相应的结构和格式，是记录经济业务的载体，能具体反映资金的运用状况。因此，会计账户比会计科目内容更为丰富。

知识 2.2.2　账户的结构与分类

1. 账户的结构

账户用来记录经济业务，必须具有一定的结构和格式。由经济业务所引起的各项会计要素的变动，从数量上看，不外乎是增加和减少两种情况。因此，账户也相应地分为两个基本部分，来分别记录各会计要素的增加额和减少额，若规定一部分记录增加额，则另一部分就记录减少额。

记账方法不同，账户的结构也不同。即使采用同一种记账方法，不同性质的账户结构也是不同的。但是，不论采用何种记账方法，也不论是何种性质的账户，其基本结构总是相同的。

1) 账户的基本格式

账户的基本格式一般应包括以下内容。

(1) 账户的名称，即会计科目。

(2) 日期和摘要，即经济业务发生的时间和内容。

(3) 凭证编号，即账户记录的来源和依据。

(4) 左方和右方，用来表示金额的增加和减少。

(5) 余额，即变动后的金额。

在实际工作中，账户通常采用三栏式，其基本结构如图 1.3 所示。

账户名称：

年		凭证编号	摘要	左方	右方	余额
月	日					

图 1.3　三栏式账户基本结构

其简化格式如图 1.4 所示，这种格式一般用于教学中，称为 T 型或丁字账户。

左方　账户名称　右方

期初余额	
增加额	减少额
本期增加发生额	本期减少发生额
期末余额	

(a)

左方　账户名称　右方

	期初余额
减少额	增加额
本期减少发生额	本期增加发生额
	期末余额

(b)

图 1.4　T 型账户基本结构

账户的左方和右方分别记录金额的增加或减少，余额则分为期初余额和期末余额，本期增加额的合计称为本期增加发生额，本期减少额的合计称为本期减少发生额，本期的期末余额即为下期的期初余额。它们之间的关系式为

期末余额=期初余额+本期增加发生额−本期减少发生额

2) 账户的特殊格式

账户的特殊格式指账户的左右两方按相反方向记录增加额和减少额。也就是说，某一账户，如果规定在左方记录增加额，就应该在右方记录减少额；反之，如果在右方记录增加额，就应该在左方记录减少额。在某一具体账户中，左、右两个方向中究竟哪一方记录增加额，哪一方记录减少额，则取决于账户所记录的经济内容和所采用的记账方法。账户的期初、期末余额一般应与增加额在同一方向。如银行存款账户规定左方记录金额的增加，则右方记录金额的减少，期初、期末余额一般应在左方；应付账款账户规定右方记录金额的增加，则左方记录金额的减少，期初、期末余额一般应在右方。

2. 账户的分类

为了正确地设置和运用账户，需要对账户进行分类。账户是根据会计科目设置的，因此，会计科目的分类决定了账户的分类。

(1) 账户按其性质进行分类，分为资产类账户、负债类账户、共同类账户、所有者权益类账户、成本类账户和损益类账户。

(2) 账户按其提供会计信息资料的详细程度进行分类，分为总分类账户和明细分类账户。

会计科目按提供核算资料的详细程度分为总账科目、二级明细科目和三级明细科目，会计账户也相应地分为总分类账(一级账户)和明细分类账(二级、三级账户)。通过总分类账户对经济业务进行的核算称为总分类核算，总分类核算只能用货币度量。通过明细分类账户对经济业务进行的核算称为明细分类核算，明细分类核算除了能用货币度量外，有些账户还需用实物度量，提供更为详细的信息资料，如原材料明细账。总分类账户统驭明细分类账户，而明细分类账户则对总分类账户起着进一步补充说明的作用。

总分类账与明细分类账户见表 1-4。

表 1-4　“原材料”总分类账户和明细分类账户

总分类账户	明细分类账户	
	二级明细分类账户	三级明细分类账户
原材料	原料及主要材料	圆钢、角钢
	辅助材料	润滑剂、石炭酸
	燃料	汽油、原煤

知识 2.3　复式记账法

知识 2.3.1　复式记账法概述

1. 理论依据概述

会计核算的基本工作是记账，记账方法是会计核算方法的一个重要组成部分。会计核算中最早采用的是单式记账法，复式记账法是随着市场经济的发展在单式记账法的基础上演变而成的，两者在理论基础和科学性上有所不同。

单式记账法是指对发生的每一笔经济业务只在一个账户中进行记录的一种记账方法。一般情况下，单式记账法只记录现金的收付以及应收应付等往来账项。例如，用现金支付有关费用，只记现金减少，至于费用的增加就省略不记了。单式记账法的账户设置不完整，没有形成完整的账户体系，不能全面反映资本运动的来龙去脉，只单方面地反映一项经济业务引起资金运动的某一方面的变化。为了能够全面、系统、连续、综合地反映经济活动，记账方法由单式记账法发展成为复式记账法。

复式记账法是指对每一笔经济业务，都要用相等的金额，在两个或两个以上相互联系的账户中进行全面登记的一种记账方法。复式记账法是一种科学的记账方法，账户体系设置完整，可以将经济业务引起的会计要素的增减变动，在两个或两个以上账户中相互联系地、全面地、系统地进行记录，可以反映经济业务的来龙去脉。

复式记账法的理论依据是会计等式“资产=负债+所有者权益”。由于会计等式是一个恒等式，因此当某项经济业务引起某一会计科目金额发生变动时，为了保证该等式的成立，一定会有另一个或几个会计科目的金额也发生相应变动。例如，当某一资产金额增加 1 000 元时，为了使恒等式平衡，必然会有其他科目也发生金额变动，包括其他资产科目减少 1 000 元或负债、所有者权益科目增加 1 000 元。

2. 基本内容

复式记账法一般由记账符号、账户设置、记账规则和试算平衡等 4 个相互联系的基本内容所组成。

1) 记账符号

采用复式记账法，所有的账户都要规定记账的方向。用来表示记账方向的记号，就是记账符号。如以“借”、“贷”作为记账符号的借贷记账法；以“增”、“减”作为记账符号的增减记账法；以“收”、“付”作为记账符号的收付记账法。

2) 账户设置

要进行复式记账，首先设置会计科目，然后根据会计科目开立账户，以登记每笔经济业务发生所引起的账户的增减变化金额。

3) 记账规则

任何一种记账方法，都必须规定用于登记各类型经济业务的科学的记账规则。严格按照规则记账，才能保证记账内容的一致。

4) 试算平衡

采用复式记账法，要求每笔经济业务都要以相等的金额在两个或两个以上相互联系的账户中进行登记，这样才能保证会计等式的平衡关系，以检查会计记录的正确性，如果不平衡，就表明记账有误。

3. 复式记账法的种类

根据记账的符号、规则有所不同，复试记账法又可具体分为借贷记账法、收付记账法、增减记账法等。目前世界各国广泛采用借贷记账法，我国会计法规规定应当采用借贷记账法。本书介绍的是借贷记账法。

知识 2.3.2 借贷记账法

借贷记账法是以“借”、“贷”二字作为记账符号，在两个或两个以上相互联系的账户中，对每一项经济业务以相等的金额全面进行记录的一种复式记账方法。借贷记账法起源于13世纪的意大利，是适应13—14世纪商业资本和借贷资本经营管理的需要而产生的。“借”、“贷”二字最初的含义是从借贷资本的角度来解释的，有其自身的含义。随着商品经济的发展及经济活动内容的复杂，各行各业都采用“借”、“贷”二字来说明其增减变动的情况，“借”、“贷”二字慢慢便失去了原来其自身的含义，转化为一种单纯的记账符号，成为会计的专门用语。随着经济的发展和管理水平的提高，西方学者提出了借贷记账法的理论依据，确立了借贷记账法的记账规则，便逐步形成了科学的记账方法——借贷记账法。借贷记账法是当今世界各国应用最广泛、最科学的记账方法。目前，我国的企业、事业单位都采用借贷记账法。

1. 记账符号

在借贷记账法下，“借”和“贷”本身没有含义，仅仅是借贷记账法下的一种记账符号，用以指明一个账户的增减变动的方向，即一方表示增加，另一方则必然是表示减少，它是会计的专门术语。“借”和“贷”何时表示增加、何时表示减少，必须结合账户的性质和结构，才能真正反映出会计要素的增减变动。根据会计等式“资产+费用=负债+所有者权益+收入”可知，“借”和“贷”对等式两边的要素类的账户规定了增减相反的含义，见表1-5。

表 1-5 “借”和“贷”所表示的增减含义

账户类别	借　方	贷　方
资产类	+	−
负债类	−	+
所有者权益类	−	+
收入类	−	+
费用类	+	−

2. 账户设置

在借贷记账法下，账户的基本结构也分为左右两方，规定左方为“借方”，右方为“贷方”。一个账户，若规定借方记录增加额，则贷方记录减少额；若规定借方记录减少额，则贷方记录增加额。但到底哪一方登记增加，哪一方登记减少，则根据账户的经济性质来决定。

借贷记账法的理论依据是会计恒等式“资产=负债+所有者权益”。在会计恒等式中，资产列示在等号的左边，负债及所有者权益列示在等号的右边，等号的左右两边总额永远相等，即在任何一时点上等式都保持平衡。为了保证会计账户的记录不破坏会计恒等式，如果资产的增加记入在左边，则负债及所有者权益的增加就应记入在右边；如果资产的减少记入在右边，则负债及所有者权益的减少就应记入在左边。下面分别说明各要素类账户的结构及余额的计算。

(1) 资产类账户的结构如下图1.5所示。

借方　　资产类账户	贷方
期初余额	
增加额	减少额
本期借方发生额	本期贷方发生额
期末余额	

图 1.5　资产类账户结构

资产类账户的借方登记增加额，贷方登记减少额，账户期末余额一般在借方(账户余额一般在增加方，下同)。余额计算公式为

资产类账户借方期末余额=借方期初余额+本期借方发生额-本期贷方发生额

(2) 负债及所有者权益类账户的结构如图 1.6 所示。

借方　　负债及所有者权益类账户	贷方
	期初余额
减少额	增加额
本期借方发生额	本期贷方发生额
	期末余额

图 1.6　负债及所有者权益类账户结构

负债及所有者权益类账户的贷方登记增加额，借方登记减少额。负债及所有者权益类账户期末余额一般在贷方。余额计算公式为

负债及所有者权益贷方期末余额=期初贷方余额+本期贷方发生额-本期借方发生额

(3) 成本类账户的结构如图 1.7 所示。

借方　　成本类账户	贷方
期初余额	
增加额	减少额
本期借方发生额	本期贷方发生额
期末余额	

图 1.7　成本类账户结构

制造业在生产产品的过程中，所发生的各种制造成本，在产品没有完工前，处于在产品的状态，与未销售的完工产品一样，都是属于企业的资产。所以，成本类账户的结构与资产类账户的结构基本是一致的，借方登记成本费用的增加，贷方登记成本费用的减少或是转出，若有余额，也是在借方。余额计算公式为

成本类账户借方期末余额=借方期初余额+本期借方发生额-本期贷方发生额

(4) 损益类账户的结构如图 1.8 和图 1.9 所示。

损益是企业取得收入和发生的相应成本费用相抵后的差额，表示为企业一段时期经营的结果。因此，损益类账户又可分为收入类账户和费用类账户两种。

借方　　收入类账户	贷方
减少额或转出额	增加额
本期借方发生额	本期贷方发生额

图 1.8　收入类账户结构

收入类账户的结构与负债及所有者权益类账户结构相同，贷方登记增加额，借方登记减少额或转出的金额。由于期末要确定当期损益，所以要将本期实现的收入在期末全额转出，便于与费用类账户相抵，因此收入类账户没有期末余额。

借方　　费用类账户	贷方
增加额	减少额或转出额
本期借方发生额	本期贷方发生额

图 1.9　费用类账户结构

费用类账户的结构与资产类账户结构相同，借方登记增加额，贷方登记减少额或转出的金额。由于期末要确定当期损益，所以要将本期发生的费用在期末全额转出，便于与收入类账户相抵，因此费用类账户没有期末余额。

除以上两大类账户之外，还有共同类账户。共同类账户是同时具有资产和负债双重性质的账户，这类账户的余额若在借方，则为资产类账户，其结构和资产类账户相同；这类账户的余额若在贷方，则为负债类账户，其结构和负债类账户相同。例如，某些企业不单独设置“预收(预付)账款”账户，发生的相关经济活动记录到“应收(应付)账款”账户，这时将两账户合成一个账户，该账户就是共同类账户。具有双重性质的账户只在少数，绝大多数账户的性质仍是固定的。

综上所述，将各类账户的结构归纳如图 1.10 所示。

借方	贷方
资产增加	资产减少
负债减少	负债增加
所有者权益减少	所有者权益增加
成本、费用支出增加	成本、费用支出减少
收入减少	收入增加

图 1.10　借贷记账法下各类账户结构汇总

3. 记账规则

1) 记账规则的内容

记账规则是进行会计记录和检查账簿登记是否正确的依据和规律。不同的记账方法具有不同的记账规则。虽然经济业务种类繁多，会计事项千差万别，但从会计等式所表达的关系来看，只有4种类型(前已述及)，在借贷记账法下，我们将经济业务影响会计要素的增减变化用“借”、“贷”表示，对每项经济业务都要以相等的金额，在借贷相反的方向，同时在两个或两个以上的账户中进行登记。

归纳起来，借贷记账法下的记账规则可以用一句话概括：“有借必有贷，借贷必相等。”

2) 账户的对应关系和会计分录

账户的对应关系是指在借贷记账法下，每一项经济业务发生时所涉及的两个或两个以上账户之间的关系，所涉及的账户就称为对应账户。例如，从银行提取现金备用，会引起“库存现金”和“银行存款”两个账户的金额发生变动，则在该笔业务下，“库存现金”和“银行存款”这两个账户是对应账户，它们之间应存在对应关系；购买原材料，以银行存款支付，会引起“原材料”和“银行存款”两个账户的金额发生变动，则在该笔业务下，“原材料”和“银行存款”这两个账户是对应账户，它们之间存在对应关系。因此，不同的经济业务活动的发生会具有不同的对应账户。

在会计工作中，为了保证账户对应关系准确无误，并便于检查账户记录，在经济业务发生后并不直接记入对应账户，而是先编制会计分录，然后根据会计分录记入有关账户。

会计分录是指在借贷记账法下，按照记账规则，对发生的经济业务指明其应记入账户的名称、借贷的方向和增减的金额。其格式一般是：

借：××(账户名称)　　××(金额)

　　贷：××(账户名称)　　××(金额)

编制会计分录，应当按照如下步骤进行。

(1) 对发生的经济业务，分析引起了哪些账户发生了变化。

(2) 判断这些账户的性质，即属于什么会计要素。

(3) 对账户的影响是增加还是减少。

(4) 根据账户的性质和增减的方向，确定应记入的方向，即应是借方还是贷方。

(5) 根据会计分录格式的要求，编制完整的会计分录。

下面 举例说明会计分录的编制。

【例2-1】甲企业从银行提取备用金1 000元。

【分析】此笔业务的发生，将会引起资产内部的一增一减。一方面，企业的备用金增加了，应记入“库存现金”账户的借方；另一方面，企业存入银行的存款减少了，应记入“银行存款”账户的贷方。会计分录如下：

借：库存现金　　1 000

　　贷：银行存款　　1 000

【例2-2】甲企业接受投资人投入的资金10 000元，存入银行。

【分析】此笔业务的发生，将会引起资产和所有者权益同时增加。一方面，企业的存款增加了，应记入“银行存款”账户的借方；另一方面，企业资本金也增加，应记入“实收资本”账户的贷方。会计分录如下：

借：银行存款　　10 000

　　贷：实收资本　　10 000

按照经济业务所影响账户变动的多少，可分为简单分录和复合会计分录两种。一笔会计分录若只涉及两个账户，即一借一贷，则称为简单会计分录，以上例题所列举的均为简单会计分录；若一笔会计分录涉及两个以上的账户，包括一借多贷、多借一贷、多借多贷等，则称为复合会计分录。

【例 2-3】甲企业购买原材料一批，价值 98 000 元，其中银行存款支付 48 000 元，其余款项尚未支付。

【分析】此笔业务的发生，将会引起资产内部的一增一减及负债增加。一方面，企业购买原材料后原材料增加，应记入“原材料”账户的借方；另一方面，企业以存入银行的存款支付部分货款，银行存款减少，应记入“银行存款”账户的贷方；同时未支付的款项增加了企业的一项负债，应记入“应付账款”的贷方。可以编制一借多贷的会计分录，如下：

借：原材料　　98 000

　　贷：银行存款　　48 000

　　　　应付账款　　50 000

【例 2-4】甲企业接受投资，其中货币资金 20 000 元，一台设备价值 50 000 元。

【分析】此笔业务的发生，将会引起资产和所有者权益同时增加。一方面，接受投资后货币资金及设备增加，应记入“银行存款”、“固定资产”账户的借方；另一方面，企业接受投资会增加注册资本金，应记入“实收资本”账户的贷方。可以编制多借一贷的会计分录，如下：

借：银行存款　　20 000

　　固定资产　　50 000

　　贷：实收资本　　70 000

3) 记账规则的综合应用

以乙公司为例，介绍企业经济业务发生的类型及如何影响各会计要素的增减变动，如何采用复式记账法登记相关账户及编制会计分录。

【例 2-5】乙公司 2009 年 12 月 31 日资产、负债及所有者权益各账户的期末余额见表 1-6。

表 1-6　资产负债表(乙公司之一)

编制单位：乙有限责任公司　　　　金额单位：元

资　产	金　额	负债及所有者权益	金　额
库存现金	5 000	短期借款	120 000
银行存款	200 000	应付账款	40 000
应收账款	75 000	应付职工薪酬	10 000
原材料	65 000	应付股利	30 000
固定资产	380 000	实收资本	500 000
—	—	资本公积	25 000
合计	725 000	合计	725 000

从表 1-6 中，我们可以看到资产(725 000)=负债(200 000)+所有者权益(525 000)。

乙公司 2010 年 1 月发生以下经济业务：

(1) 收到投资者投入资本 30 000 元，存入银行。

【分析】该笔业务影响资产和所有者权益同时增加。一方面，公司收到投入的资金，存款增加 30 000 元，应记入“银行存款”账户的借方；另一方面，公司实收资本金增加了 30 000 元，应记入“实收资本”账户的贷方。会计分录及记入有关账户如下：

会计分录：

借：银行存款　　30 000

　　贷：实收资本　　30 000

记入有关账户：

借方	银行存款 贷方
3 000	

借方	实收资本 贷方
	3 000

(2) 乙公司外购所需原材料一批，价款 15 000 元以银行存款支付。

【分析】该笔业务影响资产内部的一增一减。一方面，使公司材料增加 15 000 元，应记入“原材料”账户的借方；另一方面，公司存款支付货款 15 000 元，应记入“银行存款”账户的贷方。会计分录及记入有关账户如下：

会计分录：

借：原材料　　15 000

　　贷：银行存款　　15 000

记入有关账户：

借方	原材料 贷方
15 000	

借方	银行存款 贷方
	15 000

(3) 乙公司以银行存款偿还到期的 6 个月期限的银行借款 50 000 元。

【分析】该笔业务影响资产和负债同时减少。一方面，归还贷款将使公司存款减少 50 000 元，应记入“银行存款”账户的贷方；另一方面，归还了贷款也使公司的欠款减少 50 000 元，应记入“短期借款”账户的借方。会计分录及记入有关账户如下：

会计分录：

借：短期借款　　50 000

　　贷：银行存款　　50 000

记入有关账户：

借方	银行存款	贷方
		50 000

借方	短期借款	贷方
50 000		

(4) 银行决定将对乙公司发放的贷款中的 50 000 元转作对公司的投资。

【分析】该笔业务影响负债减少和所有者权益增加。一方面，以贷款转投资，将减少公司的欠款 50 000 元，应记入“短期借款”账户的借方；另一方面，转为投资，将增加公司的实收资本金 50 000 元，应记入“实收资本”账户的贷方。会计分录及记入有关账户如下：

会计分录：

借：短期借款　　50 000

　　贷：实收资本　　50 000

记入有关账户：

借方	短期借款	贷方
50 000		

借方	实收资本	贷方
		50 000

(5) 从银行取得期限为两年的贷款 100 000 元，存入银行。

【分析】该笔业务影响资产增加和负债减少。一方面，获得贷款 100 000 元存入银行，应记入“银行存款”账户的借方；另一方面，将增加企业的长期贷款额 100 000 元，应记入“长期借款”账户的贷方。会计分录及记入有关账户如下：

会计分录：

借：银行存款　　100 000

　　贷：长期借款　　100 000

记入有关账户：

借方	银行存款	贷方
100 000		

借方	长期借款	贷方
		100 000

(6) 从银行取得期限 6 个月的贷款 40 000 元，直接归还前欠的货款。

【分析】该笔业务影响负债内部的一增一减。一方面，将归还前欠的货款 40 000 元使欠款减少，应记入“应付账款”账户的借方；另一方面，获得贷款 40 000 元使企业贷款增加，应记入“短期借款”账户的贷方。会计分录及记入有关账户如下：

会计分录：

借：应付账款　　40 000

　　贷：短期借款　　40 000

记入有关账户：

借方	应付账款	贷方
40 000		

借方	短期账款	贷方
		40 000

从以上几种基本的经济业务类型可以看出，每一项经济业务的发生，都要用相等的金额，在借贷不同的方向，同时记入两个账户或两个以上的账户，符合借贷记账法的记账规则：有借必有贷，借贷必相等。我们来看看，公司发生以上 4 笔经济业务后，各账户的金额变为多少，以及对资产负债表的影响，是否会破坏会计恒等式，见表 1-7。

表 1-7　资产负债表(乙公司之二)

编制单位：乙有限责任公司　　　　金额单位：元

资产	金额	负债及所有者权益	金额
库存现金	5 000	短期借款	60 000
银行存款	265 000	应付账款	0
应收账款	75 000	应付职工薪酬	10 000
原材料	80 000	应付股利	30 000
固定资产	380 000	长期借款	100 000
—	—	实收资本	580 000
—	—	资本公积	25 000
合计	805 000	合计	805 000

从表 1-7 中，可以看到资产(805 000)=负债(200 000)+所有者权益(605 000)。

注：银行存款余额=200 000+30 000-15 000-50 000+100 000=265 000(元)

原材料余额=65 000+15 000=80 000(元)

短期借款余额=120 000-50 000-50 000+40 000=60 000(元)

实收资本余额=500 000+30 000+50 000=580 000(元)

长期借款余额=100 000(元)

应付账款余额=0

4. 试算平衡

试算平衡是指在某一时间，为了保证本期会计处理的正确性，依据会计等式和记账规则，对本期各账户的全部记录进行汇总计算，以检查账户的正确性的一种专门方法。

经济业务发生后，按照借贷记账法规则“有借必有贷，借贷必相等”，如果不发生记账差错，借、贷两方的发生额必然相等。不仅是每一笔业务的借贷发生额相等，对一定时期发生的全部经济业务的借贷发生额汇总也必然是相等的。再结合会计恒等式，全部账户的借方期末余额之和也必然等于贷方期末余额之和。这就是我们进行试算平衡的两种方法，我们利用这两种方法，在一定程度上，不仅能检查出每笔会计分录的编制是否正确，也可以检查出一定会计期间内全部账户的本期发生额和期末余额是否正确。

借贷记账法的试算平衡，有以下两种方法。

1) 发生额试算平衡

全部账户本期借方发生额合计=全部账户本期贷方发生额合计

发生额试算平衡的基本原理是：平时对每笔经济业务编制会计分录时，都是按照“有借必有贷，借贷必相等”规则，将其记入相关账户，将若干笔经济业务所编制的会计分录进行汇总后，也必然是“借贷必相等”。发生额试算平衡主要用来检查本期发生的经济业务在进行账务处理时的正确性。

2) 余额试算平衡

全部账户的借方期末余额合计=全部账户的贷方期末余额合计

余额试算平衡的基本原理是：在借贷记账法下，资产类账户的期末余额在借方，负债和所有者权益类账户的期末余额在贷方，根据会计恒等式“资产=负债+所有者权益”的平衡关系，全部账户借方余额的合计数必然等于全部账户贷方余额的合计数。余额试算平衡主要是用来推断账务处理的正确性。

在实际工作中，我们是通过编制发生额及余额试算平衡表来进行试算平衡的。以上面所述例子编制试算平衡表，见表 1-8。

表 1-8　发生额及余额试算平衡表

年　　月　　日　　　　　　　　单位：元

会计科目	期初余额		本期发生额		期末余额	
	借方	贷方	借方	贷方	借方	贷方
库存现金	5 000				5 000	
银行存款	200 000		130 000	65 000	265 000	
应收账款	75 000				75 000	
原材料	65 000		15 000		80 000	
固定资产	380 000				380 000	
短期借款		120 000	100 000	40 000		60 000
应付账款		40 000	40 000			0
应付职工薪酬		10 000				10 000
应付股利		30 000				30 000
长期借款				100 000		100 000
实收资本		500 000		80 000		580 000
资本公积		25 000				25 000
合计	725 000	725 000	285 000	285 000	805 000	805 000

如果试算不平衡，说明账户的记录肯定有错；但如果试算平衡，也不一定是完全正确，只能说是基本正确。这是因为试算平衡只是通过借贷金额是否平衡来检查账户记录是否正确，而有些错误对于借贷双方的平衡并不发生影响，如整笔经济业务被重复记账或漏记等。因此，在编制试算平衡表时，若借贷方不平衡，则发生了差错，应及时找出原因并加以更正。应从以下几方面着手。

(1) 检查所有账户的发生额和余额是否均已记入试算平衡表。因为会计等式是对 6 项会计要素整体而言的，缺少任何一个账户，都会造成借方与贷方发生额和余额合计不相等。

(2) 检查试算平衡表本身有无差错，并重复计算每一账户的发生额和余额。

(3) 通过以上两步对试算平衡本身的检查后,若借贷仍不平衡，则账户记录肯定有错误，应认真查找，直到实现平衡为止。

另外,如果试算平衡表的借贷两边平衡，也并不能说明账户记录绝对正确，因为有些错误对于借贷双方的平衡并不发生影响，通过试算平衡并不能发现。这些差错包括如下方面。

① 某项经济业务的会计分录，借贷双方的金额同时记错，借贷双方仍然平衡。

② 某项经济业务的会计分录，记错有关账户，借贷双方仍然平衡。

③ 某项经济业务的会计分录，颠倒了记账方向，借贷双方仍然平衡。

④ 借方或贷方发生额中，偶然一多一少并相互抵消，借贷双方仍然平衡。

⑤ 某项经济业务整个漏记或重记、借贷双方仍然平衡。

所以会计工作除了进行试算平衡外，还应对一切会计记录定期或不定期地及时进行复核，以保证会计所提供的信息的正确性。

学习小结

会计科目是对会计要素进行分类核算的项目。会计科目按对应账户的性质分为资产类、负债类、共同类、所有者权益类、成本类、损益类 6 类；会计科目按其提供会计信息资料的详细程度可分为总分类科目和明细分类科目。账户是根据会计科目在账簿中开设、具有一定结构的记账载体。会计科目和账户是两个既有区别又有联系的概念。

复式记账法是对发生的每一笔经济业务所引起会计要素的增减变动，都以相等的金额同时在两个或两个以上的账户中互为联系地进行记录的一种方法。借贷记账法是以“借”和“贷”作为记账符号的一种复式记账方法。借贷记账法的借方登记资产的增加、负债和所有者权益的减少、成本和费用支出的增加、收入的减少，贷方登记资产的减少、负债和所有者权益的增加、成本和费用支出的减少、收入的增加。借贷记账法的记账规则为“有借必有贷，借贷必相等”。会计分录是指按照借贷记账法的记账规则的要求，对发生的经济业务列示出应借、应贷的账户和方向、金额的记录。会计分录分为简单会计分录和复合会计分录。试算平衡是指在会计核算中，根据会计恒等式和借贷记账法的记账规则，检查账户记录正确与否的一种验证方法。借贷记账法的试算平衡有发生额试算平衡和余额试算平衡两种方法。

阅读材料

借贷记账法的起源和发展

借贷记账法起源于 1211 年的意大利北部城邦佛罗伦萨，从其萌芽状态到接近完善，大约经历了从 13 世纪初至 15 世纪末共 300 年左右的时间。当时，地中海沿岸城市的商业和手工业发展很快，特别是中世纪的意大利商业城市威尼斯、热那亚等地，出现了马克思所说的“资本主义生产的最初萌芽”，发达的商品经济，特别是商业和银钱兑换业迫切需要获得经济信息、经营成果等重要信息，经过不断的发展和完善，科学的复式簿记在意大利诞生了，这一过程大致经历了 3 个不同的时期。

(1) 佛罗伦萨式(1211—1340 年)，这是萌芽时期。以 1211 年佛罗伦萨钱庄业主采用的簿记为代表。当时佛罗伦萨商业比较发达，银钱借贷十分频繁，钱庄业主为了记清楚账目，他们把整个账簿分为应收账款和应付账款，并为每一个债权人和债务人开设一个账户，即应收账款和应付账款。不过那时的记账方法基本还是单式记账,复式记账还处于萌芽阶段,账户也只是叙述式的。目前保存最古老的会计账簿，收藏于意大利佛罗伦萨梅迪奇·拉乌莱芝纳图书馆。

(2) 热那亚式(1340—1494 年)，这是改良时期。以 1340 年热那亚市政厅的总账为代表。热那亚人对佛罗伦萨传入的方法进行了改进，将每个账户都分为左和右对照式，分别用借方和贷方表示。在应收账款和商品及现金账户下，账户借方登记别人欠我的，贷方登记别人还我的，借方减去贷方后的差额表示还有多少未收回的款项；在应付账款科目下，贷方登记我欠别人的，借方登记我还别人的，贷方减去借方后的差额表示还有多少未归回的款项，并在保留债权、债务的基础上又加入了商品和现金账户，并且采用复式记账，凡购买商品和收回现金都记于账户的借方，卖出商品或支付现金都记于账户的贷方。会计界公认的最早的一册具备复式记账所有特征的会计记录，现收藏于热那亚古文化馆。

(3) 威尼斯式(1494—1854 年)，这是成熟时期。以 1494 年意大利数学家巴其阿勒在他的《算术、几何与比例概要》一书出版为代表。热那亚式方法又传到意大利名城威尼斯，威尼斯商人在此基础上进行了进一步的改进,又加入了收入、费用等损益账户和资本(权益)账户,出售商品不再直接减少商品账户，而先要记入收入账户的贷方，待月末再贷记商品账户，一笔汇总出库转入商品成本账户；收入要从借方定期转入利润的贷方，费用支出也不再直接减少利润，而要先记入费用的借方，月末也要从贷方一笔转入利润的借方，收入和成本、费用，具有归集或汇总和过渡性质，被称为暂记性账户，最终结果都要转入利润账户，利润的贷方减去利润的借方就是经营所得。利润账户也具有汇总和过渡性质，最终要归属于资本(权益)账户。资本账户是用来登记投资人权益的，其主要功能就是用来反映资本的增值。美国著名会计学家认为收入、费用和资本是复式记账的基础，称它为“经济账户”。增加了收入、成本、费用和资本账户，复式记账法就完善起来,从而适应了商人的需要。当时称此为意大利式借贷记账法，也称威尼斯记账法。

巴其阿勒在他的《算术、几何与比例概要》一书详细地、全面系统地介绍了威尼斯的记账法，并从理论上给予了必要的阐述，使它的优点及方法为世人所接受，是现代会计的开端。18 世纪，借贷记账法传到了英国，出现了英式记账法， 增加了分录簿，上面载有摘要、会计科目、借方金额和贷方金额几个栏次，当经济业务发生和结束时，要求在分录簿上确定应借、应贷的账户和应借、应贷的金额，即在借方和贷方两个方面对经济业务进行对照登记，并简明扼要地说明经济业务，被称为复式簿记，相当于今天的记账凭证，是会计记账的依据。从此正式命名为复式簿记。以后人们所说的复式簿记，就是指借贷记账法。

对于复式记账法，在历史上许多名家都给予其很高评价，有许多赞扬之词。歌德在《威廉·迈斯德》写道:“他从复式簿记制度中得到了多大的好处!这是人类智慧最好的发明之一。”19 世纪的数学家阿瑟·凯利说，复式记账原理像“欧几里得比率理论一样，是绝对完善的”。德国经济史学者沃纳·松巴特则说：“创造复式簿记的精神，也就是创造伽利略和牛顿系统精神。”

课 后 习 题

一、单项选择题

1. 会计科目和账户之间的联系是(　　)。

A. 内容相同　　B. 结构相同　　C. 格式相同　　D. 两者不相关

2. 会计科目和账户之间的区别在于(　　)。

A. 记录资产和权益的增减变动情况不同　　B. 记录资产和负债的结果不同

C. 反映的经济内容不同　　D. 账户有结构而会计科目无结构

3. 下列经济业务中，不会引起资产或权益总额发生变动的经济业务是(　　)。
A. 以银行存款偿还前欠货款　　B. 从银行借款存入银行
C. 从某企业赊购材料　　D. 以银行借款还清所欠货款
4. 账户是根据(　　)开设的，用来连续、系统地记载各项经济业务的一种手段。
A. 会计凭证　　B. 会计对象　　C. 会计科目　　D. 财务指标
5. 根据借贷记账法的原理，记录在账户贷方的是(　　)。
A. 费用的增加　　B. 收入的增加
C. 负债的减少　　D. 所有者权益的减少
6. 会计科目是(　　)的名称。
A. 会计账户　　B. 会计等式　　C. 会计对象　　D. 会计要素
7. 账户按(　　)不同，可以分为总分类账户和明细分类账户。
A. 会计要素　　B. 用途和结构
C. 核算的经济内容　　D. 提供核算指标的详细程度
8. 下列属于总分类科目的是(　　)。
A. 甲材料　　B. 临时借款　　C. 累计折旧　　D. 股票投资
9. 下列属于明细分类科目的是(　　)。
A. 销售费用　　B. 其他应收款　　C. 盈余公积　　D. 差旅费
10. 资产类账户的贷方记录的发生额为(　　)。
A. 增加发生额　　B. 减少发生额
C. 增加或减少发生额　　D. 以上都不对
11. 一般来说双重性质账户的期末余额(　　)。
A. 在借方　　B. 在贷方
C. 可能在借方或贷方　　D. 没有余额
12. 资产类账户期末余额的计算公式是(　　)。
A. 期末余额=期初借方余额+本期借方发生额-本期贷方发生额
B. 期末余额=期初贷方余额+本期贷方发生额-本期借方发生额
C. 期末余额=期初借方余额+本期借方发生额
D. 期末余额=期初贷方余额+本期贷方发生额
13. 负债类账户期末余额的计算公式是(　　)。
A. 期末余额=期初借方余额+本期借方发生额-本期贷方发生额
B. 期末余额=期初贷方余额+本期贷方发生额-本期借方发生额
C. 期末余额=期初借方余额+本期借方发生额
D. 期末余额=期初贷方余额+本期贷方发生额
14. 下列会计分录属于简单会计分录的是(　　)对应关系的分录。
A. 一借一贷　　B. 一借多贷　　C. 一贷多借　　D. 多借多贷
15. 对于每一个账户来说，期末余额(　　)。
A. 只能在借方　　B. 只能在贷方
C. 只能在账户的一方　　D. 可能在借方或贷方

二、多项选择题

1. 设置会计科目应遵循的原则是(　　)。
   A. 经单位领导人批准　　B. 有用性
   C. 相关性　　D. 统一性与灵活性相结合
2. 会计账户结构一般应包括的内容有(　　)。
   A. 账户的名称　　B. 账户的方向
   C. 账户的余额　　D. 账户的使用年限
3. 借方登记本期减少的账户有(　　)。
   A. 资产类账户　　B. 负债类账户
   C. 收入类账户　　D. 所有者权益类账户
4. 下列会计科目中，属于损益类科目的有(　　)。
   A. 应收账款　　B. 投资收益　　C. 主营业务成本　　D. 生产成本
5. 会计科目的数量和粗细程度应根据(　　)。
   A. 单位规模大小　　B. 企业利税多少
   C. 业务的繁简　　D. 管理的需要
6. 账户的哪一方记录增加，哪一方记录减少是由(　　)决定的。
   A. 账户的性质　　B. 所采用的记账方法
   C. 会计平衡原理　　D. 业务的性质
7. 属于损益类科目的是(　　)。
   A. 主营业务成本　　B. 生产成本　　C. 制造费用　　D. 管理费用
8. 属于资产类科目的是(　　)。
   A. 固定资产　　B. 流动资产　　C. 原材料　　D. 应付账款
9. 在借贷记账法下，账户的贷方登记的内容有(　　)。
   A. 资产的增加　　B. 负债及所有者权益的增加
   C. 收入的增加　　D. 资产的减少
10. 下列账户期末余额应在贷方的有(　　)。
   A. 累计折旧　　B. 应付账款　　C. 应收账款　　D. 盈余公积

三、判断题

1. 会计科目可以根据企业自身要求，增补或合并。(　　)
2. 明细会计科目可以根据企业内部管理的需要自行设定。(　　)
3. 所有账户都是依据会计科目开设的。(　　)
4. 对于明细科目较多的会计科目，可在总分类科目下设置二级或多级明细科目。(　　)
5. 所有总分类账户都要设置明细分类账户。(　　)
6. 账户的简单格式分为左右两方，其中：左方表示增加，右方表示减少。(　　)
7. 会计账户是以会计科目为名称，两者反映的内容是一致的。(　　)
8. 在借贷记账法下，损益类科目期末一般都无余额。(　　)
9. 只要实现了期初余额、本期发生额、期末余额的平衡，就说明账户的记录没有错误了。(　　)
10. 一般而言，费用类账户的结构与权益类账户的结构相同，收入类账户结构与资产类账户结构相同。(　　)

四、简答题

1. 什么是会计科目？什么是账户？二者有什么联系与区别？
2. 会计科目分为哪几类？其内容是什么？
3. 复式记账指什么？有哪些特点？
4. 什么是借贷记账法？其记账规则是什么？
5. 试算平衡有哪几种方式？其内容有哪些？

五、技能训练题

1. 习题一

【目的】练习账户余额、发生额的计算。

【资料】某企业部分账户发生额及余额见表 1-9。

表 1-9　某企业部分账户发生额及余额表

账户名称	期初余额	本期借方发生额	本期贷方发生额	期末余额
银行存款	2 500	41 000	38 500	
固定资产	2 480 000		150 000	3 650 000
长期借款		480 000	750 000	800 000
应付账款	400 000	380 000		150 000
盈余公积	180 000	20 000	14 500	

【要求】计算每个账户的未知数据。

2. 习题二

【目的】练习编制会计分录和试算平衡。

【资料】某企业发生如下经济业务：

(1) 向银行借入短期借款 100 000 元，存入银行。
(2) 从银行提取现金 2 000 元备用。
(3) 经理吴某出差预借差旅费 1 500 元，以现金支付。
(4) 购进汽车一辆，价款 200 000 元，以银行存款支付。
(5) 购进原材料一批，价款 80 000 元，以银行存款支付 50 000 元，余额未付。
(6) 用银行存款归还前欠的货款 20 000 元。
(7) 收到客户前欠的货款 30 000 元，存入银行。
(8) 以银行存款归还到期的长期借款 100 000 元。
(9) 接受投资货币资金 80 000 元，存入银行。
(10) 经理吴某出差回来，报销差旅费 1 200 元，余额退回现金。

【要求】要求编制会计分录，并进行发生额的试算平衡。

模块二
技能模块

创办一个企业，并使其正常经营运转，首先需要通过各种渠道筹集资金，这主要有两种途径：一是投资者投入，二是从银行等金融机构借入；具备了资金，企业会购买机器设备、原材料等为生产做准备；具备了生产条件，企业就会组织人力物力资源进行生产；之后生产出产品，到市场上销售；产品销售出去，从而形成利润；企业可对利润进行分配，也可进一步筹集资金，扩大再生产。由此就又开始了下一个生产经营的循环，不断依次循环，周而复始。以上实际上就是一个工业企业的主要生产经营过程，即包括资金筹集过程、供应过程、生产过程、销售过程、利润和分配过程，如图 2.1 所示。

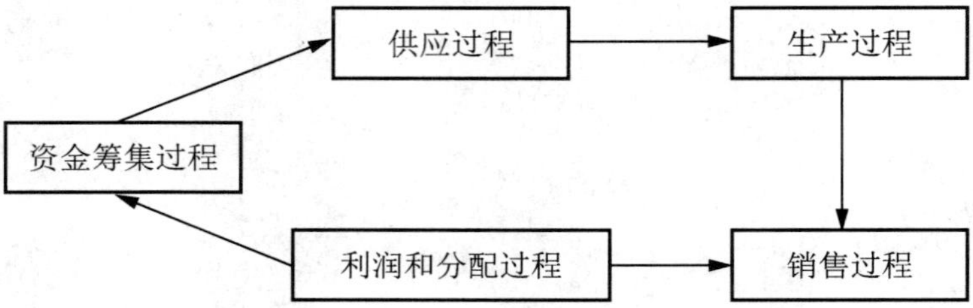

图 2.1　工业企业的主要生产经营过程

下面将以一个虚拟的工业企业——广州美味食品有限责任公司为例，介绍工业企业主要生产经营过程的业务核算。

【企业基本资料介绍】广州美味食品有限责任公司为增值税一般纳税人企业，成立于 2008 年 3 月 1 日，公司注册资本 100 万元，有 3 个股东，分别是李平、张兰、杨波，成立时 3 个股东的出资额分别为 40 万元、30 万元、30 万元。主要生产饼干、面包、蛋糕、锅巴等食品，主要原材料是小麦面粉、玉米面粉、绿豆、黄豆、红薯等。企业适用的所得税税率为 25%。

2010 年 11 月 30 日，该公司有关总分类账户余额情况见表 2-1。

表 2-1　总分类账户余额表

单位：元

账户名称	借方余额	账户名称	贷方余额
库存现金	2 000	短期借款	45 000
银行存款	250 000	应付票据	35 000
应收票据	45 000	应付账款	18 000
应收账款	125 000	预收账款	26 000
预付账款	25 700	应付职工薪酬	24 300
其他应收款	1 600	应付股利	30 000
原材料	150 000	应交税费	45 000
低值易耗品	2 000	长期借款	100 000
库存商品	198 000	实收资本	1 000 000
生产成本	110 000	资本公积	30 000
固定资产	1 254 500	盈余公积	85 000
—	—	利润分配	665 000
—	—	坏账准备	500
—	—	累计折旧	60 000
合计	2 163 800	合计	2 163 800

下面结合该公司 2010 年 12 月发生的业务介绍工业企业主要生产经营过程的业务核算。

项目一 工业企业主要经济业务核算

教学目标

本项目在初步学习掌握了专业知识的基础上，以一个虚拟的工业企业为例，讲解企业在日常生产经营过程中，发生了相关的经济业务应做怎样的会计处理。通过学习，要求学生了解企业资金筹集过程、供应过程、生产过程、销售过程、利润核算和利润分配过程以及资金退出过程的主要业务，能够运用所学账户对工业企业主要经济业务进行正确的账务处理。

知识要点结构图

工业企业主要经济业务核算

- 资金筹集过程核算
  - 实收资本、固定资产、无形资产、长期借款、短期借款等账户
- 供应过程核算
  - 在途物资、材料采购、原材料、应付账款、应付票据等账户
- 生产过程核算
  - 生产成本、制造费用、库存商品、累计折旧、管理费用、应付职工薪酬等账户
- 销售过程核算
  - 主营业务收入、主营业务成本、营业税金及附加、应收账款、预收账款、其他应收款销售费用等账户
- 利润和利润分配过程核算
  - 财务费用、营业外收入、营业外支出、投资收益、本年利润、其他业务收入、其他业务成本、所得税费用、利润分配等账户
- 资金退出过程核算
  - 实收资本、长期借款、短期借款、应交税费、应付股利等账户

思考

现在很多大学生毕业后不是去找工作就业，而是自主创业。你有没有这种想法呢？如果你也想自己创业的话，那你是否了解企业的经营运作过程是怎样的？企业的利润又是怎样形成和核算的呢？本项目将告诉你答案。

任务 1.1　资金筹集过程核算

企业筹集资金主要有两种途径：一是投资者投入的资本，二是从银行或其他金融机构借入的资金。前者构成企业所有者权益的重要组成部分，后者形成企业的负债。所以，资金筹集过程核算的内容主要包括投资者投入资本的核算和借入资金即负债的核算。

1.1.1　资金筹集过程核算需设置的主要账户

1. “实收资本”账户

该账户是所有者权益类账户，用来核算企业接受投资者投入企业的资本额。其贷方核算企业实收资本的增加，借方核算企业实收资本的减少，期末贷方余额表示企业接受投资者投入资本(或股本)的余额。该账户应按不同的投资者设置明细账户进行明细核算。

借　　　实收资本	贷
投资者依法抽回资本	投资者投入资本
	投资者投入资本结存数量

2. “固定资产”账户

该账户是资产类账户，用来核算企业为生产商品、提供劳务、出租或经营管理而持有的，使用寿命超过一个会计年度的有形资产，如厂房建筑、机器设备等。其借方核算企业固定资产的增加，贷方核算企业固定资产的减少，期末借方余额反映企业固定资产的原价。该账户应按固定资产类别和项目进行明细核算。

借　　　固定资产	贷
增加的固定资产的原始价值	减少的固定资产的原始价值
固定资产的原始价值的实有数	

3. “无形资产”账户

该账户是资产类账户，用来核算企业拥有或控制的、没有实物形态的、可辨认的非货币性资产，如专利权、商标权、土地使用权、非专利技术等。其借方核算企业无形资产的增加，贷方核算企业无形资产的减少，期末借方余额反映企业无形资产的价值。该账户应按无形资产类别和项目进行明细核算。

借　　无形资产	贷
增加的无形资产的价值	减少的无形资产的价值
无形资产的价值的实有数	

4. “短期借款”账户

该账户是负债类账户，用来核算企业向银行或其他金融机构等借入的期限在一年以下(含一年)的各种借款。企业从银行或其他金融机构借款时，应贷记该账户；企业归还借款时，借记该账户；该账户期末贷方余额反映企业尚未偿还的短期借款的本金。企业应当按照借款种类、贷款人和币种进行明细核算。

借　　短期借款	贷
归还短期借款	借入短期借款
	尚未偿还的短期借款

5. “长期借款”账户

该账户是负债类账户，用来核算企业向银行或其他金融机构借入的期限在一年以上(不含一年)的各项借款(含本金及计提的借款利息)。企业借入长期借款及计提借款利息时，贷记该账户；企业归还长期借款本金及利息时，借记该账户；该账户期末贷方余额反映企业尚未偿还的长期借款本金及利息的余额。企业还应当按照贷款单位进行明细核算。

借　　长期借款	贷
归还长期借款	供稿长期借款
	尚未偿还的长期借款

1.1.2 资金筹集过程的主要业务核算

1. 投资者投入的资本的核算

【例 1-1】 2010 年 12 月 1 日，广州美味食品公司决定增加注册资本 100 万元，增资比例以公司注册成立时出资比例为准。李平以现金 40 万元出资；张兰以价值 20 万元的一台机器设备及现金 10 万元出资；杨波以价值 15 万元专利权及 15 万元现金出资，出资款项均通过银行转入。

【分析】

(1) 对于投资者以现金出资的，企业接受投资者投入资金，获得一笔银行存款，即“银行存款”增加，“银行存款”属于资产类账户，所以应记借方；同时，企业接受投资者投入现金，意味着企业的资本增加，即“实收资本”增加，“实收资本”属于所有者权益类账户，所以应记贷方。所以公司会计人员对李平的出资，应编制会计分录如下：

借：银行存款　　400 000
　　贷：实收资本——李平　　400 000

(2) 对于投资者以固定资产及无形资产出资的，企业接受投资者投入的固定资产及无形资产，均使企业“固定资产”、“无形资产”增加，“固定资产”、“无形资产”属于资产类账户，所以应记借方；同时，企业接受投资者投入固定资产及无形资产，意味着企业的资本增加，即“实收资本”增加，“实收资本”属于所有者权益类账户，所以应记贷方。所以公司会计人员对张兰及杨波的出资，应编制会计分录如下：

借：银行存款　　100 000
　　固定资产　　200 000
　　贷：实收资本——张兰　　300 000

借：银行存款　　150 000
　　无形资产　　150 000
　　贷：实收资本——杨波　　300 000

知识链接

所有者出资形式

公司法规定，股东可以用货币出资，也可以用实物、知识产权、土地使用权等可以用货币估价并可以依法转让的非货币财产作价出资；对作为出资的非货币财产应当评估作价，核实财产，不得高估或者低估作价。全体股东的货币出资金额不得低于有限责任公司注册资本的30%。

2. 借入的资金的核算

【例 1-2】 12月3日，公司从广发银行借入期限6个月的借款5万元，年利率6%。

【分析】 企业从广发银行借入资金后，银行存款增加，故借记“银行存款”；同时，企业增加了一项负债，即“短期借款”增加，所以贷记“短期借款”。企业应根据上述业务内容编制会计分录如下：

借：银行存款　　50 000
　　贷：短期借款——广发银行　　50 000

【例 1-3】 12月8日公司从广发银行借入3年期借款20万元，年利率9%。

【分析】 企业借入资金，则银行存款增加，应借记“银行存款”；同时，企业也增加了一笔负债，所以贷记“长期借款”。企业会计人员应根据上述业务内容编制会计分录如下：

借：银行存款　　200 000
　　贷：长期借款——广发银行　　200 000

任务 1.2　供应过程核算

供应过程主要是为生产经营做准备。这一阶段的主要经济业务是购买材料、生产设备等。供应过程核算的主要内容是核算材料、生产设备等的采购成本。

1.2.1　材料采购成本的计算

1. 材料采购成本的构成

材料采购成本是指为采购原材料而发生的各项费用，具体包括如下内容。

(1) 材料的买价：指供货发票上记载的销售价格。

(2) 运杂费：指材料在运输过程中发生的运输费、装卸费、保险费、包装费、仓储费等。

(3) 合理损耗：指材料在采购过程中发生的、在合理损耗范围内的损毁、短缺等。

(4) 挑选整理费：指需要经过挑选整理才能使用的购入材料，在挑选过程中发生的工资、费用支出以及物资损耗的价值。

(5) 其他费用：指其他可直接归属于材料采购成本的费用，如进口材料的关税等。

以上(2)～(5)项又称为采购费用，材料的买价加上采购费用，就构成了材料的采购成本。

2. 材料采购费用的分配

材料在采购过程中发生的采购费用，凡由某种材料负担的直接计入该材料的采购成本；由几种材料共同负担的采购费用，则需按材料的数量、重量、体积、买价等标准，在这几种材料之间进行分配，根据分配的各材料应负担的采购费用计入材料的采购成本。

1.2.2　供应过程核算需设置的主要账户

1. “在途物资”账户

该账户是资产类账户，用来核算实际成本法下企业在途材料的采购成本；在途材料是指企业购入的尚在途中或虽已运达但尚未验收入库的购入材料的采购成本。其借方核算新增的在途材料成本，贷方核算因验收入库而转入“原材料”账户的在途材料成本，其借方余额表示尚未到达或尚未验收入库的在途材料的实际采购成本。该账户应当按照供应单位进行明细核算。

在途物资

借	贷
购入尚未验收入库的材料成本	验收入库转入“原材料”账户
购入尚未验收入库的材料成本	

2. “材料采购”账户

该账户是资产类账户，用来核算计划成本法下企业在途材料的采购成本；材料采购是指企业购入尚在途中或虽已运达但尚未验收入库的购入材料的采购成本。其借方核算新增的采购材料成本，贷方核算因验收入库而转入“原材料”账户的在途材料成本，其借方余额表示尚未到达或尚未验收入库的在途材料的实际采购成本。该账户应当按照供应单位进行明细核算。

借　　材料采购	贷
购入尚未验收入库的材料成本	验收入库转入“原材料”账户
购入尚未验收入库的材料成本	

3. “原材料”账户

该账户是资产类账户，用来核算企业库存的各种材料(包括原料及主要材料、辅助材料、外购半成品、修理用备件、包装材料、燃料等)的计划成本或实际成本。材料验收入库而增加时，借记该账户；材料因领用等原因而减少时，贷记该账户；该账户的期末借方余额，反映企业库存材料的计划成本或实际成本。企业应当按照材料的保管地点(仓库)，材料的类别、品种和规格等进行明细核算。

借　　原材料	贷
材料验收入库成本	生产领用等发出材料成本
库存材料的成本	

4. “应付账款”账户

该账户是负债类账户，用来核算企业因购买材料、商品和接受劳务供应等经营活动应支付的款项。因购货而增加负债时，贷记该账户；因偿还货款而减少该负债时，借记该账户；期末余额表示尚未归还的货款。该账户应当按照不同的债权人进行明细核算。

借　　应付账款	贷
偿还前欠商品或劳务款	购买商品或接受劳务未支付款项
	尚未偿还的款项

5. “应付票据”账户

该账户是负债类账户，用来核算企业购买材料、商品和接受劳务供应等而开出、承兑的商业汇票，包括银行承兑汇票和商业承兑汇票。开出、承兑商业汇票时，贷记该账户；以存款支付汇票款时，借记该账户；该账户期末贷方余额反映企业尚未到期的商业汇票的票面金额。

借	应付票据　　　　　　　　　　　　　贷
汇票到期支付	开出、承兑商业汇票
	尚未到期的商业汇票金额

要核算企业供应过程的业务除了设置上述账户外，还要设置前面介绍过的固定资产等账户。

1.2.3　供应过程的主要业务核算

2010 年 12 月美味公司发生以下采购业务。

【例 1-4】公司存货按实际成本法核算。12 月 2 日从山东泰山公司购入小麦面粉 9 000 千克，每千克 3.8 元，增值税税率 13%，进项税额 4 446 元，运费 900 元，款项尚未支付，材料尚未验收入库。

【分析】企业购入材料，尚未验收入库，“在途物资”(资产类)账户增加，故借记该账户；同时，款项尚未支付，故“应付账款”增加，贷记该账户。所以编制分录如下：

借：在途物资——小麦面粉　　35 100
　　应交税费——应交增值税(进项税额)　　4 446
　　贷：应付账款——山东泰山公司　　39 546

若公司按计划成本法核算，则处理如下：

借：材料采购——小麦面粉　　35 100
　　应交税费——应交增值税(进项税额)　　4 446
　　贷：应付账款——山东泰山公司　　39 546

知识链接

我国税法规定，在中华人民共和国境内销售货物或者提供加工、修理修配劳务以及进口货物的单位和个人，为增值税的纳税人，应当缴纳增值税。

纳税人购进货物或者接受应税劳务时，支付或者负担的增值税额，为进项税额。

纳税人销售货物或者应税劳务，按照销售额和税率计算并向购买方收取的增值税额，为销项税额。

销项税额=销售额 × 税率

应纳税额=当期销项税额 − 当期进项税额

增值税的基本税率为 17%，低税率为 13%，纳税人出口货物，除国务院另有规定外，税率为零。

【例 1-5】12 月 3 日美味公司从山西黄河公司购入玉米面粉 11 000 千克，每千克 1.8 元，增值税税率 13%，进项税额 2 574 元，运费 1 100 元，公司开出承兑期限为两个月不带息的商业汇票，材料尚未验收入库。

【分析】企业购入材料，尚未验收入库，“在途物资”(资产类)账户增加，故借记该账户；开出商业汇票进行结算，故“应付票据”(负债类)增加，贷记该账户。所以编制分录如下：

借：在途物资——玉米面粉　20 900
　　应交税费——应交增值税(进项税额)　2 574
　　贷：应付票据——山西黄河公司　23 474

【例 1-6】12 月 5 日，上述材料运到，验收入库。

【分析】材料运到，验收入库，“原材料”(资产类)账户增加，故借记该账户；“在途物资”(资产类)账户减少，故贷记该账户。所以编制分录如下：

借：原材料——小麦面粉　35 100
　　贷：在途物资——小麦面粉　35 100
借：原材料——玉米面粉　20 900
　　贷：在途物资——玉米面粉　20 900

【例 1-7】12 月 5 日，以银行存款支付购入的两种材料的装卸搬运费 2 000 元，按材料重量分配搬运费。

【分析】材料采购过程中发生的采购费用，有的是专为采购某种材料而发生的，则直接计入该材料的采购成本，有的采购费用是为采购某几种材料而共同发生的费用。则应采用适当的分配标准，由这几种材料共同分担采购费用。分配标准通常可以按材料的重量、买价等划分。

$$采购费用分配率=\frac{共同负担的采购费用}{各种材料的重量（或买价等）之和}$$

所以，按重量分配，则甲乙材料的采购费用分配率为

$$采购费用分配率=\frac{2\ 000}{9\ 000+11\ 000}=0.1（元/千克）$$

所以，小麦面粉分摊的搬运费为

$$9\ 000\times0.1=900(元)$$

玉米分摊的搬运费为

$$11\ 000\times0.1=1\ 100(元)$$

企业会计人员应根据上述业务内容编制如下会计分录：

借：原材料——小麦面粉　900
　　原材料——玉米面粉　1 100
　　贷：银行存款　2 000

则小麦面粉的采购成本为 36 000 元(35 100+900)，单位采购成本为 4 元/千克。

玉米面粉的采购成本为 22 000 元(20 900+1 100)，单位采购成本为 2 元/千克。

【例 1-8】4 日企业从金星商贸公司购入办公用电脑一批，价款 30 000 元，增值税税率 17%，进项税额 5 100 元，运费 500 元，开出转账支票支付上述款项。

【分析】企业购入办公设备，则企业“固定资产”增加，借记该账户；同时，开出转账支票支付，则银行存款减少，贷记 “银行存款”账户。所以编制分录如下：

借：固定资产——电脑　30 500
　　应交税费——应交增值税(进项税额)　5 100
　　贷：银行存款　35 600

【例 1-9】 6 日企业从辽东机械厂购入生产设备一台，价款 95 470 元，增值税税率 17%，进项税额 16 230 元，对方垫付运费 500 元，开出转账支票支付上述款项。

【**分析**】企业购入生产设备，则企业“固定资产”增加，借记该账户；同时，开出转账支票支付，则银行存款减少，贷记 “银行存款”账户。所以编制分录如下：

借：固定资产——生产设备　　95 970
　　应交税费——应交增值税(进项税额)　　16 230
　　贷：银行存款　　112 200

任务 1.3　生产过程核算

企业在生产过程中，要组织生产工人运用机器设备等各种劳动工具对原材料进行生产加工，在加工过程中会消耗掉原材料，会使机器设备等产生磨损，会产生生产工人工资等，这些都构成了产品的生产成本。此外，还会产生生产车间为组织生产而发生的间接费用(即制造费用)，行政管理部门为管理、组织生产而发生的管理费用等。

1.3.1　生产过程核算需设置的主要账户

产品生产过程的核算主要涉及材料的领用、薪酬的确认与支付、生产费用的摊销与分配、生产设备等固定资产的折旧、完工产品成本的计算与入库等内容，要核算这些业务需设置以下账户。

1. “生产成本”账户

该账户是成本类账户，用来核算企业进行工业性生产发生的各项生产成本，包括生产各种产品(产成品、自制半成品等)、自制材料、自制工具、自制设备等。企业应当按照基本生产成本和辅助生产成本进行明细核算。基本生产成本应当分别按照基本生产车间和成本核算对象设置明细账，并按照规定的成本项目设置专栏。当企业发生各项直接生产费用时，即生产成本增加，借记该账户；因产品完工入库，在产品减少时，将完工产品的“生产成本”结转入“库存商品”账户，贷记该账户；该账户期末借方余额反映企业尚未加工完成的在产品的成本。

借　　　　生产成本　　　　贷

直接材料 直接人工 制造费用分配转入	完工验收入库的 产品生产成本
尚未完工的 在产品的成本	

2. “制造费用”账户

该账户是成本类账户，用来核算企业生产车间等生产部门为生产产品和提供劳务而发生的各项间接费用，如车间管理人员工资及福利费、车间固定资产折旧、车间办公费、机物料消耗、水电支出、停工损失等，该账户可按不同的生产部门和费用项目进行明细核算。当企业发生产品生产的各项间接费用时，借记该账户；期末，将产品生产的间接费用在受益产品间分配并结转入“生产成本”账户时，贷记该账户；该账户期末一般无余额。

借	制造费用　　　　贷
车间发生的费用，包括车间管理人员工资及福利费、车间固定资产折旧、车间办公费、机物料消耗、水电支出、停工损失等	分配转入各种产品的生产成本
期末一般无余额	

3. “库存商品”账户

该账户是资产类账户，用来核算企业库存的各种商品的实际成本(或售价)或计划成本，包括库存产成品、外购商品、存放在门市部准备出售的商品、发出展览的商品以及寄存在外的商品等。该账户可按库存商品的种类、品种和规格等进行明细核算。工业企业的库存商品主要指产成品。企业产品完工入库时，借记该账户；因出售等原因而减少库存商品时，贷记该账户；该账户期末借方余额反映企业库存商品的实际成本。

借	库存商品　　　　贷
完工验收入库产品的实际成本	出库产品的实际成本
库存商品的实际成本	

4. “应付职工薪酬”账户

该账户是负债类账户，用来核算企业根据有关规定应付给职工的各种薪酬。该账户可按“工资”、“职工福利”、“社会保险费”、“住房公积金”、“工会经费”、“职工教育经费”、“非货币性福利”、“辞退福利”、“股份支付”等进行明细核算。当企业计算确认应付的职工薪酬时，贷记该账户；当企业实际支付职工薪酬时，借记该账户；该账户期末贷方余额反映企业应付未付的职工薪酬。

借	应付职工薪酬　　　　贷
实际支付的职工薪酬数	计算应付职工薪酬数
	应付未付的职工薪酬数

5. “累计折旧”账户

该账户是资产类账户“固定资产”的抵减账户，用来核算企业固定资产的累计折旧，企业应按固定资产的类别或项目进行明细核算。企业计提固定资产折旧时，贷记该账户；因固定资产出售、盘亏等原因而注销固定资产原价的同时，转销相应的累计折旧，借记该账户；该账户期末贷方余额反映企业已提取的固定资产的累计折旧额。

借　　　　累计折旧	贷
固定资产出售、盘亏时， 转销相应的累计折旧	计提固定资产折旧
	已提取的固定资产 的累计折旧额

6. “管理费用”账户

该账户是损益类(费用)账户，用来核算企业为组织和管理企业生产经营所发生的管理费用等。该账户可按费用项目进行明细核算。企业确认发生管理费用时，借记该账户；期末将该账户借方余额结转入“本年利润”账户时，贷记该账户；结转后该账户应无余额。

借　　　　管理费用	贷
发生的管理费用	期末转入“本年利润” 账户
期末一般无余额	

1.3.2　生产过程的主要业务核算

【例 1-10】 7 日，车间生产高纤粗粮饼干领用小麦面粉 5 000 千克，每千克单价 4 元，玉米面粉 6 000 千克，每千克单价 2 元。

【分析】 材料从仓库领出，则库存的“原材料”减少；同时，投入车间的在产品生产成本增加。

所以企业应编制分录如下：

借：生产成本——基本生产成本(高纤粗粮饼干)　　　　32 000

　　贷：原材料——小麦面粉　　　　20 000

　　　　　　　——玉米面粉　　　　12 000

【例 1-11】 10 日，车间生产香脆杂粮饼干，领用小麦面粉 3 000 千克，每千克单价 4 元，玉米面粉 4 000 千克，每千克单价 2 元。

【分析】 生产领用原材料，则库存的原材料减少，贷记“原材料”；同时，产品(香脆杂粮饼干)的生产成本增加，借记“生产成本”。所以企业应编制分录如下：

借：生产成本——基本生产成本(香脆杂粮饼干)　　20 000
　　贷：原材料——小麦面粉　　12 000
　　　　　　　——玉米面粉　　8 000

【例 1-12】16 日，车间领用低值易耗品，成本 1 000 元，管理部门领用低值易耗品 280 元。

【分析】从仓库领用低值易耗品，则库存的“低值易耗品”减少，贷记该账户；同时，领用部门的费用增加，车间费用增加借记“制造费用”，管理部门费用增加借记“管理费用”。所以企业应编制分录如下：

借：制造费用　　1 000
　　管理费用　　280
　　贷：低值易耗品　　1 280

【例 1-13】18 日，以现金支付车间机器修理费 700 元。

【分析】以现金进行支付，则“库存现金”减少，贷记该账户，另一方面，修理费用增加，车间机器的修理费应记入“管理费用”账户，故借记该账户，所以企业编制分录如下：

借：管理费用　　700
　　贷：库存现金　　700

【例 1-14】19 日，以现金支付车间办公费 400 元。

【分析】以现金进行支付，则“库存现金”减少，贷记该账户，另一方面，车间办公费应记入“制造费用”账户，费用增加，借记该账户。所以企业应编制分录如下：

借：制造费用　　400
　　贷：库存现金　　400

【例 1-15】19 日，开出银行支票，提取现金 2 000 元。

【分析】从银行提取现金，一方面 “库存现金”增加，借记该账户；另一方面“银行存款”减少，贷记该账户，所以企业应编制分录如下：

借：库存现金　　2 000
　　贷：银行存款　　2 000

【例 1-16】20 日，以现金支付厂部招待费 800 元。

【分析】以现金进行支付，则“库存现金”减少，贷记该账户，另一方面，厂部招待费应记入“管理费用”账户，费用增加，借记该账户。所以企业应编制分录如下：

借：管理费用　　800
　　贷：库存现金　　800

【例 1-17】31 日，企业计算确认当月工资，应付给直接生产人员的工资为 30 000 元，其中生产高纤粗粮饼干的生产工人工资 18 000 元，生产香脆杂粮饼干的生产工人工资 12 000 元；另外车间管理人员工资 8 000 元，销售人员工资 18 000 元，管理人员工资 20 000 元。

【分析】企业计算确认应付职工工资时，一方面表明企业产品生产成本、制造费用、销售费用、管理费用增加，另一方面表明企业应付给职工的工资增加。“生产成本”、“制造费用”、“销售费用”、“管理费用”增加，借记相应账户，“应付职工薪酬”增加，贷记该账户。所以编制分录如下：

借：生产成本——基本生产成本(高纤粗粮饼干)　　18 000
　　生产成本——基本生产成本(香脆杂粮饼干)　　12 000

制造费用　　8 000
销售费用　　18 000
管理费用　　20 000
贷：应付职工薪酬——工资　　76 000

【例 1-18】 31 日，企业以银行存款支付上述人员工资，同时代扣职工个人所得税 1 500 元。

【分析】 企业以银行存款支付职工工资，一方面引起“银行存款”减少，同时随着工资的发放，“应付职工薪酬”也减少；另外，企业代扣职工的个人所得税，故“应交税费”相应增加。所以编制分录如下：

借：应付职工薪酬——工资　　76 000
　贷：银行存款　　74 500
　　应交税费——代扣代缴个人所得税　　1 500

【例 1-19】 31 日，计提当月车间用固定资产的折旧 2 600 元，管理用固定资产折旧 2 000 元。

【分析】 固定资产折旧是固定资产在产品生产过程中发生的价值损耗，企业对固定资产计提折旧，一方面使固定资产累计折旧增加，另一方面使企业相关费用增加。车间用固定资产折旧应记入“制造费用”账户，而管理用固定资产折旧应记入“管理费用”账户。所以编制会计分录如下：

借：制造费用　　2 600
　管理费用　　2 000
　贷：累计折旧　　4 600

【例 1-20】 企业当月累计发生的间接生产费用(由高纤粗粮饼干和香脆杂粮饼干共同承担)共计 12 000 元。31 日，企业将上述间接生产费用以生产工人工资为分配标准，分别转入两种产品的“生产成本”账户。

【分析】 制造费用是生产车间为生产产品而发生的间接费用，月末企业应将本月累计发生的“制造费用”按照“谁受益谁负担”的原则，在各受益产品间进行分配，并将其转入相应的产品“生产成本”账户中去。制造费用的具体分配依据一般采用生产工人工时、生产工人工资、机器工时等分配标准。

$$\text{制造费用分配率}=\frac{\text{制造费用总额}}{\text{各种产品生产工时（或生产工人工资）总额}}$$

某产品应负担的制造费用=该产品生产工时(或生产工人工资)×分配率

所以，企业本月按生产工人工资计算的制造费用分配率为

$$\text{制造费用分配率}=\frac{1\,000+400+8\,000+2\,600}{18\,000+12\,000}=0.4$$

所以

高纤粗粮饼干应负担的制造费用=18 000×0.4=7 200(元)

香脆杂粮饼干应负担的制造费用=12 000×0.4=4 800(元)

将间接生产费用分配转入产品的生产成本，则会使“制造费用”减少，“生产成本”因转入分配的“制造费用”而增加。

所以编制会计分录如下：

借：生产成本——基本生产成本(高纤粗粮饼干)　　7 200
　生产成本——基本生产成本(香脆杂粮饼干)　　4 800

贷：制造费用　　12 000

【例 1-21】月末，企业投产的两种产品全部完工验收入库，生产高纤粗粮饼干 22 880 盒，生产香脆杂粮饼干 18 400 盒，生产成本分别为 57 200 元和 36 800 元，见表 2-2。

表 2-2　完工产品成本计算单

单位：元

成本项目	高纤粗粮饼干		香脆杂粮饼干	
	总成本	单位成本	总成本	单位成本
直接材料	32 000	1.40	20 000	1.09
直接人工	18 000	0.79	12 000	0.65
制造费用	7 200	0.31	4 800	0.26
产品生产成本	57 200	2.50	36 800	2.00

【分析】产品完工入库，一方面使得企业“库存商品”增加，借记该账户；另一方面随着产品完工，产品生产成本转移到库存商品中，在产品的“生产成本”减少，贷记该账户。

所以编制分录如下：

借：库存商品——高纤粗粮饼干　　57 200

　　　　　——香脆杂粮饼干　　36 800

　贷：生产成本——基本生产成本(高纤粗粮饼干)　　57 200

　　　　　　——基本生产成本(香脆杂粮饼干)　　36 800

任务 1.4　销售过程核算

企业生产出的产品，要及时拿到市场上去出售。在销售过程中，企业通过销售产品获得收入实现投资的收回，以此来补偿生产过程中的资金耗费，保证生产经营活动循环不断开展下去。在销售过程中，一方面企业获得销售收入，另一方面在销售过程中企业也会发生相应的销售费用，如销售机构的办公费、广告促销费、运输费等。

1.4.1　销售过程核算需设置的主要账户

1. “主营业务收入”账户

该账户是损益(收入)类账户，用来核算企业确认的销售商品、提供劳务等主营业务形成的收入，可按主营业务的种类进行明细核算。企业确认实现营业收入时，贷记该账户；期末，应将该账户的余额转入“本年利润”账户，结转时借记该账户；结转后该账户应无余额。

借　　　　主营业务收入	贷
期末转入“本年利润”账户	销售商品、提供劳务等主营业务形成的收入
	期末一般无余额

2. “主营业务成本” 账户

该账户是损益(费用)类账户，用来核算企业确认销售商品、提供劳务等主营业务收入时应结转的成本，可按主营业务的种类进行明细核算。企业确认发生的主营业务成本时，借记该账户；期末，将该账户的余额转入“本年利润”账户时，贷记该账户；结转后该账户应无余额。

借　　主营业务成本	贷
确认主营业务收入时结转的成本	期末转入“本年利润”账户
期末一般无余额	

3. “销售费用”账户

该账户是损益(费用)类账户，用来核算企业销售商品和材料、提供劳务的过程中发生的各种费用，包括保险费、包装费、展览费和广告费、商品维修费、预计产品质量保证损失、运输费、装卸费等，以及为销售本企业商品而专设的销售机构(含销售网点、售后服务网点等)的职工薪酬、业务费、折旧费等经营费用。企业发生的与专设销售机构相关的固定资产修理费用等后续支出，也在该账户核算，该账户可按费用项目进行明细核算。企业在销售商品过程中发生各种经营费用时，借记该账户；期末，将该账户余额转入“本年利润”账户，结转后该账户应无余额。

借　　销售费用	贷
发生销售费用	期末转入“本年利润’账户
期末一般无余额	

4. “营业税金及附加” 账户

该账户是损益(费用)类账户，用来核算企业经营活动过程中发生的营业税、消费税、城市维护建设税、资源税和教育费附加等相关税费。房产税、车船使用税、土地使用税、印花税在“管理费用”账户核算，但与投资性房地产相关的房产税、土地使用税在该账户核算。企业按规定计算确定与经营活动柜关的税费时，借记该账户；期末，将该账户余额转入“本年利润”账户时，贷记该账户；结转后该账户应无余额。

借	营业税金及附加	贷
计算确认与经营活动相关的税费		期末转入“本年利润”账户
期末一般无余额		

5. “应收账款”账户

该账户是资产类账户，用以核算企业因销售商品等经营活动应收取的款项。企业发生应收账款时按应收金额，记入该账户的借方；收回应收账款时，记入该账户的贷方。该账户的期末余额在借方，反映企业尚未收回的应收账款。该账户可按债务人设置明细账进行明细核算。

借	应收账款	贷
销售商品、提供劳务等未收到款项		应收款项收回
应收未收款项余额		

6. “预收账款”账户

该账户是负债类账户，用以核算企业按照合同规定向购货单位预收的货款。企业向购货单位预收货款时按预收的金额，记入该账户的贷方；产品销售实现时，应按售价借记该账户，购货单位补付的货款，贷记该账户。该账户可按购买单位设置明细账进行明细核算。

借	预收账款	贷
销售商品时应收的货款		预先收到的金额 购货单位补付的货款
		预收账款但未实现销售的金额

7. “其他应收款”账户

该账户是资产类账户，用以核算企业除应收票据、应收账款、预付账款以外的其他各种应收、暂付款项，包括各种赔款、罚款、存出保证金、备用金、应向职工收取的各种垫付款项等。企业发生其他各种应收款项时，借记该账户，贷记有关账户；收回各种款项时，借记有关账户，贷记该账户。该账户应按其他应收款的项目分类，并按不同的债务人设置明细账。

借　　　其他应收款	贷
发生的其他各种应收款项	收回其他应收款项
应收未收款项余额	

1.4.2　销售过程的主要业务核算

【例 1-22】23 日，向二沙岛食品批发公司销售高纤粗粮饼干 2 000 箱(每箱 10 盒)，每盒售价 6 元，商品销售款 120 000 元，增值税税率 17%，销项税额 20 400 元，对方开出期限 3 个月面值 140 400 元的商业汇票一张。

【分析】销售商品收到商业汇票，则“应收票据”增加，借记该账户；同时收入增加，贷记“主营业务收入”，此外确认应交增值税(销项税额)。所以编制会计分录如下：

借：应收票据　　140 400
　贷：主营业务收入　　120 000
　　应交税费——应交增值税(销项税额)　　20 400

【例 1-23】同时结转已售商品的实际生产成本。

【分析】产品销售出去，一方面“库存商品”减少，贷记该账户；另一方面，为取得收入(主营业务收入)而增加了销售成本(主营业务成本)，借记“主营业务成本”。

已售商品的生产成本＝2 000×10×2.5=50 000 元

所以企业应编制会计分录如下：

借：主营业务成本　　50 000
　贷：库存商品——高纤粗粮饼干　　50 000

【例 1-24】25 日，向番禺大石食品批发公司销售香脆杂粮饼干 1 600 箱(每箱 10 盒)，每盒售价 5 元，商品销售款 80 000 元，增值税税率 17%，销项税额 13 600 元，款项尚未收到。

【分析】销售商品款收到款项，则“应收账款”增加，借记该账户；同时收入增加，贷记“主营业务收入”，此外确认应交增值税(销项税额)。所以编制会计分录如下：

借：应收账款——番禺大石食品批发公司　　93 600
　贷：主营业务收入　　80 000
　　应交税费——应交增值税(销项税额)　　13 600

【例 1-25】同时结转已售商品的生产成本。

【分析】产品销售出去，一方面“库存商品”减少，贷记该账户；另一方面，为取得收入(主营业务收入)而增加了销售成本(主营业务成本)，借记“主营业务成本”账户。

已售商品的生产成本＝1 600×10×2=32 000 元

所以企业应编制会计分录如下：

借：主营业务成本　　32 000
　贷：库存商品——香脆杂粮饼干　　32 000

【例 1-26】28 日，收到番禺大石食品批发公司上述欠款，存入银行。

【分析】收到前欠货款存入银行，则“银行存款”增加，借记该账户，另一方面“应收账款”减少，则贷记该账户。所以编制会计分录如下：

借：银行存款　　93 600

　　贷：应收账款——番禺大石食品批发公司　　93 600

【例 1-27】29 日，以现金支付销售部门业务费 500 元。

【分析】以现金支付业务费，一方面“库存现金”减少，贷记该账户；同时一项费用(销售费用)增加。所以编制会计分录如下：

借：销售费用　　500

　　贷：库存现金　　500

【例 1-28】29 日，预收番禺南村食品批发公司货款 10 000 元存入银行。

【分析】收到购货方预先支付的货款存入银行，则“银行存款”增加，借记该账户，另一方面“预收账款”增加，则贷记该账户。所以编制会计分录如下：

借：银行存款　　10 000

　　贷：预收账款——番禺南村食品批发公司　　10 000

【例 1-29】30 日，销售人员张强报销差旅费 800 元，交回现金 200 元。

【分析】销售人员出差前，向企业财务部门借支差旅费，这属于企业的其他应收款项，记入“其他应收款”。出差回来后，要拿差旅费的发票向财务部门报账，并交回剩余的现金。张强报销差旅费，一方面使得企业费用(销售费用)增加，借记“销售费用”账户，同时交回现金 200 元，则企业“库存现金”增加，借记该账户；另一方面，使企业的“其他应收款”得以收回，贷记该账户。所以编制会计分录如下：

借：销售费用　　800

　　库存现金　　200

　　贷：其他应收款——张强　　1 000

【例 1-30】本月销售部门发生水电费用 2 000 元，31 日以银行存款支付。

【分析】企业以银行存款支付水电费，一方面“银行存款”减少，贷记该账户；同时一项费用(销售费用)增加。所以企业应编制分录如下：

借：销售费用　　2 000

　　贷：银行存款　　2 000

【例 1-31】31 日，计提本月销售部门固定资产折旧 1 000 元。

【分析】企业计提固定资产折旧，一方面使“累计折旧”增加；另一方面，随着固定资产价值的减少而增加了企业的费用，销售部门的费用记入“销售费用”账户，费用增加借记。所以企业应编制分录如下：

借：销售费用　　1 000

　　贷：累计折旧　　1 000

【例 1-32】31 日，计算企业的应交城市维护建设税 2 000 元。

【分析】企业生产经营必须承担相应的营业税费，包括营业税、消费税、城市维护建设税和教育费附加等相关税费。由此而产生的税费记入“营业税金及附加”账户，费用增加记入该账户的借方，同时确认相应的“应交税费”，负债增加记入该账户的贷方。所以企业应编制分录如下：

借：营业税金及附加　　2 000

　　贷：应交税费——应交城市维护建设税　　2 000

任务 1.5　利润和利润分配过程核算

工业企业是以盈利为目的的经济组织。利润是企业一定会计期间的经营成果，也是企业一定期间经营业绩和获得能力的综合反映。利润包括收入减去费用后的净额、直接计入当期利润的利得和损失等。企业利润总额的计算公式为

总利润=(主营业务收入+其他业务收入)−(主营业务成本+其他业务成本)−营业税金及附加−销售费用−管理费用−财务费用−资产减值损失+/−公允价值变动损益+/−投资收益+营业外收入−营业外支出

企业实现的利润总额应先依法缴纳所得税，利润总额减去缴纳所得税后的余额即为可供分配的利润。

净利润=总利润−所得税费用

根据《中华人民共和国公司法》等有关法规的规定，企业当年实现的净利润，一般应按照下列顺序进行分配：

(1) 弥补以前年度亏损。

(2) 提取法定盈余公积金。

(3) 提取法定公益金。

(4) 支付优先股股利。

(5) 提取任意盈余公积金。

(6) 支付普通股股利。

(7) 转作资本(股本)的普通股股利。

1.5.1　利润和利润分配核算需设置的主要账户

1. “其他业务收入”账户

该账户是损益(收入)类账户，用来核算企业确认的除主营业务活动以外的其他经营活动实现的收入，包括出租固定资产、出租无形资产、出租包装物和商品、销售材料等实现的收入，可按其他业务收入种类进行明细核算。企业确认实现其他业务收入时，贷记该账户；期末，将该账户余额转入“本年利润”账户时，借记该账户；结转后该账户应无余额。

借　　其他业务收入	贷
期末转入“本年利润”账户	主营业务活动以外的其他经营活动实现的收入
	期末一般无余额

2. “其他业务成本”账户

该账户是损益(费用)类账户，用来核算企业确认的除主营业务活动以外的其他经营活动所发生的支出，包括销售材料的成本、出租固定资产的折旧额、出租无形资产的摊销额、出租包装物的成本或摊销额等。该账户可按其他业务成本的种类进行明细核算。企业确认发生其

他业务成本时，借记该账户；期末，将该账户余额转入“本年利润”账户时，贷记该账户；结转后该账户无余额。

其他业务成本

借	贷
确认其他业务收入时结转的成本	期末转入“本年利润”账户
期末一般无余额	

3. “营业外收入”账户

该账户是损益(收入)类账户，用来核算企业发生的各项营业外收入，主要包括非流动资产处置利得、非货币性资产交换利得、债务重组利得、政府补助、盘盈利得、捐赠利得等，该账户可按营业外收入项目进行明细核算。企业确认实现营业外收入时，贷记该账户；期末将该账户余额转入“本年利润”账户时，借记该账户；结转后该账户应无余额。

营业外收入

借	贷
期末转入“本年利润”账户	实现营业外收入
	期末一般无余额

4. “营业外支出”账户

该账户是损益(费用)类账户，用来核算企业发生的各项营业外支出，包括非流动资产处置损失、非货币性资产交换损失、债务重组损失、公益性捐赠支出、非常损失、盘亏损失等，该账户可按支出项目进行明细核算。企业确认发生营业外支出时，借记该账户；期末，将该账户余额转入“本年利润”账户时，贷记该账户；结转后该账户应无余额。

营业外支出

借	贷
发生的营业外支出	期末转入“本年利润”账户
期末一般无余额	

5. “财务费用”账户

该账户是损益(费用)类账户，用来核算企业为筹集生产经营所需资金等而发生的筹资费用，包括利息支出(减利息收入)、汇兑差额以及相关的手续费等。企业确认发生筹资费用时，借记该账户；发生利息收入时贷记该账户；期末，企业应将该账户余额转入“本年利润”账户，结转后该账户应无余额。

借	财务费用　　贷
发生财务费用	期末转入“本年利润”账户
期末一般无余额	

6. “本年利润”账户

该账户是所有者权益类账户，用来核算企业当期实现的净利润(或发生的净亏损)。企业期(月)末结转利润时，应将各损益类账户的金额转入该账户，结平各损益类账户。结转后该账户的贷方余额为当期实现的净利润；借方余额为当期发生的净亏损。年度终了，将“本年利润”账户的贷方余额转入“利润分配”账户时，借记该账户，若为亏损则贷记该账户；结转后该账户应无余额。

借	本年利润　　贷
费用类账户转入	收入类账户转入
净亏损	净利润

7. “所得税费用”账户

该账户是损益(费用)类账户，用来核算企业确认的应从当期利润总额中扣除的所得税费用。企业按照税法规定计算确定当期的应交所得税时，借记该账户；期末，将该账户的余额转入“本年利润”账户时，贷记该账户；结转后该账户应无余额。

借	所得税费用　　贷
计算确定当期的应交所得税	期末转入“本年利润”账户
期末一般无余额	

8. “利润分配”账户

该账户是所有者权益类账户，用来核算企业利润的分配(或亏损的弥补)和历年分配(或弥补)后的余额。该账户应当设置“提取法定盈余公积”、“提取任意盈余公积”、“应付现金股利”和“未分配利润”等进行明细核算。

年度终了，企业应将本年实现的净利润，自“本年利润”账户转入该账户，若为净亏损则做相反的会计分录；企业进行利润分配时，按规定提取盈余公积、向股东或投资者分配现金股利或利润等时，应借记该账户；进行利润分配后，再将“利润分配”账户所属其他明细账户的余额转入该账户的“未分配利润”明细账户。结转后，该账户除“未分配利润”明细账户外，其他明细账户应无余额。若“未分配利润”明细账户余额在贷方表示留待以后年度分配的利润；若在借方，则表示尚未弥补的亏损。

利润分配

借	贷
年末从“本年利润”账户转入的净利润 进行利润分配时的金额	年末从“本年利润”账户转入的净利润
未弥补的亏损额	留待以后年度分配的利润额

9. “盈余公积”账户

该账户是所有者权益类账户，用来核算企业从净利润中提取的盈余公积。企业应当分别设置“法定盈余公积”、“任意盈余公积”进行明细核算。企业按规定提取盈余公积时，贷记该账户；用盈余公积弥补亏损、转增资本、分配股利或利润、归还投资者投资时，借记该账户；该账户期末贷方余额反映企业的盈余公积余额。

盈余公积

借	贷
弥补亏损、转增资本、 分配股利或利润、 归还投资者投资	提取的盈余公积
	盈余公积余额

10. “应付股利”账户

该账户是负债类账户，用来核算企业分配的现金股利或利润，可按投资者进行明细核算。企业根据股东大会或类似机构审议批准的利润分配方案确认应支付的现金股利或利润时，贷记该账户；实际支付现金股利或利润时，借记该账户。董事会或类似机构通过的利润分配方案中拟分配的现金股利或利润，不做账务处理，但应在附注中披露。该账户期末贷方余额，反映企业应付未付的现金股利或利润。

借　　应付股利	贷
实际支付现金股利或利润	股东大会确认应支付的现金股利或利润
	应会未付的现金股利或利润

1.5.2　利润和利润分配的主要业务核算

【例 1-33】18 日，公司出售原材料白砂糖 1 000 千克，每千克售价 8 元，收到款项存入银行。

【分析】出售原材料收到款项，一方面会使“银行存款”增加，所以借记该账户；另一方面，会增加企业的收入，贷记“其他业务收入”，同时确认增值税进项税额。所以编制会计分录如下：

借：银行存款　　9 360

　　贷：其他业务收入　　8 000

　　　　应交税费——应交增值税(进项税额)　　1 360

【例 1-34】结转出售的白砂糖的实际成本为 5 000 元。

【分析】出售原材料，一方面会使企业库存原材料减少，所以贷记“原材料”，另一方面，为取得出售收入(其他业务收入)而增加了成本，记入“其他业务成本”账户，成本增加借记该账户，所以编制会计分如下：

借：其他业务成本　　5 000

　　贷：原材料——白砂糖　　5 000

【例 1-35】20 日，以银行存款支付交通违章罚款 200 元。

【分析】以银行存款支付交通违章罚款，一方面“银行存款”减少，贷记该账户；同时企业增加一项支出，借记“营业外支出”账户。所以编制会计分录如下：

借：营业外支出　　200

　　贷：银行存款　　200

【例 1-36】21 日，向灾区捐款 2 000 元，以银行存款支付。

【分析】以银行存款向灾区捐款，一方面“银行存款”减少，贷记该账户；同时企业增加一项支出，借记“营业外支出”账户。所以编制会计分录如下：

借：营业外支出　　2 000

　　贷：银行存款　　2 000

【例 1-37】23 日，收到经纬公司违约罚金 500 元。

【分析】收到对方违约罚金，一方面“银行存款”增加，借记该账户；同时企业增加一项经济利益流入，贷记“营业外收入”账户。所以编制会计分录如下：

借：银行存款　　500

　　贷：营业外收入　　500

【例 1-38】31 日，收到本月银行存款利息收入 800 元。

【分析】银行存款利息收入，一方面“银行存款”增加，借记该账户；同时冲减企业的“财务费用”，贷记该账户。所以编制会计分录如下：

借：银行存款　　800

　　贷：财务费用　　800

【例 1-39】31 日，支付本月银行借款利息 2 000 元。

【分析】支付银行借款利息，一方面“银行存款”减少，贷记该账户；同时增加企业的“财务费用”，借记该账户。所以编制会计分录如下：

借：财务费用　　2 000

　　贷：银行存款　　2 000

【例 1-40】31 日，计算并结转本期利润总额。

【分析】结转利润总额，即将损益类账户本期发生额转入本年利润账户。对于收入类账户而言，平时企业发生收入借记，所以结转时要贷记此类账户，而平时发生费用借记费用类账户，所以结转时贷记此类账户。所以编制会计分录如下：

借：主营业务收入	200 000	
其他业务收入	8 000	
营业外收入	500	
贷：本年利润		208 500
借：本年利润	138 480	
贷：主营业务成本		82 000
营业税金及附加		2 000
其他业务成本		5 000
销售费用		22 300
管理费用		23 780
财务费用		1 200
营业外支出		2 200

将上述损益类账户本期发生额转入本年利润账户后，则本年利润账户目前余额为企业的利润总额(利润总额=208 500−138 480=70 020 元)。

【例 1-41】美味食品有限公司适用的所得税税率为 25%，当期无纳税调整事项，无暂时性差异，31 日计算企业本期应交所得税。

【分析】无其他纳税调整事项，无暂时性差异，则应交所得税为 70 020×25%=17 505 元。企业计算应交所得税，一方面意味着企业一项费用(“所得税费用”)增加；另一方面意味着一项纳税义务导致负债(“应交税费”)增加，所以编制会计分录如下：

借：所得税费用　　17 505

　　贷：应交税费——应交所得税　　17 505

知识链接

根据企业会计准则规定，我国所得税核算采用资产负债表债务法。依据该方法计算公式为所得税费用=当期应交所得税+递延所得税。资产负债表债务法的具体核算方法将会在财务会计中学习。此处只简要介绍当期应交所得税的计算。

当期应交所得税＝应纳税所得额×所得税税率

应纳税所得额=收入总额-准予扣除项目金额

准予扣除项目包括成本、费用、税金、损失等。

【例 1-42】 31 日，结转所得税费用。

【分析】 将所得税费用结转至本年利润账户，编制会计分录如下：

借：本年利润　　17 505

　　贷：所得税费用　　17 505

【例 1-43】 31 日，将税后净利润转入利润分配。

【分析】 将所得税费用结转至本年利润账户后，本年利润账户的余额(70 020-17 505 =52 515)即为净利润额。年末，将本年利润账户余额结转至利润分配账户。编制会计分录如下：

借：本年利润　　52 515

　　贷：利润分配——未分配利润　　52 515

【例 1-44】 31 日，按税后净利润的 10%提取法定盈余公积金。

【分析】 提取法定盈余公积金，一方面，使企业法定盈余公积增加，贷记“盈余公积——法定盈余公积”账户；另一方面，使企业可供分配的利润减少，所以借记“利润分配”账户。所以编制会计分录如下：

借：利润分配——提取法定盈余公积　　5 251.50(52 515×10%)

　　贷：盈余公积——法定盈余公积　　5 251.50

【例 1-45】 31 日，按税后净利润的 5%提取任意盈余公积金。

【分析】 提取任意盈余公积金，一方面，使企业任意盈余公积增加，贷记“盈余公积——任意盈余公积”账户；另一方面，使企业可供分配的利润减少，所以借记“利润分配”账户。所以编制会计分录如下：

借：利润分配——提取任意盈余公积　　2 625.75(52 515×5%)

　　贷：盈余公积——任意盈余公积　　2 625.75

【例 1-46】 31 日，决定向所有者分配利润 100 000 元。

【分析】 决定向所有者分配利润，一方面，意味着企业一项负债(应付股利)增加；另一方面，意味着企业可供分配的利润减少，所以编制会计分录如下：

借：利润分配——应付现金股利　　100 000

　　贷：应付股利——李平　　40 000

　　　　　　　　——张兰　　30 000

　　　　　　　　——杨波　　30 000

【例 1-47】 12 月 31 日，将利润分配账户下除未分配利润外的其他明细账户余额转入“利润分配——未分配利润”账户。

【分析】 年末，企业应将利润分配账户下除未分配利润外的其他明细账户的余额转入“利润分配——未分配利润”账户，其他账户包括“利润分配——提取法定盈余公积”、“利润分配——提取任意盈余公积”、“利润分配——应付现金股利”等。所以编制会计分录如下：

借：利润分配——未分配利润　　107 877.25

　　贷：利润分配——提取法定盈余公积　　5 251.50

　　　　利润分配——提取任意盈余公积　　2 625.75

　　　　利润分配——应付现金股利　　100 000

将利润分配账户下除未分配利润外的其他明细账户余额转入“利润分配——未分配利润”账户后，该账户余额为 665 000+52 515−107 877.25=609 637.75 元，即年末美味食品有限责任公司有 609 637.75 元未分配利润留存于企业中。

任务 1.6　资金退出过程核算

除了上述几个主要生产经营过程，企业还会有一些其他业务发生，像交纳税金，归还到期的长期、短期借款，向股东分配利润等，人们把这些业务统称为资金退出业务。资金退出过程核算需用到的账户主要是应交税费、短期借款、长期借款、应付股利等前面已学账户。

1.6.1　资金退出的主要业务核算

假设美味食品有限公司 12 月还发生了如下业务。

【例 1-48】 12 月 31 日，缴纳应交所得税 17 505 元。

【分析】 缴纳所得税，一方面，使企业的一项负债(应交税费)减少，另一方面，使企业“银行存款”减少。所以编制会计分录如下：

借：应交税费——应交所得税　　17 505

　　贷：银行存款　　17 505

【例 1-49】 12 月 31 日，归还到期的长期借款 100 000 元。

【分析】 归还长期借款，一方面，使企业的一项负债(长期借款)减少，另一方面，使企业“银行存款”减少。所以编制会计分录如下：

借：长期借款　　100 000

　　贷：银行存款　　100 000

【例 1-50】 12 月 31 日，归还到期的短期借款 45 000 元。

【分析】 归还短期借款，一方面，使企业的一项负债(短期借款)减少，另一方面，使企业“银行存款”减少。所以编制会计分录如下：

借：短期借款　　45 000

　　贷：银行存款　　45 000

【例 1-51】 12 月 31 日，支付股利 100 000 元。

【分析】 支付股利，一方面，使企业的一项负债(应付股利)减少，另一方面，使企业“银行存款”减少。所以编制会计分录如下：

借：应付股利——李平　　40 000

　　　　　　——张兰　　30 000

　　　　　　——杨波　　30 000

　　贷：银行存款　　100 000

以上结合广州美味食品有限责任公司 2010 年 12 月的业务，讲述了工业企业主要生产经营过程的业务核算。下面将美味食品有限公司 12 月所发生业务的会计分录，登记到相关的总分类账户，结出本期发生额和余额，并编制总分类账试算平衡表(表 2-3)，以检查账务处理的正确性，同时也是对前面所学会计账户及试算平衡表知识的一个复习。

借　　　　库存现金　　　　贷

期初余额	2 000	(13)	700
(15)	2 000	(14)	400
(29)	200	(16)	800
		(27)	500
本期发生额	2 200	本期发生额	2 400
期末余额	1 800		

借　　　　银行存款　　　　贷

期初余额			
本期发生额		本期发生额	
期末余额			

借　　　　应收票据　　　　贷

期初余额			
本期发生额		本期发生额	
期末余额			

借　　　　应收账款　　　　贷

		期初余额	
本期发生额		本期发生额	
期末余额			

其他应收款

借	贷
期初余额	
本期发生额 期末余额	本期发生额

坏账准备

借	贷
	期初余额
本期发生额	本期发生额 期末余额

预付账款

借	贷
期初余额	
本期发生额 期末余额	本期发生额

在途物资

借	贷
期初余额	
本期发生额 期末余额	本期发生额 期末余额

原材料

借	贷
期初余额	
本期发生额 期末余额	本期发生额

低值易耗品

借	贷
期初余额	
本期发生额 期末余额	本期发生额

库存商品

借	贷
	期初余额
本期发生额 期末余额	本期发生额

固定资产

借	贷
期初余额	
本期发生额 期末余额	本期发生额

累计折旧

借	贷
	期初余额
本期发生额	本期发生额 期末余额

无形资产

借	贷
期初余额	
本期发生额 期末余额	本期发生额

短期借款

借	贷
	期初余额
本期发生额	本期发生额 期末余额

应付票据

借	贷
	期初余额
本期发生额	本期发生额 期末余额

借　　应付账款　　贷

	期初余额
本期发生额	本期发生额 期末余额

借　　预收账款　　贷

	期初余额
本期发生额	本期发生额 期末余额

借　　应付职工薪酬　　贷

	期初余额
本期发生额	本期发生额 期末余额

借　　应付股利　　贷

	期初余额
本期发生额	本期发生额 期末余额

借　　应交税费　　贷

	期初余额
本期发生额	本期发生额 期末余额

借　　长期借款　　贷

	期初余额
本期发生额 期末余额	本期发生额

实收资本

借	贷
	期初余额
本期发生额	本期发生额 期末余额

资本公积

借	贷
	期初余额
本期发生额	本期发生额 期末余额

盈余公积

借	贷
	期初余额
本期发生额	本期发生额 期末余额

本年利润

借	贷
	期初余额
本期发生额	本期发生额 期末余额

利润分配

借	贷
	期初余额
本期发生额	本期发生额 期末余额

生产成本

借	贷
期初余额	
本期发生额 期末余额	本期发生额

借　　制造费用　　贷

借	贷
本期发生额	本期发生额

借　　主营业务收入　　贷

借	贷
本期发生额	本期发生额

借　　其他业务收入　　贷

借	贷
本期发生额	本期发生额

借　　营业外收入　　贷

借	贷
本期发生额	本期发生额

借　　主营业务成本　　贷

借	贷
本期发生额	本期发生额

借　　其他业务成本　　贷

借	贷
本期发生额	本期发生额

借	营业税金及附加	贷
本期发生额		本期发生额

借	销售费用	贷
本期发生额		本期发生额

借	管理费用	贷
本期发生额		本期发生额

借	财务费用	贷
本期发生额		本期发生额

借	营业外支出	贷
本期发生额		本期发生额

借	所得税费用	贷
本期发生额		本期发生额

表 2-3　美味公司总分类账试算平衡表

2010 年 12 月 31 日　　　　　　单位：元

账户名称	期初余额		本期发生额		期本余额	
	借方	贷方	借方	贷方	借方	贷方
库存现金	2 000		2 200	2 400	1 800	
银行存款						
应收票据						
应收账款						
其他应收款						
坏账准备						
预付账款						
在途物资						
原材料						
低值易耗品						
库存商品						
固定资产						
累计折旧						
无形资产						
短期借款						
应付票据						
应付账款						
预收账款						
应付职工薪酬						
应付股利						
应交税费						
长期借款						
实收资本						
资本公积						
盈余公积						
本年利润						
利润分配						
生产成本						
制造费用						
主营业务收入						

续表

账户名称	期初余额		本期发生额		期本余额	
	借方	贷方	借方	贷方	借方	贷方
其他业务收入						
营业外收入						
主营业务成本						
其他业务成本						
营业税金及附加						
销售费用						
管理费用						
财务费用						
营业外支出						
所得税费用						
合计						

学习小结

企业生产经营过程主要包括资金筹集过程、供应过程、生产过程、销售过程、利润和利润分配过程以及资金退出过程。

企业筹集资金主要有两种途径：一是投资者投入的资本，二是从银行或其他金融机构借入的资金。主要通过设置实收资本、固定资产、无形资产、长期借款、短期借款等账户来核算企业筹资业务。

供应过程主要是为生产经营做准备。这一阶段的主要经济业务是购买材料、生产设备等。供应过程核算的主要内容是核算材料、生产设备等的采购成本。

产品生产业务的核算主要涉及材料的领用、薪酬的确认与支付、生产费用的摊销与分配、生产设备等固定资产的折旧、完工产品成本的计算与入库等内容。

销售过程中，一方面企业获得销售收入，另一方面也会发生相应的销售费用，如销售机构的办公费、广告促销费、运输费等。主要通过设置主营业务收入、主营业务成本、其他业务收入、其他业务成本、销售费用等账户来核算这一阶段的业务。

利润是企业一定会计期间的经营成果，也是企业一定期间经营业绩和获得能力的综合反映。主要通过设置财务费用、营业外收入、营业外支出、投资收益、本年利润、所得税费用、利润分配等账户来核算企业的利润。

资金退出业务主要包括缴纳税金，归还到期的长、短期借款，向股东分配利润等。核算资金退出业务需用到的账户主要是应交税费、短期借款、长期借款、应付股利等。

并在此基础上进一步理解其中所发生的主要业务，相关业务如何影响企业账户的变动，从而实现能够运用相关账户对工业企业主要生产经营过程进行正确账务处理的学习目标。

阅读材料

工业企业会计做账流程

一、总的做账流程

收集单据→整理单据→填写凭证→汇总凭证→登账→结账→编制报表

二、大致流程

(1) 根据审核无误的原始凭证编制记账凭证。

(2) 根据记账凭证登记各种明细账、现金日记账和银行存款日记账。

(3) 月末，编制计提、结转的记账凭证。

(4) 对所有记账凭证编制记账凭证汇总表。

(5) 根据记账凭证汇总表登记总账。

(6) 结账、对账。

(7) 编制会计报表。

(8) 定期进行资产清查。

三、具体内容

(1) 每个月所要做的第一件事就是根据原始凭证登记记账凭证，然后月末或定期编制科目汇总表登记总账(之所以月末登记就是因为要通过科目汇总表试算平衡，保证记录计算不出错)，每发生一笔业务就根据记账凭证登记明细账。

(2) 月末还要注意提取折旧、待摊费用的摊销等，若是新的企业，开办费在第一个月全部转入费用。月末还要提取税金及附加地方税，有城市维护建设税、教育费附加等。

(3) 月末编制完科目汇总表之后，编制两个分录。第一个分录是将损益类(收入类)科目的总发生额转入本年利润，借记“主营业务收入”、“其他业务收入”、“营业外收入”“投资收益”等账户，贷记“本年利润”账户。第二个分录是将损益类(费用类)科目的总发生额转入本年利润，借记“本年利润”账户，贷记“主营业务成本”、“其他业务成本”“营业税金及附加”、“财务费用”、“管理费用”、“销售费用”等账户。转入后如果差额在借方则为亏损，不需要交所得税，如果在贷方则说明盈利需交所得税。计算方法，如无纳税调整事项，所得税费用=贷方差额×所得税税率，然后做记账凭证，借记“所得税费用”账户，贷记“应交税费——应交所得税”账户；借记“本年利润”账户，贷记“所得税费用”账户。

(4) 最后根据总账的资产(货币资金、固定资产、应收账款、应收票据、短期投资等)、负债(应付票据、应付账款等)、所有者权益(实收资本、资本公积、未分配利润、盈余公积)科目的余额(是指总账科目上最后一天所登记的数额)编制资产负债表，根据总账或科目汇总表的损益类科目，如管理费用、主营业务成本、投资收益、主营业务附加等的发生额(发生额是指本月的发生额)编制利润表。

(5) 其余的就是装订凭证,写报表附注,分析情况表。

(6) 注意问题。

① 以上除编制记账凭证和登记明细账之外，均在月末进行。

② 月末结库存现金，银行存款账，一定要账证相符，账实相符。每月月初根据银行对账单编制银行存款余额调节表，注意分析未达款项。月初报税时注意时间，不要逾期报税。另外，当月开出的发票当月入账。

四、会计档案保管工作(略)

资料来源：http://wenku.baidu.com/view/a6954374f46527d3240ce07e.html.

课 后 习 题

一、单项选择题

1. 生产过程中发生的间接费用应记入(　　)账户。

A. “管理费用”　B. “销售费用”　C. “生产成本”　D. “制造费用”

2. 企业为维持正常的生产经营而向银行等金融机构借入的，借款期在一年以内的款项一般称为(　　)。

A. 长期借款　B. 短期借款　C. 长期负债　D. 流动负债

3. 企业购入材料发生的运杂费等采购费用，应记入(　　)账户。

A.“管理费用”　B. “生产成本”　C. “销售费用”　D. “原材料”

4. 在权责发生制下，企业预收销售商品的货款时，应作为(　　)处理。

A. 本期收入增加　B. 本期负债增加

C. 本期债权增加　D. 本期所有者权益增加

5. “固定资产”账户是反映企业固定资产的(　　)。

A. 磨损价值　B. 累计折旧　C. 原始价值　D. 净值

6. “固定资产”账户的借方余额减去“累计折旧”账户的贷方余额的差额表示(　　)。

A. 固定资产的损耗价值　B. 固定资产的原始价值

C. 固定资产的净值　D. 固定资产的重置价值

7. 期间费用账户期末应(　　)。

A. 有借方余额　B. 有贷方余额

C. 没有余额　D. 同时有借、贷方余额

8. 已经完成全部生产过程并已验收入库，可供对外销售的产品即为(　　)。

A. 已销产品　B. 生产成本

C. 销售成本　D. 库存商品

9. 下列不应计入营业利润的是(　　)。

A. 管理费用　B. 财务费用

C. 销售费用　D. 营业外收支净额

10. 下列不应计入当期损益的是(　　)。

A. 管理费用　B. 所得税费用　C. 财务费用　D. 制造费用

11. 下列账户期末结转后可能有余额的是(　　)。

A. “制造费用”　B. “生产成本”

C. “营业税金及附加”　D. “管理费用”

12. 在(　　)情况下，借记“预收账款”账户。

A. 预收购买单位的货款　B. 向供应单位预付货款

C. 发出前已预收货款的商品　D. 收到供应单位提供的已预付货款材料

13. “主营业务成本”账户的借方登记从(　　)账户中结转的本期已售产品的生产成本。

A. “生产成本”　B. “库存商品”　C. “销售费用”　D. “原材料”

14. 下列属于其他业务收入的是(　　)。

A. 利息收入　B. 出售材料收入

C. 投资收益　D. 清理固定资产净收益

15. 下列不属于营业外支出的内容是(　　)。

A. 固定资产盘亏损失　B. 非常损失　C. 捐赠支出　D. 坏账损失

二、多项选择题

1. 材料采购成本包括(　　)。

A. 材料的买价　B. 运杂费　C. 合理损耗　D. 挑选整理费

2. 关于“原材料”账户，以下说法正确的是(　　)。

A. 借方登记入库材料成本

B. 贷方登记发出材料的成本

C. 期末余额在借方，反映库存材料的实际成本

D. 可按生产产品品种设置明细账

3. “生产成本”账户借方登记(　　)。

A. 直接材料　B. 直接人工

C. 分配计入的制造费用　D. 折旧费

4. 关于“制造费用”账户，正确的结构是(　　)。

A. 借方登记实际发生的各项制造费用

B. 贷方登记分配计入产品成本的制造费用

C. 期末余额有时在借方，有时在贷方

D. 期末结转后无余额

5. 下列支出记入“销售费用”账户借方的是(　　)。

A. 应由销售方负担的销售运费　B. 广告费

C. 单独核算销售部门的销售人员工资　D. 借款利息

6. 下列(　　)账户，期末应将其借方发生额全部转入“本年利润”账户的借方。

A. “销售费用”　B. “其他业务成本”　C. “财务费用”　D. “管理费用”

7. 下列项目中，应记入“营业外收入”账户贷方的有(　　)。

A. 结转无法支付的应付账款　B. 出售原材料的收入

C. 罚款收入　D. 租金收入

8. 下列支出直接记入“管理费用”账户借方的是(　　)。

A. 厂部人员报销的差旅费　B. 广告费

C. 银行手续费　D. 行政管理部门发生的消耗性材料费

9. 下列表述正确的是(　　)。

A. “本年利润”账户在年度中间有余额

B. “本年利润”账户在年终结转后无余额

C. “利润分配”账户在年度中间有借方余额

D. “利润分配”账户在年终可能有借方余额，也可能有贷方余额

10. 制造企业的主要经济业务包括(　　)。

A. 资金筹集业务　B. 利润核算业务

C. 产品生产业务　D. 产品销售业务

三、判断题

1．资金筹集是企业资金运动的起点，而资金退出则是企业资金运动的终点。 ( )
2．企业存货的采购成本均包括增值税、关税和消费税。 ( )
3．企业为生产产品而购进材料时需要向供货方支付增值税额，称为进项税额，记入所购商品成本。 ( )
4．管理费用发生时应计入产品的生产成本。 ( )
5．制造费用和管理费用都属于期间费用。 ( )
6．固定资产的净值等于固定资产原始价值减去累计折旧后的余额。
7．成本是为生产一定种类和数量的产品发生的耗费，费用是企业一定时期生产经营所发生的耗费，两者都是耗费，所以是同一个概念。 ( )
8．企业的收入和费用发生时，为简化核算可直接计入所有者权益。 ( )
9．财务费用是企业筹集资金时发生的费用，因此，其发生时不计入产品的生产成本。
10．“本年利润”账户，在年份内有余额，年末结转后无余额。 ( )

四、简答题

1．简述工业企业供应过程的核算。
2．简述工业企业生产过程的核算。
3．简述工业企业销售过程的核算。
4．工业企业的制造费用是如何归集分配的？

五、技能训练题

1. 习题一
【目的】练习工业企业资金投入和退出的核算。
【资料】红星有限公司 2011 年 7 月发生下列经济业务：
(1) 收到投资者投入资金 50 000 元存入银行。
(2) 从银行取得短期借款 30 000 元存入银行。
(3) 从银行取得长期借款 200 000 元存入银行。
(4) 长期借款 80 000 元到期，以银行存款归还。
(5) 以银行存款支付现金股利 85 000 元。
(6) 交纳增值税 8 700 元。
【要求】根据上述经济业务编制会计分录。
2. 习题二
【目的】练习工业企业供应过程的核算。
【资料】北方有限公司为增值税一般纳税人，适用的增值税税率为 17%。2011 年 8 月公司发生下列经济业务：
(1) 1 日，向东方公司购入甲材料 10 吨，每吨 2 000 元，运费 500 元，款项均未支付。
(2) 4 日，甲材料运到，验收入库，并开出期限 3 个的商业汇票承付。
(3) 5 日，预付购买乙材料的货款 10 000 元。
(4) 7 日，从南方公司购入丙材料 3 000 千克，每千克 5 元，购入丁材料 5 000 千克，每公斤 4 元，发生运费及装卸费 1 200 元。按材料重量分配运杂费，价税款及运杂费均由银行存款支付。
(5) 10 日，上述材料运到并验收入库。

【要求】根据上述经济业务编制会计分录。

3. 习题三

【目的】练习工业企业生产过程的核算。

【资料】东方有限公司2011 年8 月发生下列经济业务：

(1) 生产车间生产 A 产品，领用甲材料 200 千克，每千克成本 3 元，领用乙材料 500 千克，每千克成本 6 元。

(2) 生产车间生产 B 产品，领用甲材料 600 千克，每千克成本 3 元，领用乙材料 300 千克，每千克成本 6 元。

(3) 8 月，公司各部门人员工资如下：

生产 A 产品工人工资	40 000 元
生产 B 产品工人工资	60 000 元
车间管理人员工资	10 000 元
企业管理人员工资	30 000 元

(4) 本月车间固定资产计提折旧 4 000 元，管理部门固定资产计提折旧 2 000 元。

(5) 用银行存款支付本月车间发生办公费用 800 元，管理部门发生办公费 3 000 元。

(6) 月末，将制造费用按生产工人工资比例在 A、B 产品间分配。

(7) 月末，结算 A、B 产品的生产成本。假设产品全部生产完工并验收入库，生产 A 产品 1 500 件，生产 B 产品 2 500 件。

【要求】根据上述经济业务编制会计分录。

4. 习题四

【目的】练习工业企业销售过程的核算。

【资料】南方有限公司为增值税一般纳税人，适用的增值税税率为 17%。2011 年7 月发生下列经济业务：

(1) 3 日，向甲企业销售 A 产品 3 000 件，每件 15 元，款项尚未收到。

(2) 结转 A 产品的销售成本，已知 A 产品的实际生产成本为每件 10 元。

(3) 5 日，向乙企业销售 B 产品 500 件，每件 30 元，款项收到存入银行。

(4) 结转 B 产品的销售成本，已知 B 产品的实际生产成本为每件 20 元。

(5) 16 日，向丙企业销售原材料 1 000 千克，每件 8 元，款项收到存入银行。

(6) 结转原材料的销售成本，已知材料的实际成本为每千克 5 元。

(7) 计算本月销售部门人员工资为 38 000 元。

(8) 本月销售部门水电费 2 000 元。

(9) 销售部门计提本月固定资产折旧 4 000 元。

【要求】根据上述经济业务编制会计分录。

5. 习题五

【目的】练习工业企业利润的核算。

【资料】南洋有限公司为增值税一般纳税人，适用的增值税税率为 17%，适用的所得税税率为 25%。2011 年5 月发生下列经济业务：

(1) 3 日，企业向甲公司销售 A 商品 2 000 件，每件售价 60 元，对方以转账支票付讫。

(2) 同时结转已售商品的生产成本，已知产品实际生产成本为每件 40 元。

(3) 15 日，向番禺乙公司销售 B 商品 1 600 件，每件售价 50 元，款项尚未收到。

(4) 同时结转已售商品的生产成本，已知产品实际生产成本为每件 30 元。

(5) 15 日，收到番禺乙公司上述购买 B 商品的欠款。

(6) 本月企业发生水电费用 2 000 元，其中销售部门 400 元，管理部门 600 元，生产车间用于产品生产的 1 000 元。

(7) 计提本月固定资产折旧 10 000 元，其中销售部门固定资产折旧 2 000 元，管理部门固定资产折旧 3 000 元，生产车间固定资产折旧 5 000 元。

(8) 计算本月企业人员工资如下：

生产工人工资	6 000 元
车间管理人员工资	1 000 元
企业管理人员工资	3 000 元
销售人员工资	4 000 元

(9) 以银行存款支付交通违章罚款 200 元。

(10) 收到东方公司违约罚金 600 元。

(11) 以银行存款支付本月借款利息 1 000 元。

【要求】(1) 根据上述经济业务编制会计分录。

(2) 计算企业本月的利润总额，并编制相应的结转分录。

(3) 计算企业应交所得税费用，并编制相应的结转分录。

6. 习题六

【目的】练习工业企业主要经营过程的核算。

【资料】广州甲企业 2011 年 9 月发生如下经济业务：

(1) 1 日，从银行借入为期 1 年的借款 200 000 元，款项存入银行。

(2) 3 日，向某工厂购进材料，货款 90 000 元，已验收入库，款项尚未支付。

(3) 5 日，收到投资者追加的投资款 100 000 元，款项已存入银行。

(4) 8 日，以现金偿还应付厂家的货款 20 000 元。

(5) 12 日，以银行存款购买支付购买设备款 58 500 元，设备 50 000 元，增值税进项税额 8 500 元。

(6) 18 日，收到上月的销货款 80 000 元，存入银行。

(7) 20 日，生产车间领用材料 70 000 元。

(8) 23 日，以现金 5 000 元购买企管部门使用的办公用品。

(9) 25 日，销售产品 60 000 元，增值税销项税额 10 200 元，款项尚未收到。

(10) 30 日，以银行存款偿还长期借款 120 000 元。

【要求】(1) 编制相应会计分录。

(2) 根据上述分录编制总分类账本期发生额的试算平衡表。

项目二　会计凭证

教学目标

通过本项目学习，要求学生理解各会计凭证的概念和作用、分类，掌握原始凭证和记账凭证的填制与审核，了解会计凭证的传递和保管。

知识要点结构图

- 会计凭证
  - 凭证分类
    - 原始凭证
      - 原始凭证的分类
      - 填制与审核的方法
    - 记账凭证
      - 记账凭证的分类
      - 填制与审核的方法
  - 凭证的传递与保管

思考

实际工作中，经济业务活动的内容是没有人用文字语言去告诉你的，那么怎样才能说明经济业务活动发生和完成的情况？怎样明确经济责任？经济活动发生后，会计人员又是如何来记录？不同类型的经济业务，会计人员又应编制何种记账凭证？记载经济业务内容的凭证应该如何传递和保管？本项目将告诉你答案。

任务 2.1　认识会计凭证

2.1.1　会计凭证的概念、作用及其种类

1. 会计凭证的概念

任何经济业务的发生和完成都必须有真实可靠的凭据或书面文件来证明，以保证经济业务活动的真实性和客观性，这些凭据或书面文件就是会计凭证。会计凭证是记录经济业务、明确经济责任的书面证明，也是登记账簿的依据。企业的经营过程伴随着大量的经济业务活

动，每发生一笔经济业务，都必须由执行或完成该项经济业务的相关人员取得或填制会计凭证，并在凭证上签名或盖章，以对凭证上所记载的内容负责。例如，购买商品、材料由供货方开出发票；支付款项取得收款方开出的收据；接收商品、材料入库要有收货单；发出商品要有发货单；仓库发出材料要凭领料单；以及会计人员对这些单据进行归类整理，确定会计分录的凭证等。这些发票、收据、收货单、发货单、领料单、凭证等都是人们所说的会计凭证。所有会计凭证都必须认真填制，同时还必须经过财会部门严格审核，只有审核无误的会计凭证才能作为经济业务发生或完成的证明，才能作为登记账簿的依据。

2. 会计凭证的作用

填制和审核会计凭证是会计核算方法之一，也是会计核算工作的起点，填制和审核会计凭证在经济管理中具有重要作用。

1) 为会计核算提供原始依据

任何经济业务的发生都必须取得或填制会计凭证，如实地反映经济业务发生或完成的情况。会计凭证上记载了经济业务发生的时间和内容，从而为会计核算提供了原始凭据，保证了会计核算的客观性与真实性，克服了主观随意性，使会计信息的质量得到了可靠的保障。

2) 发挥会计的监督作用

经济业务是否合法、合理，是否客观真实，在记账前都必须经过财会部门审核。通过审核会计凭证，可以充分发挥会计的监督作用。通过检查每笔经济业务是否符合有关政策、法令、制度、计划和预算的规定，有无铺张浪费和违纪行为，从而促进各单位和经办人员树立遵纪守法的观念，促使各单位建立健全各项规章制度，确保财产的安全完整。

3) 加强岗位责任制

每一笔经济业务的发生或完成都要填制和取得会计凭证，并由相关单位和人员在凭证上签名盖章，这样能促使经办人员严格按照规章制度办事。一旦出现问题，便于分清责任，及时采取措施，有利于岗位责任制的落实。

3. 会计凭证的种类

由于企业发生的经济业务是多种多样的，因而会计凭证在其作用、格式、内容及填制程序等方面各有不同，为了正确地使用和填制会计凭证，必须对会计凭证进行分类。一般来说，会计凭证按照编制的程序和用途不同，分为原始凭证和记账凭证两大类。

1) 原始凭证

原始凭证是在经济业务发生或完成时由相关人员取得或填制的，用以记录或证明经济业务发生或完成情况，并明确有关经济责任的一种原始凭据。任何经济业务的发生都必须填制和取得有关原始凭证，原始凭证是会计核算的原始依据。

2) 记账凭证

记账凭证是财会部门根据审核无误的原始凭证进行归类、整理，记载经济业务简要内容，确定会计分录的会计凭证。记账凭证是登记会计账簿的直接依据。

2.1.2 原始凭证的概念和种类

1. 原始凭证的概念

原始凭证是在经济业务发生或完成时由业务经办人员取得或填制的，用以记录或证明经济业务的发生或完成情况，并明确有关经济责任的一种书面证明。原始凭证是证明经济业务发生的原始依据，具有较强的法律效力，是一种很重要的会计凭证。

按照要求，一切经济业务发生时都必须如实填制原始凭证，以证实经济业务的发生或完成情况。企事业单位中应用的原始凭证有很多，如购销业务活动中的“发货单”、财产物资收发业务中的“出库单”、“入库单”，现金收付业务中的“收据”、“借据”、“发票”，银行结算业务中的各种结算凭证等。凡是不能证明经济业务发生或完成情况的各种书面证明，如“购料申请单”、“合同”、“银行对账单”等，均不能作为原始凭证用来记账。

2. 原始凭证的种类

原始凭证的来源渠道广泛，种类繁多，可以按照不同的标准对其进行分类。

1) 按照原始凭证来源不同进行分类

原始凭证按其来源不同，分为自制原始凭证和外来原始凭证两种。

(1) 自制原始凭证。自制原始凭证是指单位内部具体经办业务的部门或个人，在业务发生或完成时所填制的原始单据。如仓库部门收料时填制的“收料单”、生产部门领料时填制的“领料单”、销售部门销售商品时的“销货发票”、会计人员在结转制造费用时编制的“制造费用分配表”、结转产品成本时的“产品入库单”、结算应付工资时的“工资结算表”等。其一般格式分别见表 2-4 和表 2-5。

表 2-4　领料单

年　月　日

材料类别	材料名称	规格	计量单位	数量		成本	
				请领	实发	单价	金额
主要材料	钢		千克				
用途	厂房扩建工程用料			领料单位		发料人	领料人

生产部门负责人：　　　　供应部门负责人：　　　　仓库负责人：

表 2-5　工资费用分配表

年　月　日

应借科目		成本或费用项目	直接计入	分配计入		工资费用合计
				生产工时	分配金额(分配率%)	
基本生产成本						
辅助生产成本						
制造费用						
管理费用						
销售费用						
合计						

(2) 外来原始凭证。外来原始凭证是指在经济业务活动发生或完成时，从本单位以外的其他单位或个人处直接取得的原始单据。如增值税专用发票、普通发票、车票、机票、火车票、由银行转来的结算凭证和支付款项时取得的收据等都是外来原始凭证。凡外来的原始单据必须盖有单位的公章或财税机关的统一签章才有效。其格式见表 2-6。

表 2-6 收据

年 月 日

编号	名称	规格	单位	数量	单价	金额								
						百	十	万	千	百	十	元	角	分
大写合计 佰 拾 万 仟 佰 拾 元 角 分 ￥________														

收款单位盖章： 收款人： 开票人：

2) 按照原始凭证填制手续不同进行分类

原始凭证按照填制手续的不同，可以分为一次凭证、累计凭证和汇总凭证。

(1) 一次凭证。一次凭证是指只记录一项经济业务，或是同时反映若干同类经济业务，并且一次完成填制手续的原始凭证。外来原始凭证一般均属一次凭证，自制原始凭证中大多数也是一次凭证。日常的原始凭证多属此类，如“现金收据”、“借款单”、“发货单”、“收料单”等。这类原始凭证能够清晰地反映经济业务活动的情况，使用方便灵活，但对于量大、发生频繁的经济业务，会导致核算的工作量大。

(2) 累计凭证。累计凭证是指在一张凭证上连续登记一定时期内不断重复发生的若干同类经济业务，直到期末才能填制完毕的原始凭证。累计凭证可以连续登记相同性质的经济业务，随时计算出累计数及结余数，期末按实际发生额记账。如“费用限额卡”、“限额领料单”等。这类多次有效的原始凭证，在满足内部控制管理的前提下，可以减少凭证的使用数量、简化填制手续。“限额领料单”的格式见表 2-7。

表 2-7 限额领料单

领料单位： 编号：

用途： 日期： 发料仓库：

材料类别	材料编号	材料名称及规格	计量单位	全月领用限额	实际领用				备注
					数量	单位成本	金额		
原材料	1110	钢材	吨	50	50	4 000	200 000		
日期	请领		实发			退回			限额结余
	数量	领料单位负责人签章	数量	发料人签章	领料人签章	数量	收料人签章	退料人签章	
5.1	15	张三	15	李四	王五				35
5.10	20	张三	20	李四	王五				15
5.15	5	张三	5	李四	王五				10
5.25	10	张三	10	李四	王五				0
合计			50						0

生产部门负责人：张华 供应部门负责人：李明 仓库负责人：李四

(3) 汇总凭证。汇总凭证也称为原始凭证汇总表，是指根据一定时期内若干份记录同类经济业务的原始凭证加以汇总，编制而成的一种原始凭证。如将全月的“领料单”加以汇总编制成“发出材料汇总表”、“差旅费报销单”等。汇总原始凭证只能将同类业务进行汇总，而不能将不同性质的业务汇总填制在一张凭证上。汇总凭证既可以提供经营管理所需要的总量指标，又可以大大简化核算手续。“发料凭证汇总表”的格式见表 2-8。

表 2-8　发料凭证汇总表

日期：　　　　单位：元

会计科目	领料部门	领用材料			
		原材料	辅助材料	低值易耗品	合计
生产成本	一车间				
	二车间				
	小计				
辅助生产成本	机修车间				
制造费用	一车间				
管理费用	厂部				
合计					

2.1.3　记账凭证的概念和种类

1. 记账凭证的概念

记账凭证是指会计人员根据审核无误的原始凭证填制的，用来确定经济业务应借、应贷的会计科目及金额，并据以登记账簿的会计凭证。由于原始凭证来自不同的单位，种类繁多，数量庞大，格式和内容不统一，并且原始凭证中只是记录经济业务发生和完成的实际情况，并未反映应使用的会计科目和记账方向，若直接根据原始凭证记账容易发生差错，所以在记账前，应认真审核原始凭证，并根据审核无误的原始凭证，按照记账规则，确定应借、应贷的会计科目名称和金额，填制记账凭证，并据以记账。原始凭证则作为记账凭证的附件粘贴在记账凭证之后，这样，不仅可以简化记账工作，减少差错，而且便于对账和查账，提高记账工作的质量。

记账凭证和原始凭证同属于会计凭证，都是反映同一笔经济业务活动的内容，但二者存在以下不同。

(1) 原始凭证是由业务经办人员填制和取得的，而记账凭证一律由会计人员填制。

(2) 原始凭证根据发生或完成的经济业务填制和取得，而记账凭证根据审核后的原始凭证填制。

(3) 原始凭证仅用以记录、证明经济业务已经发生或完成，而记账凭证要依据记账规则对已经发生或完成的经济业务进行归类、整理，确定会计分录。

(4) 原始凭证是填制记账凭证的依据，而记账凭证是登记账簿的依据。

有些经济业务，如更正错账、期末结账前有关账项调整结转、转销等无法取得原始凭证的，也可以由会计人员根据账簿记录提供的数据编制记账凭证。

2. 记账凭证的种类

记账凭证可以按照不同的标准进行分类。

1) 按照反映的经济内容不同进行分类

记账凭证按照其所反映的经济内容不同，可分为专用记账凭证和通用记账凭证。

专用记账凭证是用来记录某一类经济业务的记账凭证，一般分为收款凭证、付款凭证和转账凭证。

(1) 收款凭证。收款凭证是指专门用于记录库存现金和银行存款收款业务的会计凭证。收款凭证是根据有关库存现金和银行存款收入活动的原始凭证填制的记账凭证。收款凭证是出纳人员收讫款项的依据，也是登记总账、库存现金日记账、银行存款日记账以及有关明细账的依据，一般按库存现金和银行存款分别编制。收款凭证的格式见表 2-9。

表 2-9 收款凭证(一)

借方科目：　　　　　　　　　　　　年　　月　　日　　　　　　　　　　　　字第　　号

摘要	贷方总账科目	明细科目	金额									记账
			百	十	万	千	百	十	元	角	分	
附单据　张	合计											

会计主管　　　　记账　　　　出纳　　　　审核　　　　制单

(2) 付款凭证。付款凭证是指专门用于记录库存现金和银行存款付款业务的会计凭证。付款凭证是根据有关库存现金和银行存款支付活动的原始凭证填制的记账凭证，是出纳人员支付款项的依据，也是登记总账、库存现金日记账、银行存款日记账以及有关明细账的依据，一般按库存现金和银行存款分别编制。付款凭证的格式见表 2-10。

表 2-10 付款凭证(一)

贷方科目：　　　　　　　　　　　　年　　月　　日　　　　　　　　　　　　字第　　号

摘要	借方总账科目	明细科目	金额									记账
			百	十	万	千	百	十	元	角	分	
附单据　张	合计											

会计主管　　　　记账　　　　出纳　　　　审核　　　　制单

(3) 转账凭证。转账凭证是指专门用于记录不涉及库存现金和银行存款收付款业务的会计凭证。转账凭证是根据有关转账业务的原始凭证填制或由会计人员期末结转相关经济业务活动而填制的记账凭证。它是登记总账和有关明细账的依据。转账凭证的格式见表 2-11 所示。

表 2-11　转账凭证(一)

年　　月　　日　　　　　　　　　　字第　号

摘要	总账科目	明细科目	借方金额									贷方金额									记账
			百	十	万	千	百	十	元	角	分	百	十	万	千	百	十	元	角	分	
附单据　张	合计																				

会计主管　　　　　　记账　　　　　　审核　　　　　　制单

知识链接

收款凭证、付款凭证和转账凭证分别用以记录库存现金和银行存款的收款业务、付款业务、转账业务(与库存现金、银行存款收支无关的业务)，在实际工作中，为了便于识别，将 3 种记账凭证印制成不同的颜色。要注意的是，对于现金和银行存款之间的收付款业务，为了避免记账重复，一般只编制付款凭证，不编制收款凭证。

(4) 通用记账凭证。通用记账凭证是用以记录各种经济业务的记账凭证。通用记账凭证的格式见表 2-12。

表 2-12　通用记账凭证

年　　月　　日　　　　　　　　　　字第　号

摘要	总账科目	明细科目	借方金额									贷方金额									记账
			百	十	万	千	百	十	元	角	分	百	十	万	千	百	十	元	角	分	
附单据　张	合计																				

会计主管　　　　　　记账　　　　　　审核　　　　　　制单

2) 按照填制会计科目方式不同进行分类

记账凭证按照填制会计科目的方式不同，可分为复式记账凭证和单式记账凭证。

(1) 复式记账凭证。复式记账凭证是指将每一笔经济业务事项所涉及的全部会计科目及其发生额，均在同一张凭证中反映的一种记账凭证，即在同一张记账凭证上登记一项经济业务所涉及的两个或者两个以上的会计科目，既有“借方”，又有“贷方”。复式记账凭证可以集中反映一项经济业务中各账户的对应关系，有利于了解经济业务的全貌，还可以减少凭证的数量，减轻编制记账凭证的工作量。但是在手工记账环境下，不便于汇总计算每一会计科目的发生额和进行分工记账。上述介绍的收款凭证、付款凭证、转账凭证、通用记账凭证等都是复式记账凭证。

(2) 单式记账凭证。单式记账凭证是将每笔经济业务所涉及的会计科目，分别登记在两张或两张以上的记账凭证中，每张记账凭证中只登记一个会计科目，其对应科目只供参考，不作为记账依据。填列借方科目的凭证称为借项记账凭证，填列贷方科目的凭证称为贷项记账凭证。单式凭证的优点是内容单一，便于记账工作的分工，也便于按科目汇总，并可加速凭证的传递。其缺点是凭证张数多，内容分散，在一张凭证上不能完整地反映一笔经济业务的全貌，不便于查账和对账，故需加强凭证的复核、装订和保管工作。

原始凭证和记账凭证之间存在互不可分的关系。原始凭证是编制记账凭证的依据，是记账凭证的附件；记账凭证是采用会计专门方法对原始凭证所记载的经济业务内容进行加工整理而编制的，是对原始凭证的内容进行概括和说明，二者关系密切，不可分割。

会计凭证的分类如图 2.2 所示。

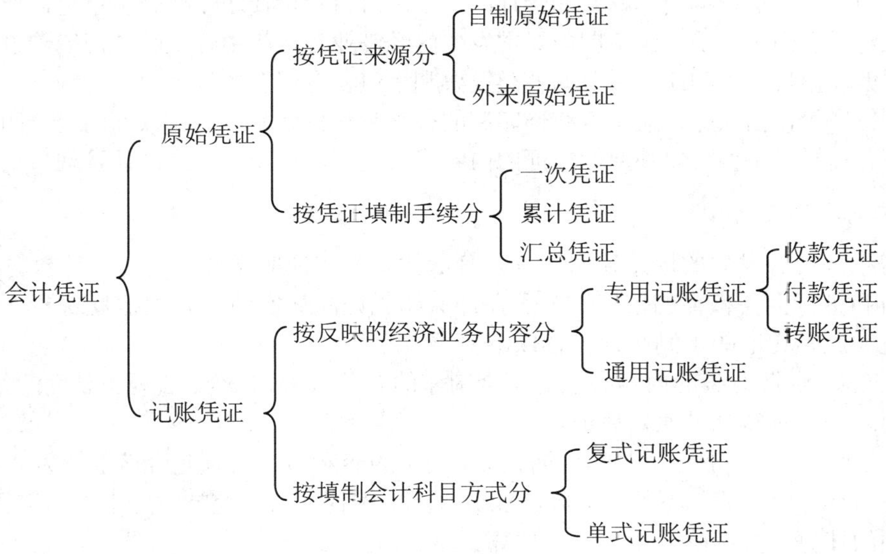

图 2.2 会计凭证的分类

任务 2.2 填制与审核原始凭证

2.2.1 填制原始凭证

1. 原始凭证的基本内容

原始凭证是在经济业务发生或完成时由相关人员取得或填制的，是记账的原始依据。由于企业发生的经济业务纷繁复杂，反映其具体内容的原始凭证品种繁多，各种原始凭证的名称、格式和内容也是各不相同。但是，无论何种原始凭证，都必须能客观真实地反映经济业务发生或完成的情况，因此，都应该具备一些共同的基本内容。这些基本内容就是每一张原始凭证所应该具备的要素。原始凭证必须具备以下基本内容。

(1) 原始凭证的名称。

(2) 填制原始凭证的日期和编号。

(3) 接受原始凭证的单位或个人的名称。

(4) 经济业务内容摘要。

(5) 经济业务内容的名称、数量、单价、金额大小写。

(6) 填制原始凭证的单位名称和填制人姓名。

(7) 经办人员的签名或盖章。

上述原始凭证的基本内容，一般不得缺少。根据经济业务的实际情况和管理工作的需要，有些原始凭证，除具备上述内容外，还应具备其他一些项目，如与业务有关的经济合同、结算方式、费用预算等，以便更加完整、清晰地反映经济业务。另外，从外单位取得的原始凭证，必须有填制单位的公章；从个人取得的原始凭证，必须有填制人员的签名或签章；自制原始凭证必须有经办单位负责人或指定人员的签名或签章；对外开出的原始凭证，必须加盖本单位公章等。

在实际工作中，各单位根据会计核算和管理的需要，可自行设计印制适合本单位需要的各种原始凭证。但对于在国民经济一定范围内经常发生的经济业务，应由各主管部门统一设计印制原始凭证。例如，由税务部门统一印制的各类发票和增值税专用发票等，由银行统一印制的支票和各类结算凭证等，由铁路、航空等统一印制的火车票和机票等，由财政部门统一印制的各种收款收据等。这样，不但可以使原始凭证的内容格式统一，也便于加强监督管理。

2. *原始凭证的填制要求*

原始凭证是经济业务发生的原始证明，是具有法律效力的证明文件，也是会计核算的最基本的原始资料和进行会计核算的依据。为了保证原始凭证能如实地、客观地反映各项经济业务的真实情况，原始凭证的填制必须符合以下要求。

(1) 要遵纪守法。经济业务的内容必须是符合国家的有关政策、法令、法规和制度的要求，凡不符合相关要求的，不得列入原始凭证。

(2) 记录要真实。原始凭证上填制的日期、经济业务内容和数字必须是经济业务发生或完成的实际情况，不得弄虚作假，不得歪曲经济业务真相，不得涂改、挖补，更不得伪造凭证。对于数量、金额的计算，要准确无误，不得估算。

(3) 内容要完整。原始凭证中应该填写的项目要逐项填写，不能遗漏和省略；日期要据实填写、单位名称要写全，不要简化；品名和用途要填写明确，不能含糊不清；有关部门和人员的签名和盖章必须齐全。

(4) 手续要完备。单位自制的原始凭证必须有经办业务的部门和人员签名盖章；对外开出的凭证必须加盖本单位的公章或财务专用章；从外部取得的原始凭证必须有填制单位公章或财务专用章。总之，原始凭证必须符合手续完备的要求，以明确经济责任，确保凭证的合法性、真实性。

(5) 填制要及时。每笔经济业务发生或完成时，业务经办人员必须及时填制或取得原始凭证，做到不拖延、不积压，不事后补填，并按规定的程序及时送交会计部门审核、记账，会计人员应及时审核后据以填制记账凭证。

(6) 编号要连续。原始凭证要顺序连续编号，以便事后核查。在填制时要按照编号的顺序使用，跳号的凭证要加盖“作废”戳记，连同存根一起保管，不得撕毁。

(7) 书写要规范，不得随意更改。原始凭证中记载的各项内容均不得涂改，出现了错误，应当由出具单位重开或者更正，更正处应加盖出具单位的印章；原始凭证金额有误的，应由出具凭证的单位重开，不得在原始凭证上直接涂改更正。

3. 原始凭证的填制方法

原始凭证中的文字、数字的书写字迹要清晰、工整、规范，做到字迹端正、易于辨认，不得使用未经国务院公布的简化字。金额的大小写要一致，数字和货币符号的书写要符合下列要求。

(1) 阿拉伯数字要一个一个地写，不得连笔写。特别是在连写几个“0”时，也一定要单个地写，不能将几个“0”连在一起一笔写完。数字排列要整齐，数字之间的空隔要均匀，不宜过大。此外阿拉伯数字的书写还应有高度的标准，一般要求数字的高度占凭证横格的 1/2 为宜。书写时还要注意紧靠横格底线，使上方能有一定的空位，以便需要进行更正时可以再次书写。

(2) 阿拉伯数字前面应该书写货币币种或者货币名称简写和币种符号。币种符号与阿拉伯数字之间不得留有空白。凡阿拉伯金额数字前写有货币币种符号的，数字后面不再写货币单位。所有以元为单位(其他货币种类为货币基本单位，下同)的阿拉伯数字，除表示单价等情况外，一律填写到角分；无角分的，角位和分位写“00”或者符号“——”；有角无分的，分位应当写“0”，不得用符号“——”代替。在发票等须填写大写金额数字的原始凭证上，如果大写金额数字前未印有货币名称，应当加填货币名称，然后在其后紧接着填写大写金额数字，货币名称和金额数字之间不得留有空白。

(3) 汉字填写金额如零、壹、贰、叁、肆、伍、陆、柒、捌、玖、拾、佰、仟、万、亿等，应一律用正楷或行书体填写，不得用〇、一、二、三、四、五、六、七、八、九、十等简化字代替，不得任意自造简化字。大写金额前应有“人民币”字样，中间不得留有空白。大写金额数字到元或角为止的，在“元”或“角”之后应当写“整”或“正”字。如 1 980 元，汉字大写金额应为“人民币壹仟玖佰捌拾元正”。

(4) 阿拉伯金额数字之间有“0”时，汉字大写金额应写“零”字；阿拉伯金额数字中间连续有几个“0”时，大写金额中可以只写一个“零”；阿拉伯金额数字元位为“0”或者数字中间连续有几个“0”，元位也是“0”，但角位不是“0”时，汉字大写金额可以只写一个“零”字，也可以不写“零”字。如 5 004 元，汉字大写金额为“人民币伍仟零肆元整”。

4. 自制的原始凭证

自制的原始凭证由填制人员根据经济业务发生的实际内容，按各项原始凭证要素和规定方法填写齐全，办妥签章手续，以便明确经济责任。由于各种原始凭证的内容和格式不同，因此，原始凭证的具体填制方法也不尽相同。但各原始凭证基本内容是一样的，一般来说，自制原始凭证通常有 3 种形式。

(1) 根据经济业务的执行和完成的实际情况直接填列，如收料单、领料单等。

(2) 根据账簿记录对某项经济业务进行加工整理填列，如月末计算产品成本，编制产品成本计算单时，先要编制“制造费用分配表”，将本月发生的制造费用按照一定的分配标准分配到有关产品成本中去，然后再计算出某种产品的生产成本。

(3) 根据若干张反映同类业务的原始凭证定期汇总填列，如发出材料汇总表等。

外来原始凭证是由其他单位或个人填制的。它同自制原始凭证一样，也要具备能证明经济业务完成情况和明确经济责任等所必需的基本内容，业务经办人员取得外来原始凭证时，要对凭证进行审核，确保凭证的合法性和真实性。

2.2.2 审核原始凭证

《会计法》第十四条规定："会计机构、会计人员对不真实、不合法的原始凭证，有权不予接受，并向单位负责人报告；对记载不准确、不完整的原始凭证予以退回，并要求按照国家统一的会计制度的规定更正、补充。"即对原始凭证的审核，主要从原始凭证的真实性、合法性、准确性和完整性 4 个方面进行。

为了保证会计资料的真实、合法、准确及完整，充分发挥会计监督的作用，必须有专人对原始凭证进行严格的审核。只有经过审查无误的凭证，才可作为编制记账凭证和登记账簿的依据。原始凭证的审核是会计监督工作的一个重要环节，一般应从以下 4 方面进行。

1. 审核原始凭证的真实性

真实性是指原始凭证所记载的经济业务是否真实，包括与经济业务相关的单位和经办人员是否真实、经济业务发生的时间地点和日期是否准确、经济业务内容及其数量金额方面是否与实际情况相符等。

2. 审核原始凭证的合法性

合法性是指原始凭证所记载的经济业务是否合理合法，是否符合国家的有关政策、法规和相关制度的规定，有无违法乱纪的行为，有无弄虚作假、营私舞弊、伪造涂改凭证等。

3. 审核原始凭证的准确性

准确性是指原始凭证的摘要是否填写清楚，日期、数量、单价及金额是否正确，大小写有无写错等。

4. 审核原始凭证的完整性

完整性是指原始凭证是否具备合法凭证所必需的基本内容及这些内容是否齐全，填制的手续是否齐全，是否有相关主管人员的审核批准等。

要做好原始凭证的审核，充分发挥会计监督的作用，会计机构、会计人员应按照国家统一的会计制度规定对原始凭证进行审核，并要熟悉有关的政策、法令和各项财务规章制度，最重要的是会计人员必须具有维护国家法令、制度和本单位财务管理制度的高度责任感，坚持原则，才能在审核原始凭证时正确掌握标准，敢于发现问题。对于发现的问题应分别采用不同的处理办法。

(1) 对于符合要求的原始凭证，应及时办理会计手续，编制记账凭证和登记相关账簿。

(2) 对于真实、合法、合理，但记载内容不完整、不准确的凭证，应将其退还给相关经办人员和单位，由其补充完整、更改正确后，重新进行审核，确认无误后准予办理会计手续。

(3) 对于不真实、不合法的原始凭证，会计人员有权拒绝办理相关手续，并向单位负责人报告。对于伪造、涂改、弄虚作假等严重违法乱纪行为，会计人员应扣留凭证，并及时向领导汇报，由上级部门根据相关法规进行依法处理。

任务 2.3 填制与审核记账凭证

2.3.1 填制记账凭证

1. 记账凭证的基本内容

记账凭证是会计人员根据审核后的原始凭证进行归类、整理，并确定会计分录而编制的会计凭证，是登记账簿的依据。虽然记账凭证种类很多，格式不统一，但其作用都是相同的。因此，记账凭证必须具备以下内容。

(1) 记账凭证的名称。

(2) 填制凭证的日期、凭证编号。

(3) 经济业务的内容摘要。

(4) 会计科目的名称、记账的方向和金额。

(5) 所附原始凭证的张数和其他附件资料。

(6) 会计主管、记账、复核、出纳、制单等有关人员签名或盖章。

2. 记账凭证的填制要求

填制记账凭证是会计工作的重要内容，各种记账凭证都必须按照规定的格式和内容及时、正确地填制。填制时要求格式统一，内容完整，科目运用正确，对应关系清晰，摘要简练，书写清晰工整。具体有以下几方面的要求。

1) 日期栏的填写

记账凭证的填制日期一般应填制记账凭证当天的日期，不能提前或拖后。现金收付款业务的记账凭证应填写办理现金收付当日的日期；银行存款付款业务的记账凭证，一般按财会人员开出银行存款付款凭证的日期或承付日期填写；银行存款收款业务的记账凭证应填写收到银行进账单或银行回执的日期；财会人员自制的计提和分配费用等转账业务的记账凭证，应当填写当月最后一天的日期。

2) 摘要栏的填写

记账凭证的摘要栏是对经济业务的简要说明。首先，要真实准确，应与所附原始凭证内容一致；其次，要简明扼要，书写清晰整齐。总之，既要防止简而不明，又要防止过于烦琐，应能使阅读者通过摘要就能了解该项经济业务的性质、特征，判断出会计分录的正确与否，一般不需要再去翻阅原始凭证或询问有关人员。

3) 会计科目栏的填写

必须按照国家统一规定的会计科目名称填写会计科目，以保证会计核算口径一致，不得简化或只写科目的编号。需填写明细科目的业务，应在“明细科目”栏填写明细科目。会计科目的对应关系要填写清楚，应先借后贷，一般填制一借一贷、一借多贷或者多借一贷的会计分录。但如果某项经济业务本身就需要编制一个多借多贷的会计分录时，也可以填制多借多贷的会计分录，以集中反映该项经济业务的全过程。

4) 金额栏的填写

记账凭证的金额首先要与原始凭证的金额相符，金额栏数字的填写必须规范、准确，角分位不留空格，且借、贷方的金额必须相等。其次要在记账凭证的合计行准确填写合计金额，并且在合计数字前应填写货币符号。一笔经济业务若涉及会计科目较多，需填写多张记账凭证的，只在最末一张记账凭证的合计行填写合计金额。

5) 附件张数

除结账和更正错误外，记账凭证应根据审核无误的原始凭证及有关资料填制，记账凭证必须附有原始凭证，并如实填写所附原始凭证的张数。记账凭证所附原始凭证张数的计算一般应以原始凭证的自然张数为准。如果记账凭证中附有原始凭证汇总表，则应该把所附的原始凭证和原始凭证汇总表的张数一起记入附件的张数之内。但报销差旅费等零散票券，可以粘贴在一张纸上，作为一张原始凭证。

一张原始凭证如果涉及几张记账凭证，可以将原始凭证附在一张主要的记账凭证后面，在该主要记账凭证摘要栏注明“本凭证附件包括××号记账凭证业务”字样，并在其他记账凭证上注明该主要记账凭证的编号或者附上该原始凭证的复印件，以便复核查阅。

对简单的摊提、转账业务，可以在摘要栏注明计算依据，不附原始凭证；不经过分摊或计算的，属于期末结转业务的记账凭证，也可不附原始凭证。

6) 记账凭证的编号

记账凭证在一个月内应当连续编号，目的是分清记账凭证的先后顺序，便于登记账簿，便于日后的对账和查核，并可防止散失。记账凭证编号的方法有多种。

(1) 将全部记账凭证作为一类统一编号。

(2) 分别按现金和银行存款收入业务、现金和银行付出业务、转账业务 3 类进行编号，这样记账凭证的编号应分为收字第×号、付字第×号、转字第×号。

(3) 分别按现金收入、现金支出、银行存款收入、银行存款支出和转账业务 5 类进行编号，这种情况下，记账凭证的编号应分为现收字第×号、现付字第×号、银收字第×号、银付字第×号和转字第×号，或者将转账业务按照具体内容再分成几类编号。

各单位应当根据本单位业务繁简程度、会计人员多少和分工情况来选择便于记账、查账、内部稽核的简单严密的编号方法。无论采用哪一种编号方法，都应该按月顺序编号，即每月都从一号编起，按自然数 1、2、3、4、5……顺序编至月末，不得跳号、重号。一笔经济业务需要填制两张或两张以上记账凭证的，可以采用分数编号法进行编号，如有一笔经济业务需要填制 3 张记账凭证，凭证顺序号为 8，就可以编成“8 1/3”、“8 2/3”、“8 3/3”，前面的数表示凭证顺序，后面分数的分母表示该号凭证共有 3 张，分子分别表示 3 张凭证中的第 1 张、第 2 张、第 3 张。

7) 空行需注销

填制记账凭证时，应按行次逐行填写，不得跳行或留有空行。记账凭证填完经济业务后，如有空行，应当在金额栏自最后一笔金额数字下的空行至合计数上的空行处划斜线或“S”行线注销。

8) 签名或盖章

记账凭证上规定的有关人员的签名或者盖章要齐全，不可缺漏，以明确经济责任。

9) 填写的要求

记账凭证一般要用蓝黑或碳素墨水笔填写，其他要求如文字、数字和货币符号的书写要求，与原始凭证相同。实行会计电算化的单位，其机制记账凭证应当符合对记账凭证的基本要求，打印出来的机制凭证上，要加盖制单人员、审核人员、记账人员和会计主管人员印章或者签字，以明确责任。

3. 记账凭证的填制方法

1) 填制收款凭证

收款凭证是根据审核无误的现金和银行存款收款业务的原始凭证编制的。

收款凭证左上角的“借方科目”，按收款的性质填写“库存现金”或者“银行存款”；日期填写的是编制本凭证的日期；右上角填写编制收款凭证顺序号；“摘要栏”简明扼要地填写经济业务的内容梗概；“贷方科目”栏内填写与收入“库存现金”或“银行存款”科目相对应的总账科目及所属明细科目；“金额”栏内填写实际收到的现金或银行存款的数额，各总账科目与所属明细科目的应贷金额，应分别填写与总账科目或明细科目同一行的“总账科目”或“明细科目”金额栏内；“金额栏”的合计数，只合计“总账科目”金额，表示借方科目“库存现金”或“银行存款”的金额；“记账栏”供记账人员在根据收款凭证登记有关账簿后作记号用，表示已经记账，防止经济业务或事项的重记或漏记；该凭证下边“附件张”根据所附原始凭证的张数填写；凭证最下方有关人员签章处供有关人员在履行责任后签名或签章，以明确经济责任。

2) 填制付款凭证

付款凭证是根据审核无误的现金和银行存款付款业务的原始凭证编制的。

付款凭证的左上角“贷方科目”，应填列“库存现金”或者“银行存款”，“借方科目”栏应填写与“库存现金”或“银行存款”科目相对应的总账科目及所属的明细科目。其余各部分的填制方法与收款凭证基本相同，不再述及。

3) 填制转账凭证

转账凭证是根据审核无误的不涉及现金和银行存款收付的转账业务的原始凭证编制的。

转账凭证的“会计科目”栏应按照先借后贷的顺序分别填写应借应贷的总账科目及所属的明细科目；借方总账科目及所属明细科目的应记金额，应在与科目同一行的“借方金额”栏内相应栏次填写，贷方总账科目及所属明细科目的应记金额，应在与科目同一行的“贷方金额”栏内相应栏次填写；“合计”行只合计借方总账科目金额和贷方总账科目金额，借方总账科目金额合计数与贷方总账金额合计数应相等。其余与收付款凭证基本相同，不再述及。

以下根据项目一所举例题，分别列举收款凭证、付款凭证、转账凭证在实际工作中的填制方法。

(1) 涉及现金收入的业务活动，见例1-29，凭证见表2-13。

表2-13 收款凭证(二)

借方科目：库存现金　　　　2010 年 12 月30 日　　　　现收字第 1 号

摘要	贷方总账科目	明细科目	金额									记账
			百	十	万	千	百	十	元	角	分	
张强交回多余现金	其他应收款	张强					2	0	0	0	0	
附单据 × 张	合计					￥	2	0	0	0	0	

会计主管　　记账　　出纳　　审核　　制单

(2) 涉及银行存款收入的业务活动，见例 1-1，凭证见表 2-14。

表 2-14　收款凭证(三)

借方科目：银行存款　　　　2010 年 12 月 1 日　　　　银收 字第 1 号

摘要	贷方总账科目	明细科目	金额									记账
			百	十	万	千	百	十	元	角	分	
接受投资	实收资本	李平		4	0	0	0	0	0	0	0	
附单据 × 张	合计		¥	4	0	0	0	0	0	0	0	

会计主管　　　　记账　　　　出纳　　　　审核　　　　制单

(3) 涉及现金支出的业务活动，见例 1-13，凭证见表 2-15。

表 2-15　付款凭证(二)

贷方科目：库存现金　　　　2010 年 12 月 18 日　　　　现付 字第 1 号

摘要	借方总账科目	明细科目	金额									记账
			百	十	万	千	百	十	元	角	分	
支付车间修理费	管理费用						7	0	0	0	0	
附单据 ×张	合计					¥	7	0	0	0	0	

会计主管　　　　记账　　　　出纳　　　　审核　　　　制单

(4) 涉及银行存款支出的业务活动，见例 1-7，凭证见表 2-16。

表 2-16　付款凭证(三)

贷方科目：银行存款　　　　2010 年 12 月 5 日　　　　银付 字第 2 号

摘要	借方总账科目	明细科目	金额									记账
			百	十	万	千	百	十	元	角	分	
支付采购搬运费	原材料	小麦面粉					9	0	0	0	0	
		玉米面粉				1	1	0	0	0	0	
附单据 × 张	合计				¥	2	0	0	0	0	0	

会计主管　　　　记账　　　　出纳　　　　审核　　　　制单

(5) 不涉及现金、银行存款收支的业务活动，见例 1-4，凭证见表 2-17。

表 2-17 转账凭证(二)

2010 年 12 月 2 日　　　　　　　　　　　　　　　　转字 第 1 号

摘要	总账科目	明细科目	金额									金额									记账
			百	十	万	千	百	十	元	角	分	百	十	万	千	百	十	元	角	分	
采购材料	在途物资	小麦面粉			3	5	1	0	0	0	0										
	应交税费	应交增值税(进项税额)				4	4	4	6	0	0										
	应付账款	泰山公司												3	9	5	4	6	0	0	
附单据×张	合计			¥	3	9	5	4	6	0	0		¥	3	9	5	4	6	0	0	

会计主管　　　　　　记账　　　　　　审核　　　　　　制单

2.3.2 审核记账凭证

为确保记账凭证正确无误，符合记账要求，能正确地反映出经济业务的内容，在登记入账前，必须由专人对填制好的记账凭证进行严格的审核。记账凭证审核的基本内容包括以下几项。

(1) 内容是否真实。审核记账凭证是否附有原始凭证；所附原始凭证的内容是否与记账凭证的内容一致；原始凭证张数是否与记账凭证中填列的附件张数相符。

(2) 项目是否齐全。审核记账凭证各项目的填写是否齐全，手续是否完备，如日期、凭证编号、摘要、金额、所附原始凭证张数及有关人员签章等。

(3) 科目是否准确。审核记账凭证的应借、应贷科目是否正确，二级或明细科目是否齐全，是否有明确的账户对应关系，所使用的会计科目是否符合国家统一的会计制度的规定等。

(4) 金额是否正确。审核记账凭证借贷双方金额是否相等，记账凭证中所记录的金额与原始凭证的有关金额是否一致、计算是否正确，记账凭证汇总表的金额与记账凭证的金额合计是否相符等。

(5) 书写是否规范。审核记账凭证中的记录是否文字工整、数字清晰，是否按规定进行更正等。

在审核过程中，如果发现记账凭证填制有误，或有不符合要求的地方，应要求填制人员采取正确的方法进行更正。只有经过审核无误的记账凭证，才能作为登记账簿的依据。

任务 2.4 会计凭证的传递和保管

2.4.1 会计凭证的传递

会计凭证的传递，是指从会计凭证取得或填制时起至归档保管时止，在单位内部有关部门和人员之间按照规定的时间、程序进行处理的过程。

各种会计凭证记载的经济业务不同，需要办理的业务手续和所需要的时间不同，涉及的部门和人员也不尽相同。因此，应当为各种会计凭证规定一个合理的传递程序，即一张会计凭证填制后应交到哪个部门，哪个岗位，由谁办理业务手续等，直到归档保管为止。

1. 会计凭证传递的意义

正确组织会计凭证的传递，对于提高会计核算资料的及时性和准确性有着重要作用，对于加强经济责任、实行会计监督等具有重要意义。

1) 正确组织会计凭证的传递，有利于提高工作效率

正确组织会计凭证的传递，能够及时、真实地反映和监督各项经济业务的发生和完成情况，为经济管理提供可靠的经济信息。例如，采购材料业务，材料运到企业后，仓库保管员应在规定的时间内将材料验收入库，填制“收料单”，注明实收数量等情况，并将“收料单”及时送到财会部门及其他有关部门。财会部门接到“收料单”，经审核无误，就应及时编制记账凭证和登记账簿，生产部门得到该批材料已验收入库凭证后，便可办理有关领料手续，用于产品生产等。如果仓库保管员未按时填写“收料单”或虽填写“收料单”，但没有及时送到有关部门，就会造成相关部门不知道材料库存情况，从而影响到企业生产正常进行。

2) 正确组织会计凭证的传递，能更好地发挥会计监督作用

正确组织会计凭证的传递，便于有关部门和个人分工协作，相互牵制，加强岗位责任制，更好地发挥会计监督作用，考核业务经办人员是否按规定办理会计手续，从而加强内部控制，提高经营管理水平。例如，从材料运到企业验收入库，需要多少时间，何人填制“收料单”，何时将“收料单”送到供应部门和财会部门，会计部门收到“收料单”后由谁进行审核，并同供应部门的发货票进行核对，由谁何时编制记账凭证和登记账簿，由谁负责整理保管凭证等。这样，对整个材料业务，从验收入库到登记入账的流程及所需时间进行了规定，能更好地发挥会计监督的作用。

2. 会计凭证传递的基本要求

不同企业的经营活动性质是不同的，各种经营活动又有各自的特点，所以办理各项经济业务的部门和人员以及办理凭证所需要的时间、传递程序也必然各不相同。这就要求企业必须根据自身的特点，结合管理的要求，由单位领导和会计部门及有关部门共同设计，制定出一套会计凭证的传递程序、规定传递的时间及衔接手续，使凭证传递工作有条不紊、及时而有效地进行。

在制定会计凭证传递的流程时，应从以下几方面考虑。

(1) 根据经济业务的特点、机构设置和人员分工情况，明确不同会计凭证的传递程序。由于企业生产经营业务的内容不同，企业管理的要求也不尽相同，在会计凭证的传递过程中，要根据具体情况，确定每一种凭证的传递程序和方法。

(2) 规定会计凭证经过每个环节所需要的时间，以保证凭证传递的及时性。会计凭证的传递时间，应考虑各部门和有关人员的工作内容和工作量在正常情况下完成的时间，明确规定各种凭证在各个环节上停留的最长时间，不能拖延和积压会计凭证，以免影响会计工作的正常程序。一切会计凭证的传递和处理，都应在报告期内完成，不允许跨期，否则将影响会计核算的准确性和及时性。

(3) 会计凭证在传递过程中要有衔接手续。凭证的收发、交接都应当按一定的手续制度办理，以保证会计凭证的安全和完整。

2.4.2 会计凭证的保管

会计凭证的保管是指会计凭证登记入账后的整理、装订、归档和存查工作。

会计凭证是记录经济业务、明确经济责任、具有法律效力的证明文件，又是登记账簿的依据，也是事后查账的重要依据。因此，它是重要的经济档案和历史资料。任何企业在完成经济业务手续和记账之后，必须按规定立卷归档，形成会计档案资料，妥善保管，不得任意销毁。

按照《会计档案管理办法》的要求，对会计凭证的保管，既要做到会计凭证的安全和完整，又要便于凭证的事后调阅和查找。对会计凭证整理保管的具体要求有如下方面。

(1) 各种记账凭证，连同所附原始凭证和原始凭证汇总表，要分类按顺序编号，定期(一天、五天、十天或一个月)装订成册，并加具封面、封底，注明单位名称、凭证种类、所属年月和起讫日期、起止号码、凭证张数等。为防止任意拆装，应在装订处贴上封签，并由经办人员在封签处加盖骑缝章。

(2) 对一些相同性质、数量较多或随时需要查阅的原始凭证，可以单独装订保管，在封面上写明记账凭证的时间、编号、种类，同时在记账凭证上注明“附件另订”和原始凭证及编号。

(3) 各种重要的原始凭证，如经济合同和重要的涉外文件等凭证，应另编目录，单独登记保管，并在有关原始凭证和记账凭证上注明，以便查核。

(4) 会计凭证装订成册后，应由专人负责分类保管，年终应登记归档。归档后，应按年月日顺序排列，以便查阅。对已归档凭证的查阅、调用和复制，都应得到批准，并办理一定的手续。会计凭证在保管中应防止霉烂破损和鼠咬虫蛀，以确保其安全和完整。会计凭证的保管期限和销毁手续，应严格按照《会计档案管理办法》进行管理。

知识链接

我国《会计档案管理办法》对会计资料的归档、存档、保管期限及销毁程序等作了如下规定：

第六条 各单位每年形成的会计档案，应当由会计机构按照归档要求，负责整理立卷，装订成册，编制会计档案保管清册。

当年形成的会计档案，在会计年度终了后，可暂由会计机构保管一年，期满之后，应当由会计机构编制移交清册，移交本单位档案机构统一保管；未设立档案机构的，应当在会计机构内部指定专人保管。出纳人员不得兼管会计档案。

移交本单位档案机构保管的会计档案，原则上应当保持原卷册的封装。个别需要拆封重新整理的，档案机构应当会同会计机构和经办人员共同拆封整理，以分清责任。车船使用税按年征收、分期缴纳。纳税期限由省、自治区、直辖市人民政府确定。

第七条 各单位保存的会计档案不得借出。如有特殊需要，经本单位负责人批准，可以提供查阅或者复制，并办理登记手续。查阅或者复制会计档案的人员，严禁在会计档案上涂画、拆封和抽换。

各单位应当建立健全会计档案查阅、复制登记制度。

第八条 会计档案的保管期限分为永久、定期两类。

定期保管期限分为3年、5年、10年、15年、25年5类。

会计档案的保管期限，从会计年度终了后的第一天算起。

第十条 保管期满的会计档案，除另有规定的情形外，可以按照以下程序销毁：

(一) 由本单位档案机构会同会计机构提出销毁意见，编制会计档案销毁清册，列明销毁会计档案的名称。卷号、册数、起止年度和档案编号、应保管期限、已保管期限、销毁时间等内容。

(二) 单位负责人在会计档案销毁清册上签署意见。

(三) 销毁会计档案时，应当由档案机构和会计机构共同派员监销。国家机关销毁会计档案时，应当由同级财政部门、审计部门派员参加监销。财政部门销毁会计档案时，应当由同级审计部门派员参加监销。

(四) 监销人在销毁会计档案前，应当按照会计档案销毁清册所列内容清点核对所要销毁的会计档案。销毁后，应当在会计档案销毁清册上签名盖章，并将监销情况报告本单位负责人。

学习小结

填制和取得会计凭证是会计核算的初始环节，也是最重要的环节。会计凭证是记录经济业务、明确经济责任的书面证明，也是登记账簿的依据。会计凭证按照编制的程序和用途不同，分为原始凭证和记账凭证两大类。

原始凭证是在经济业务发生或完成时由业务经办人员取得或填制的，用以记录或证明经济业务发生或完成情况并明确有关经济责任的一种书面证明。原始凭证按其来源不同，分为自制原始凭证和外来原始凭证两种；按照填制手续的不同，可以分为一次凭证、累计凭证和汇总凭证。

记账凭证是指会计人员根据审核无误的原始凭证填制的，用来确定经济业务应借、应贷会计科目及金额的会计分录，并据以登记账簿的会计凭证。记账凭证按照其所反映的经济内容不同，可分为专用记账凭证和通用记账凭证，专用记账凭证又可分为收款凭证、付款凭证和转账凭证；按照填制会计科目的方式不同，可分为复式记账凭证和单式记账凭证。

原始凭证、记账凭证应按要求真实、客观、准确无误地填制，并进行严格审核，只有审核无误的记账凭证才能作为入账的依据；会计凭证作为重要的会计资料要进行合理的传递与保管。

阅读材料

擅自销毁会计资料，承担法律责任案

200×年，浙江省江山市某厂的厂长张某，召集该厂的副厂长、财务科长、副科长、出纳和下属该厂的服务公司的出纳到其办公室，指使上述人员共同对该厂服务公司上年度的财务支出流水账、凭证等会计资料进行审核，确认无异议后，将余额结转到新账簿上，由在场人签名。之后，张某决定延用该厂以往的做法，将审核过的会计资料让人拿到锅炉房予以烧毁。

第二年，张某采用同样的方法，将审核过的该厂财务和该厂服务公司上年度的财务流水账、凭证等会计资料，指使他人拿到锅炉房予以烧毁。

张某先后两次指使将该厂服务公司的年度财务流水账、凭证等会计资料烧毁，涉及收入金额约为500万元。

张某的行为被检察院发现后送法院审理，人民法院认为：

被告人张某身为某厂的厂长、法定代表人，召集有关人员审核并指使他人烧毁该厂的会计资料，事实清楚，证据确凿、充分。

考虑到张某归案后有悔罪表现，可酌情从轻处罚。据此，法院判决如下：

(1) 被告单位某厂犯销毁会计资料罪，判处罚金10万元。

(2) 被告人张某犯销毁会计资料罪，判处有期徒刑一年，缓刑一年，并处罚金5万元。

此案例给我们的警示是会计凭证、会计账簿是《会计法》规定依法应当保存的会计资料，任何单位与个人均不得隐匿或者故意销毁。否则将受到法律的严惩。

1998年8月21日财政部、国家档案局发布的《会计档案管理办法》第四条规定："各单位必须加强对会计档案管理工作的领导，建立会计档案的立卷、归档、保管、查阅和销毁等管理制度，保证会计档案妥善保管、有序存放、方便查阅，严防毁损、散失和泄密。"

1999年10月31日第九届全国人民代表大会常务委员会第十二次会议修订的《会计法》第二十三条规定："各单位对会计凭证、会计账簿、财务会计报告和其他会计资料应当建立档案，妥善保管。会计档案的保管期限和销毁办法，由国务院财政部门会同有关部门制定。"

1999年12月25日修正的《中华人民共和国刑法》(以下简称《刑法》)第一百六十二条之一规定："隐匿或者故意销毁依法应当保存的会计凭证、会计账簿、财务会计报告，情节严重的，处五年以下有期徒刑或者拘役，并处或者单处二万元以上二十万元以下罚金。""单位犯前款罪的，对单位判处罚金，并对其直接负责的主管人员和其他直接责任人员，依照前款的规定处罚。"

被告单位为本厂私利，经该厂决策机构集体研究同意后，用锅炉烧毁了依法应当保存的上述会计资料，其行为与法律的规定公开相悖，情节严重。依照《刑法》第一百六十二条之一的规定，该厂的行为构成销毁会计资料罪。依照《刑法》第一百六十二条之一第二款和《刑法》第三十条关于"公司、企业、事业单位、机关、团体实施的危害社会的行为，法律规定为单位犯罪的，应当负刑事责任"的规定，该厂应当承担刑事责任。被告人张某身为厂长、法定代表人，召集有关人员审核并指使他人烧毁会计资料，对该厂实施的销毁会计资料犯罪行为负有直接责任，是《刑法》第一百六十二条之一第二款规定的"直接负责的主管人员"，也应当依照《刑法》第一百六十二条之一第一款的规定承担销毁会计资料的刑事责任。

资料来源：江山市××厂、杨×法销毁会计资料案[J].中华人民共和国最高人民法院公报，2002(4).

课后习题

一、单项选择题

1. 为保证会计账簿记录的正确性，会计人员编制记账凭证时必须依据(　　)。
   A. 金额计算正确的原始凭证　　B. 填写齐全的原始凭证
   C. 审核无误的原始凭证　　D. 盖有填制单位财务公章的原始凭证
2. 在会计实务中，原始凭证按照填制手续及内容不同，可以分为(　　)。
   A. 通用凭证和专用凭证　　B. 收款凭证、付款凭证和转账凭证
   C. 外来原始凭证和自制原始凭证　　D. 一次凭证、累计凭证和汇总凭证
3. 下列原始凭证中，属于累计凭证的是(　　)。
   A. 收料单　　B. 发票　　C. 领料单　　D. 限额领料单
4. 对于将现金送存银行的业务，会计人员应填制的记账凭证是(　　)。
   A. 银行收款凭证　　B. 现金付款凭证
   C. 银行收款凭证和现金付款凭证　　D. 转账凭证
5. 下列内容不属于记账凭证审核的是(　　)。
   A. 凭证是否符合有关的计划和预算
   B. 会计科目使用是否正确
   C. 凭证的内容与所附凭证的内容是否一致
   D. 凭证的金额与所附凭证的金额是否一致

6. 下列内容不属于原始凭证审核的是(　　)。
   A. 凭证是否有填制单位的公章和填制人员签章
   B. 凭证是否符合规定的审核程序
   C. 凭证是否符合有关计划和预算
   D. 会计科目使用是否正确
7. 原始凭证按其来源和用途不同，分为(　　)。
   A. 外来凭证和自制凭证　　B. 原始凭证和记账凭证
   C. 专用记账凭证和通用记账凭证　　D. 一次使用凭证和累计使用凭证
8. 关于原始凭证的填制，下列说法不正确的是(　　)。
   A. 不得以虚假的交易填制原始凭证
   B. 从外单位取得的原始凭证必须盖章
   C. 一式多联的原始凭证，只能以一联用作报销凭证
   D. 收回职工借款时，可将原借款借据正联退回，不必另开收据
9. 下列属于原始凭证的是(　　)。
   A. 银行存款余额调节表　　B. 购货合同书
   C. 银行对账单　　D. 实存账存对比表
10. 关于会计凭证的传递与保管，以下说法不正确的是(　　)。
    A. 保证会计凭证在传递过程中的安全、及时、准确和完整
    B. 要建立会计凭证交接的签收手续
    C. 会计凭证记账完毕后，应当按分类和编号装订成册
    D. 原始凭证不得外借，也不得复制
11. 填制记账凭证如发现错误，正确的处理方法是(　　)。
    A. 划线更正并签名　　B. 划线更正并加盖单位公章
    C. 重新填制记账凭证　　D. 划线更正并签名加盖单位公章
12. 差旅费单据属于(　　)。
    A. 自制原始凭证　　B. 累计使用原始凭证
    C. 外来原始凭证　　D. 多次使用的原始凭证
13. 记账凭证是(　　)。
    A. 编制会计报表的依据　　B. 登记账簿的依据
    C. 编制汇总原始凭证的依据　　D. 编制会计分录的依据
14. 原始凭证和记账凭证的相同点是(　　)。
    A. 编制的时间相同　　B. 反映的经济业务的内容相同
    C. 所起的作用相同　　D. 经济责任的当事人相同
15. 会计凭证按其(　　)不同，分为原始凭证和记账凭证。
    A. 填制的方法　　B. 取得的来源
    C. 填制的程序和用途　　D. 反映经济业务的次数
16. 下列会计凭证中属于原始凭证的是(　　)。
    A. 收款凭证　　B. 付款凭证
    C. 转账凭证　　D. 发料凭证汇总表

17. 自制原始凭证与外来原始凭证具有(　　)。
A. 同等效力　　B. 不同等效力
C. 自制原始凭证有更大效力　　D. 外来原始凭证有更大效力
18. 下列(　　)属于外来原始凭证。
A. 入库单　　B. 出库单
C. 银行收款通知单　　D. 发出材料汇总表
19. 记账凭证是(　　)根据审核无误的原始凭证或汇总原始凭证填制的。
A. 会计人员　　B. 经办人员　　C. 主管人员　　D. 复核人员
20. 从银行提取现金备用的经济业务，应填制(　　)。
A. 转账凭证　　B. 收款凭证
C. 付款凭证　　D. 一张收款凭证和一张付款凭证

二、多项选择题

1. 原始凭证是(　　)。
A. 经济业务发生时填制　　B. 由会计人员填制
C. 由经办人员填制　　D. 记录经济业务的发生和完成
2. 原始凭证按其来源不同可分为(　　)。
A. 累计凭证　　B. 自制凭证　　C. 外来凭证　　D. 一次凭证
3. 自制原始凭证按填制的手续不同可分为(　　)。
A. 一次凭证　　B. 累计凭证　　C. 外来凭证　　D. 汇总凭证
4. 企业销货时应填制的原始凭证有(　　)。
A. 领料单　　B. 销货发货票　　C. 经济采购合同　　D. 出库单
5. 下列原始凭证属于一次原始凭证的有(　　)。
A. 收料单　　B. 领料单　　C. 报销凭证　　D. 限额领料单
6. 可以作为记账凭证填制依据的原始凭证有(　　)。
A. 自制原始凭证　　B. 外来原始凭证
C. 汇总原始凭证　　D. 科目汇总表
7. 外购材料取得的发票属于(　　)。
A. 外来原始凭证　　B. 累计原始凭证
C. 一次凭证　　D. 自制原始凭证
8. 记账凭证是(　　)。
A. 由经办人填制　　B. 由会计人员填制
C. 经济业务发生时填制　　D. 根据审核无误的原始凭证填制
9. 记账凭证按适用的经济业务可分为(　　)。
A. 专用记账凭证　　B. 一次使用的凭证
C. 通用记账凭证　　D. 多次使用的凭证
10. 专用记账凭证分为(　　)。
A. 收款凭证　　B. 冲销凭证　　C. 付款凭证　　D. 转账凭证
11. 记账凭证按其包括的会计科目是否单一分为(　　)。
A. 收款凭证　　B. 付款凭证　　C. 单式凭证　　D. 复式凭证

12. 下列记账凭证中属于复式记账凭证的有(　　)。
A. 收款凭证　　B. 付款凭证　　C. 转账凭证　　D. 通用记账凭证
13. 填制和审核会计凭证的意义是(　　)。
A. 记录经济业务，提供记账依据　　B. 监督经济活动，控制经济运行
C. 明确经济责任，强化内部控制　　D. 增加企业盈利，提高竞争能力
14. 对原始凭证审核的内容有(　　)。
A. 真实性　　B. 合法性　　C. 及时性　　D. 完整性
15. 对外来原始凭证进行真实性审核的内容包括(　　)。
A. 是否盖本单位公章
B. 经济业务的内容是否真实
C. 填制凭证的日期是否真实
D. 填制单位的公章和填制人的签章是否齐全
16. 原始凭证的合法性包括(　　)。
A. 符合国家法律法规　　B. 符合规定的审批权限
C. 有总经理的核准签字　　D. 履行了规定的凭证传递和审批程序
17. 记账凭证审核的主要内容有(　　)。
A. 是否附有原始凭证，所记内容与原始凭证是否一致
B. 应借应贷的会计科目与金额是否正确
C. 是否有经手人签名盖章
D. 摘要、项目、期是否填列齐全、清楚
18. 下列各项中属于记账凭证应具备的基本内容是(　　)。
A. 经济业务的内容摘要　　B. 接收凭证单位的全称
C. 所附原始凭证张数　　D. 经济业务所涉及的会计科目和金额
19. 下列各项中属于记账凭证审核内容的有(　　)。
A. 使用的会计科目是否正确　　B. 所附原始凭证的内容是否相符
C. 记账方向和金额是否正确　　D. 书写是否符合要求
20. 付款凭证左上角的贷方科目可能是(　　)科目。
A. “应付账款”　　B. “材料采购”　　C. “银行存款”　　D. “库存现金”

三、判断题

1. 原始凭证按其来源不同，分为自制原始凭证和外来原始凭证两种。(　　)
2. 限额领料单属于汇总原始凭证。(　　)
3. 企业每项交易或事项的发生都必须从外部取得原始凭证。(　　)
4. 记账凭证都是复式凭证。(　　)
5. 记账凭证不得随意涂改、刮擦、挖补，如填写错误，应采用划线更正法予以更正。(　　)
6. 填制和审核会计凭证是保证会计记录真实、正确、合理、合法的一种专门方法。(　　)
7. 记账凭证编制时出现错误，应按要求更改。(　　)

8. 登记记账凭证都必须以审核无误的原始凭证为依据。 ( )

9. 为了避免重复记账，企业将现金存入银行或从银行提取现金的事项，一般只编制收款凭证，不同时编制付款凭证。 ( )

10. 原始凭证不得涂改、挖补。发现错误时，应当由开出单位重开或更正，更正处应当加盖开出单位公章。 ( )

11. 会计凭证按规定保管期满后，可由会计人员销毁。

12. 原始凭证对于发生和完成的经济业务具有法律证明效力。 ( )

13. 在会计凭证传递的时间内，凡经办记账凭证的会计人员都有责任保管好原始凭证和记账凭证，严防在传递过程中散失。 ( )

14. 会计并不一定要以原始凭证为依据。 ( )

15. 从外单位取得的原始凭证如有遗失，应要求开具单位重新开具。 ( )

四、简答题

1. 什么是会计凭证？

2. 会计凭证按其填制程序和用途不同分为哪几类？

3. 简述原始凭证的填制要求与方法。

4. 如何填制记账凭证各要素？

5. 如何填制收款凭证、付款凭证和转账凭证？

6. 会计凭证日常保管应注意哪些问题？

五、技能训练题

【目的】练习编制收款、付款、转账凭证的编制。

【资料】红星有限公司2011年12月发生下列经济业务：

(1) 1日，收到投资者投入资金500 000元存入银行。

(2) 3日，从银行取得流动资金借款40 000元存入银行。

(3) 4日，总务科黎明出差预借差旅费500元，用现金支付。

(4) 6日，向外地东风工厂采购甲材料1 500千克，单价20元；乙材料2 000千克，单价18元。增值税税率17% ，全部款项以银行转账支付。

(5) 8日，上述两材料运到，用存款支付运杂费1 400元。

(6) 9日，甲乙材料验收入库，按实际成本转账(按重量分配运杂费)。

(7) 10日，生产领用原材料150 000元，其中甲材料90 000元，乙材料60 000元，用于制造A产品 80 000元，B产品68 000元，生产车间一般耗用2 000元。

(8) 11 日，结算本月应付工资 66 000 元，其中 A 产品工人工资 28 000 元，B 产品工人工资 22 000 元， 车间管理人员工资 5 700 元，行政管理人员工资 8 000 元，销售部门人员工资 3 000 元。

(9) 15日，按A、B产品的工资比例结转分配制造费用7 700元。

(10) 18日，A产品800件全部完工入库，结转其实际生产成本112 312元。

(11) 20日，销售给市某公司A产品200件，每件售价200元，增值税6 800元，款项收到存入银行。

(12) 21日，销售给五金公司B产品200件，每件售价150元，增值税税率17%；收到3个月期的商业汇票一张。

(13) 22日，结转已销产品成本，其中A产品200件，单位成本150元；B产品200件，单位成本100元。

(14) 31日，支付短期借款利息1 500元。

(15) 31日，用银行存款支付捐款5 000元。

(16) 31日，将损益类账户发生额结转至本年利润账户，结出12月的利润。

(17) 无纳税调整调整事项，计算12月应交所得税，并结转至本年利润账户(所得税税率25%)。

【要求】(1) 根据上述经济业务编制会计分录。

(2) 分别填制收款、付款和转账凭证。

项目三 会计账簿

教学目标

在学生掌握企业日常生产经营活动中会计凭证填制与审核的基础上，本项目介绍账簿设置与登记等业务处理。通过学习，要求学生了解会计账簿的含义、分类，掌握各种账簿的设置与登记，错账的更正方法和对账的内容，了解会计账簿的结账、更换和保管。

知识要点结构图

- 会计账簿
  - 什么是会计账簿
    - 会计账簿的概念
    - 会计账簿的种类
  - 会计账簿的设置与登记
    - 日记账的设置与登记
    - 分类账的设置与登记
  - 会计账簿的使用规则
    - 怎样启用会计账簿
    - 如何登记会计账簿
    - 错账更正
    - 对账和结账
  - 会计账簿的更换与保管

思考

在企业的经济业务核算过程中，填制会计凭证后，为什么要登记账簿？不同类型的账簿登记有哪些不同要求？在登记账簿的过程中，如何更正可能出现的错误？会计期末又该如何对账和结账？本项目将告诉你答案。

任务 3.1　认识会计账簿

3.1.1　会计账簿的概念和意义

1. 会计账簿的概念

会计账簿又称“账簿”，是指按会计科目开设的，由一定格式的账页组成，以经过审核的会计凭证为依据，用来连续、系统、全面地记录各项经济业务的簿籍。在形式上，会计账簿是若干账页的组合；在实质上，会计账簿是会计信息形成的重要环节，是会计资料的主要载体之一，也是会计资料的重要组成部分。

在会计核算工作中，对所发生的每一项经济业务，都必须填制和取得会计凭证，用以正确、及时地记录经济业务的发生和完成情况，并明确经济责任。但是会计凭证的数量很多，提供的会计信息分散，每张凭证只能反映单项经济业务的内容，不能连续、系统、全面地对单位一定时期内全部经济业务进行反映和监督。因此，为了满足经济管理需要，各单位应当按照国家统一的会计制度规定设置和登记账簿，把会计凭证所提供的大量而又分散的会计信息加以归类和整理，分别登记到有关会计账簿中。

会计账簿是账户的表现形式，二者既有区别又有联系。账户是在账簿中以规定的会计科目开设户头，用以规定不同的账簿所记录的内容，账户存在于账簿之中，账簿中的每一张账页就是账户的存在形式和信息载体。如果没有账户也就没有所谓的账簿；如果没有账簿，账户也成了一种抽象的东西，无法存在。但是账簿只是一种外在的形式，账户才是它的真实内容。账簿序时分类地记载经济业务，是在个别账户中完成的，也可以说，账簿是由若干张账页组成的一个整体，而开设于账页上的账户则是这个整体上的个别部分。因此，账簿和账户是形式和内容的关系。

2. 会计账簿的意义

各单位每发生一项经济业务，都必须取得或填制原始凭证，并根据审核无误的原始凭证及有关资料填制记账凭证。记账凭证的填制和审核，可以反映和监督单位每一项经济业务的发生和完成情况。但是由于会计凭证数量繁多，格式不一，所提供的资料比较分散，缺乏系统性，每张凭证一般只能反映个别经济业务的内容。为了连续、系统、全面地反映单位在一定时期内的某一类和全部经济业务及其引起的资产与权益的增减变化情况，从而给经济管理提供完整而系统的会计核算资料，并为编制会计报表提供依据，就需要设置会计账簿，把分散在会计凭证中的大量核算资料加以集中和归类整理，分门别类地记录在账簿中。因此，每一单位都应按照国家统一的会计制度和会计业务的需要设置和登记会计账簿。通过账簿记录，既能对经济活动进行序时核算，又能进行分类核算；既可提供各项总括的核算资料，又可提供明细核算资料。

合理的设置和登记账簿能系统地记录和提供企业经济活动的各种数据。它对加强企业经济核算，改善和提高企业经营管理有着重要的意义，主要表现在以下 3 个方面。

(1) 通过设置和登记账簿，可以系统地归纳和积累会计核算的资料，为改善企业经营管理、合理使用资金提供资料。通过账簿的序时核算和分类核算，把企业承包经营情况，收入的构成和支出的情况，财物的购置、使用、保管情况等，全面、系统地反映出来，用于监督计划、预算的执行情况和资金的合理有效使用，促使企业改善经营管理。

(2) 通过设置和登记账簿，可以为计算财务成果、编制会计报表提供依据。根据账簿记录的成本费用、收入、成果等资料，可以计算一定时期的财务成果，检查成本、费用和利润的计划完成情况。经核对无误后，账簿资料及其加工数据为编制会计报表提供总括和具体的信息，是编制会计报表的主要依据。

(3) 通过设置和登记账簿，可以利用账簿的核算资料，为开展财务分析和会计检查提供依据。通过对账簿资料的检查、分析，了解企业有关方针、政策、制度的实施情况，考核各项计划的完成情况。另外，对资金使用是否合理，费用开支是否符合标准，经济效益有无提高，利润的形成与分配是否符合规定等做出分析、评价，从而找出差距，挖掘潜力，提出改进措施。

3.1.2 会计账簿的种类

在会计账簿体系中，存在着各种不同功能和作用的账簿，它们各自独立、又相互补充。为了便于了解和使用，可从不同的角度对会计账簿进行分类。

1. 会计账簿按用途分类

会计账簿按其用途不同，可分为序时账簿、分类账簿和备查账簿。

1) 序时账簿

序时账簿又称日记账，是按照经济业务发生或完成的时间顺序，逐日逐笔进行登记的账簿。按其记录的内容不同，序时日记账又分为普通日记账和特种日记账。

普通日记账是指用来逐日逐笔记录全部经济业务的序时账簿。即把每天发生的各项经济业务逐日逐笔地登记在日记账中，并确定会计分录，然后据以登记分类账。特种日记账是用来逐日逐笔记录某一经济业务的序时账簿，特种日记账又分为库存现金日记账和银行存款日记账。目前，我国大多数单位一般设置库存现金日记账和银行存款日记账。

2) 分类账簿

分类账簿是对各项经济业务按照所涉及的账户类别进行分类登记的账簿。分类账簿按其反映内容的详细程度不同，又分为总分类账簿和明细分类账簿。

按照总分类账户分类登记经济业务事项的是总分类账簿，简称总账，按照明细分类账户分类登记经济业务事项的是明细分类账簿，简称明细账。总账对明细账具有统驭作用，明细账是对有关总账的补充，起着详细说明的作用。分类账簿提供的核算信息是编制会计报表的主要依据。

在实际工作中，序时账簿和分类账簿还可以结合为一本，既进行序时登记，又进行总分类登记的联合账簿，称为“日记账”。

3) 备查账簿

备查账簿简称备查账，是对某些能在序时账簿和分类账簿等主要账簿中不进行登记或者登记不够详细的经济业务事项进行补充登记时使用的账簿，又称为辅助账簿。这些账簿可以对某些经济业务的内容提供必需的参考资料，但是记录的信息不需编入会计报表中，所以也称表外记录。备查账簿没有固定格式，可由各单位根据管理的需要自行设置与设计。如租入固定资产登记簿、应收票据备查簿、受托加工来料登记簿等。

2. 会计账簿按外形特征分类

会计账簿按其外形特征不同，可以分为订本式账簿、活页式账簿和卡片式账簿。

1) 订本式账簿

订本式账簿也称订本账，是指在账簿启用前就把具有账户基本结构并连续编号的若干张账页固定地装订成册的账簿。

这种账簿可以避免账页散失，防止账页被随意抽换，比较安全，但是由于账页固定，不能根据需要随意增加或减少，不便于按需要调整各账户的账页，也不便于分工记账。这种账簿一般应用于总分类账、库存现金日记账和银行存款日记账。

2) 活页式账簿

活页式账簿也称活页账，是指年度内账页不固定装订成册，而是将其放置在活页账夹中的账簿。当账簿登记完毕之后(通常是一个会计年度结束之后)，才能将账页予以装订，加具封面，并给各账页连续编号。

这种账簿可以随时取放，便于账页的增加和重新排列，便于分工记账和记账工作电算化，但是账页容易散失和被随意抽换。活页账在年度终了时，应及时装订成册，妥善保管。这种账簿一般应用于各种明细分类账。

3) 卡片式账簿

卡片式账簿又称卡片账，是指由许多具有一定格式的卡片组成，存放在一定卡片箱内的账簿。卡片账的卡片一般装在卡片箱内，不用装订成册，随时可存放，也可跨年度长期使用。

这种账簿的优点是便于随时查阅，也便于按不同要求归类整理，不易损坏；其缺点是账页容易散失和随意抽换。因此，在使用时应对账页连续编号，并加盖有关人员图章，卡片箱应由专人保管，更换新账后也应保证其安全。在我国，这种账簿一般应用于固定资产和低值易耗品等资产明细账。

3. 会计账簿按账页的格式分类

会计账簿按其账页的格式不同，可以分为三栏式账簿、多栏式账簿、数量金额式账簿。

1) 三栏式账簿

三栏式账簿是指其账页的格式主要部分为借方、贷方和余额三栏，或者收入、支出和余额三栏的账簿。三栏式账簿又可分为不设对方科目和设对方科目的两种。区别在于摘要栏和借方科目栏之间是否有“对方科目”一栏。有“对方科目”栏的，称为设对方科目的三栏式账簿；不设“对方科目”栏的，称为不设对方科目的三栏式账簿。不设对方科目的三栏式账簿一般应用于各种普通日记账、总分类账以及债权债务明细账等。

2) 多栏式账簿

多栏式账簿是指根据经济业务的内容和管理的需要，在账页的“借方”和“贷方”栏内再分别按照明细科目或某明细科目的各明细项目设置若干专栏的账簿。这种账簿可以按“借方”和“贷方”分别设专栏，也可以只设“借方”专栏，“贷方”的内容在相应的借方专栏内用红字登记，表示冲减。这种账簿一般应用于收入、费用明细账。

3) 数量金额式账簿

数量金额式账簿是指在账页中分设“借方”，“贷方”和“余额”，或者“收入”、“发出”和“结存”三大栏，并在每一栏内分设数量、单价和金额等三小栏的账簿，数量金额式账簿能够反映出财产物资的实物数量和价值量。这种账簿一般应用于原材料、产成品和库存商品等。

3.1.3　账簿的设置与登记原则

1. 账簿的设置原则

各单位应当按照国家统一会计制度的规定，并结合单位自身经济业务特点和经营管理的需要设置会计账簿。

设置账簿应当遵循以下原则。

(1) 账簿的设置必须能够保证反映和监督企业的各项经济业务，提供全面、系统、连续的会计资料，满足企业经营管理的需要。

(2) 账簿的设置要与企业规模和会计分工相适应。设置账簿在遵循国家统一会计制度规定的前提下，应当根据自身规模、经济业务繁简、业务量和会计人员的多少等实际情况，合理、规范地设置会计账簿。

(3) 账簿的设置要与账务处理程序紧密配合。各单位应根据自身需求采用不同的账务处理程序，合理设置会计账簿，既要满足需要，又要避免重复设账、记账，浪费人力、物力，更不得私设会计账簿。

(4) 账簿的设置要与会计报表的编制需求相衔接。会计账簿是编制会计报表的直接依据，设置账簿时，要尽可能使账户的种类、明细科目与会计报表的种类与指标口径一致，从而使会计报表中的有关指标能从有关总分类账户或明细分类账户中直接取得或分析计算填列，减少编报时的汇总或分解等计算工作，加快报表的编制和报送速度。

2. 账簿的启用规则

为了保证会计账簿记录的合法性和会计资料的真实性、完整性，明确经济业务，会计账簿应由专人负责登记。启用会计账簿应遵守以下规则。

1) 认真填写封面及账簿启月和经管人员一览表

启用会计凭证时应在账簿封面上写明单位名称和账簿名称，并在账簿扉页附账簿启用和经管人员一览表(简称启用表)。启用表内容主要包括账簿名称、启用日期、账簿页数、记账人员和会计主管人员姓名，并加盖名章和单位公章。其格式见表 2-18。

表 2-18　账簿启用和经管人员一览表

单位名称：________　　　　账簿名称：________
账簿编号：________　　　　账簿册数：________
账簿页数：________　　　　启用日期：________
会计主管：________　　　　记账人员：________

移交日期			移交人		接管日期			接管人		会计主管	
年	月	日	姓名	签章	年	月	日	姓名	签章	姓名	签章

启用订本式账簿，应当从第一页到最后一页顺序编定页数，不得跳页、缺页。启用活页式账簿，应当按账户顺序编号，并要定期装订成册；装订后再按实际使用的账页顺序编定页码，另加目录，记录每个账户的名称和页次。卡片式账簿在使用前应当登记卡片登记簿。

2) 严格交接手续

记账人员或者会计机构负责人、会计主管人员调动工作时，必须办理账簿交接手续，在账簿启用和经管人员一览表中注明交接日期、交接人员和监交人员姓名，并由双方交接人员签名或者盖章，以明确有关人员的责任，增强有关人员的责任感，维护会计记录的严肃性。

3) 及时结转旧账

每年年初更换新账时，应将旧账中各账户余额过入新账的余额栏，并在摘要栏中注明“上年结转”字样。

3. 账簿的登记规则

会计人员应当根据审核无误的会计凭证登记会计账簿。登记账簿的基本要求如下。

1) 项目齐全、准确完整

登记会计账簿时，应当将会计凭证日期、编号、业务内容摘要、金额和其他有关资料逐项记入账簿内，做到数字准确、摘要清楚、登记及时。同时，记账人员要在记账凭证的“记账符号”栏，画上“√”表示已登记入账，以免漏记或重复登记，并在记账凭证上签名或者盖章。

2) 文字和数字的书写应规范

登记账簿时，文字和数字的书写必须字迹清晰工整、易于辨认；书写时，文字和数字要紧靠底线，上面要留有适当空格，一般应占格距的二分之一，如果发生错账便于更正。

3) 正常记账使用蓝黑墨水或者碳素墨水，特殊记账使用红色墨水

登记账簿要使用蓝黑墨水或者碳素墨水书写，不得使用圆珠笔(银行的复写账簿除外)或者铅笔书写。红色墨水必须按照规定使用，下列情况可以用红色墨水记账。

(1) 按照红字冲账的记账凭证，冲销错误记录。

(2) 在不设借贷等栏的多栏式账页中，登记减少数。

(3) 在三栏式账户的余额栏前，如未印明余额方向的，在余额栏内登记负数余额。

(4) 根据国家统一会计制度的规定可以用红字登记的其他会计记录。

4) 序时连续登记

各种账簿按页次顺序连续登记，不得跳行、隔页。如果发生跳行、隔页，应当将空行、空页用红色墨水划对角线注销，或者注明“此行空白”、“此页空白”字样，并由记账人员签名或者盖章，不得任意撕毁或抽换账页。

5) 结出余额

凡需要结出余额的账户，结出余额后，应当在“借或贷”余额方向栏内写明“借”或者“贷”等字样。没有余额的账户，应当在“借或贷”余额方向栏内写“平”字，并在余额栏内“元”位写“0”。库存现金日记账和银行存款日记账必须逐日逐笔结出余额，做到“日清月结”。

6) 连续账页内容之间的衔接

每一张账页登记完毕结转下页时，应当结出本页合计数及余额，写在本页最后一行和下页第一行有关栏内，并在本页最后一行“摘要”栏内注明“过次页”字样，在下页第一行“摘要”栏内注明“承前页”字样；也可以将本页合计数及金额只写在下页第一行有关栏内，并在“摘要”栏内注明“承前页”字样。对需要结计本月发生额的账户，结计“过次页”的本页合计数应当为自本月初起至本页末止的发生额合计数；对需要结计本年累计发生额的账户，结计“过次页”的本页合计数应当为自年初起至本页末止的累计数；对既不需要结计本月发生额也不需要结计本年累计发生额的账户，可以只将每页末的余额结转次页。

7) 账簿记录错误应按照规定的方法予以更正

如果会计账簿记录发生错误，不允许涂改、挖补、刮擦或者用药水消除字迹等方法更正错误，也不允许重抄，应当根据错误情况，按照规定的方法进行更正。

任务 3.2 设置和登记会计账簿

3.2.1 日记账的设置和登记

日记账分为普通日记账和特种日记账两类。

1. 普通日记账

普通日记账是逐日序时登记特种日记账以外的经济业务的账簿。不设特种日记账的企业，要序时逐笔登记企业的全部经济业务，因此普通日记账也称分录簿。

普通日记账一般分"借方金额"和"贷方金额"两栏，登记每一个分录的借方账户和贷方账户及金额，这种账簿不结余额。其格式见表 2-19。

表 2-19 普通日记账

第 页

年		会计科目	摘要	借方金额	贷方金额	余额	过账
月	日						
			承上页				
			转下页				

2. 特种日记账

常用的特种日记账是"库存现金日记账"和"银行存款日记账"。在企业、行政、事业单位中，库存现金日记账和银行存款日记账的登记，有利于加强货币资金的日常核算和监督，有利于贯彻执行国家规定的货币资金管理制度。

1) 库存现金日记账

库存现金日记账是用来逐日、逐笔核算和监督库存现金收入、支出和结存状况的账簿。库存现金日记账使用订本账，通常采用三栏式，在同一张账页上分设"收入"、"支出"和"结余"3 栏。为了清晰地反映现金收付业务的具体内容，在"摘要"栏后，还应专设"对方科目"栏，用以登记对方科目名称。

库存现金日记账中的"年、月、日"、"凭证字号"、"摘要"和"对方科目"等栏，根据有关记账凭证登记；"收入"栏根据现金收款凭证或引起现金增加的银行存款付款凭证登记；"支出"栏根据现金付款凭证登记。每日终了时，应分别计算全日的现金收入、支出合计数，并逐日结出现金余额，与库存现金实存数核对，以检查每日现金收付是否有误。每月期末，应结出当期库存现金日记账“收入”栏和“支出”栏的发生额和期末余额，并与“库存现金”总分类账户核对一致，做到日清月结，账实相符。如账实不符，应查明原因。库存现金日记账的格式见表2-20。

表2-20　库存现金日记账

年		凭证号数	摘 要	对方科目	收入	支出	结余
月	日						
			承上页				
			转下页				

库存现金日记账由出纳人员根据库存现金收款凭证、库存现金付款凭证和银行存款付款凭证，按经济业务发生时间的先后顺序，逐日逐笔进行登记。库存现金的登记方法如下。

(1) 登记“日期”栏，按记账凭证上填写的日期登记。

(2) 登记“凭证号数”栏，按该项经济业务所填制的记账凭证的字号登记.

(3) 登记“摘要”栏，按记账凭证的摘要内容填写，能简明扼要地说明经济业务的内容。

(4) 登记“对应科目”栏，按记账凭证上填制的“库存现金”的对应科目，在栏中登记其会计科目名称，以明确每笔经济业务收入的来源和支出去向。

(5) 登记“收入”、“支出”栏，按记账凭证上“库存现金”科目的借、贷方向登记。如“库存现金”是现金收款凭证或提取现金的银行存款付款凭证的借方科目，应将“库存现金”的金额登记到“收入”栏，而在现金付款凭证中，“库存现金”则是贷方科目，应将“库存现金”的金额登记到“支出”栏。

(6) 登记“结余”栏，每日现金收付业务登记完毕后，应根据“上日余额+本日收入-本日支出=本日余额”的公式，逐日结出现金余额。

(7) 库存现金日记账应做到“日清月结”，即每天业务终了，在最后一笔业务的下一行“摘要”栏，填写“本日合计”字样，计算出当日库存现金的收入合计数和支出合计数，分别填列到“收入”栏和“支出”栏，并结出当日现金余额。

2) 银行存款日记账

银行存款日记账用来逐日、逐笔核算和监督银行存款每日的收入、支出和结存情况的账簿。银行存款日记账应按企业在银行开立的账户和币种分别设置，每个银行存款账户设置一本银行存款日记账。

银行存款日记账的结构一般采用“收入”、“支出”和“结余”三栏式，由出纳人员根据银行存款的收、付款凭证，逐日逐笔按顺序登记。对于将现金存入银行的业务，因习惯上只填制现金付款凭证，不填制银行存款收款凭证，所以此时的银行存款收入数应根据相关的现金付款凭证登记。另外，因在办理银行存款收付业务时，应根据银行结算凭证办理，为便于和银行对账，银行存款日记账还设有“凭证号数”栏，单独列出每项存款收、付业务所依据的结算凭证种类和号数。银行存款日记账和库存现金日记账一样，每日终了时要结出余额，做到日清，以便检查和监督各项收、支款项，避免出现透支现象，同时也便于同银行对账单进行核对。银行存款日记账和库存现金日记账类似，应使用订本账。银行存款日记账格式见表 2-21。

表 2-21　银行存款日记账

年		凭证号数	摘要	对方科目	收入	支出	结余
月	日						
			承上页				
			转下页				

出纳人员根据银行存款收款凭证、付款凭证和现金付款凭证，按照经济业务发生时间的先后顺序，逐日逐笔地登记银行存款日记账，并结出余额。银行存款日记账的登记方法和步骤与库存现金日记账基本相同。将银行存款收款凭证或库存现金的现金付款凭证中借方科目“银行存款”的金额登记到账簿的“收入”栏，将银行存款付款凭证的贷方科目“银行存款”的金额登记到账簿的“支出”栏，并要逐日结出余额，定期与银行对账单核对。月度终了，企业账面余额与银行对账单余额之间如有差额，则必须逐笔查明原因进行处理，并按月编制“银行存款余额调节表”。

3.2.2　分类账的设置和登记

分类账有总分类账和明细分类账两类。

1. 总分类账

总分类账也称总账，是按总分类账户进行分类登记，全面、总括地反映和记录经济活动情况，并为编制会计报表提供资料的账簿。由于总分类账能全面、总括地反映和记录经济业务引起的资金运动和财务收支情况，并为编制会计报表提供数据，因此，任何单位都必须设置总分类账。

总分类账一般采用订本式账簿，按照会计科目的编码顺序分别开设账户，并为每个账户预留若干账页。由于总分类账只进行货币度量的核算，因此最常用的格式是三栏式，在账页中设置借方、贷方和余额 3 个基本金额栏。总分类账中的对应科目栏，可以设置也可以不设置。“借或贷”栏是指账户余额的借、贷方向。

总分类账的登记可以根据记账凭证逐笔登记，也可以通过一定的方式分次或按月一次汇总成汇总记账凭证或科目汇总表，然后据以登记，还可以根据多栏式现金、银行存款日记账在月末时汇总登记。总分类账登记的依据和方法，取决于企业采用的账务处理程序。总分类账的格式见表 2-22。

表 2-22　总分类账

科目名称：　　　　　　　　　　　　　　　　　　　　　　　　第　页

年		凭证号数	摘要	借方	贷方	借或贷	余额
月	日						
			承上页				
			转下页				

2. 明细分类账

明细分类账是根据明细账户开设账页，分类、连续地登记经济业务以提供明细核算资料的账簿。根据实际需要，各种明细账分别按二级科目或明细科目开设账户，并为每个账户预留若干账页，用来分类、连续地记录有关资产、负债、所有者权益、收入、费用、利润等详细资料。设置和运用明细分类账有利于加强资金的管理和使用，并可为编制会计报表提供必要的资料，因此，各单位在设置总分类账的基础上，还要根据经营管理的需要，按照总账科目设置若干必要的明细账，以形成既能提供经济活动总括情况，又能提供具体详细情况的账簿体系。

明细账的格式应根据它所反映经济业务的特点，以及财产物资管理的不同要求来设计，一般有三栏式明细分类账、数量金额式明细账、多栏式明细分类账和横线登记式明细分类账 4 种。

1) 三栏式明细分类账

三栏式明细分类账账页的格式同总分类账的格式基本相同，它只设借方、贷方和余额 3 个金额栏，不设数量栏。所不同的是，总分类账簿为订本账，而三栏式明细分类账簿多为活页账。这种账页适用于采用金额核算的“应收账款”、“应付账款”款等账户的明细核算。三栏式明细分类账的格式见表 2-23。

表 2-23　三栏式明细分类账

二级科目名称：　　　　　　　　　　　　　　　　　　　　　　第　页

年		凭证号数	摘要	借方	贷方	借或贷	余额
月	日						
			承上页				
			转下页				

2) 数量金额式明细账

数量金额式明细账账页格式在收入、发出、结存 3 栏内，再分别设置“数量”、“单价”和“金额”等栏目，以分别登记实物的数量和金额。

数量金额式明细账适用于既要进行金额明细核算，又要进行数量明细核算的财产物资项目，如“原材料”、“库存商品”等账户的明细核算。它能提供各种财产物资收入、发出、结存等的数量和金额资料，便于开展业务和加强管理的需要。数量金额式明细账的格式见表 2-24。

表 2-24 数量金额式明细账

二级科目名称： 第 页

年		凭证号数	摘要	收入			发出			结存		
月	日			数量	单价	金额	数量	单价	金额	数量	单价	金额
			承上页									
			转下页									

3) 多栏式明细分类账

多栏式明细分类账是根据经济业务的特点和经营管理的需要，在一张账页的借方栏或贷方栏设置若干专栏，集中反映有关明细项目的核算资料。它主要适用于只记金额、不记数量，而且在管理上需要了解其构成内容的费用、成本、收入、利润账户，如“生产成本”、“制造费用”、“管理费用”、“三营业务收入”等账户的明细分类账。“本年利润”、“利润分配”和“应交税费——应交增值税”等科目所属明细科目，则需采用借、贷方均为多栏式的明细账。

多栏式明细分类账是由会计人员根据审核无误的记账凭证或原始凭证，按照经济业务发生的时间先后顺序逐日逐笔进行登记的，对于成本费用类账户，只在借方设专栏，平时在借方登记费用、成本发生额，贷方登记月末将借方发生额一次转出的数额。平时如发生贷方发生额，应用“红字”在借方有关栏内登记，表示应从借方发生额中冲减。同样，对于收入、成本类账户，只在贷方设专栏，平时在贷方登记收入的发生额，借方登记月末将贷方发生额一次转让“本年利润”的数额，若平时发生退货，应用“红字”在贷方有关栏内登记。

如“制造费用明细账”，它在借方栏下，可设若干专栏，如工资和福利费、折旧费、修理费、办公费等。企业发生的制造费用，借记本科目；分配计入有关成本核算对象时，贷记本科目。除季节性生产企业外，本科目月末应无余额。其格式见表 2-25。

表 2-25 制造费用明细账

年		凭证号数	摘要	借方					贷方	借或贷	余额
月	日			工资	福利费	折旧费	办公费	合计			
			承上页								
			转下页								

4) 横线登记式明细分类账

横线登记式明细分类账也称平行式明细分类账。它的账页结构特点是将前后密切相关的经济业务在同一横行内进行详细登记，以检查每笔经济业务的完成及变动情况。该种账页一般用于“材料采购”、“一次性备用金业务”等明细分类账。

横线登记式明细分类账的借方一般在购料付款或借出备用金时，按会计凭证的编号顺序逐日逐笔登记，其贷方则不要求按会计凭证编号逐日逐笔登记，而是在材料验收入库或者备用金使用后报销和收回时，在与借方记录的同一行内进行登记。同一行内借方、贷方均有记录时，表示该项经济业务已处理完毕，若一行内只有借方记录而无贷方记录，表示该项经济业务尚未结束。

各种明细账的登记方法应根据本单位业务量的大小和经营管理上的需要，以及所记录的经济业务内容而定，可以根据原始凭证、汇总原始凭证或记账凭证逐笔登记，也可以根据这些凭证逐日或定期汇总登记。

3.2.3　错账更正

登记会计账簿是一项很细致的工作。在记账工作中，可能由于种种原因导致账簿记录发生错误，有的是填制凭证和记账时发生的单纯笔误；有的是写错了会计科目、金额等；有的是合计时的计算错误；有的是过账错误。登记账簿中发生的差错，一经查出就应立即更正。对于账簿的记录错误，不准涂改、挖补、刮擦或者用药水消除字迹，不准重新抄写，而必须根据错误的具体情况和性质，采用规范的方法予以更正。错账更正方法通常有划线更正法、红字更正法和补充登记法等几种。

1. 划线更正法

记账凭证填制应保证正确，在记账或结账过程中发现账簿记录中文字或数字有错误，应采用划线更正法。具体做法是：先在错误的文字或数字上划一条红线，表示注销，划线时必须使原有字迹仍可辨认；然后将正确的文字或数字用蓝字写在划线处的上方，并由记账人员在更正处盖章，以明确责任。对于文字的错误，可以只划去错误的部分，并更正错误的部分，对于错误的数字，应当全部划红线更正，不能只更正其中的个别错误数字。

【例 3-1】记账时笔误，把“3 457”元误记为“8 457”元。

【分析】对于错误的数字，应当全部划红线更正，不能只更正其中的个别错误数字。故应将错误数字“8 457”全部用红线注销后，再写上正确的数字“3 457”，而不是只删改一个“8”字。更正如下：

3 457

~~8 457~~　　　　　　张三

如记账凭证中的文字或数字发生错误，在尚未过账前，也可用划线更正法更正。

2. 红字更正法

在记账以后，如果发现记账凭证中应借、应贷科目或金额发生错误时，可以用红字更正法进行更正。具体做法是：先用红字金额，填写一张与错误记账凭证内容完全相同的记账凭证，且在摘要栏注明“更正某月某日第×号凭证”，并据以用红字金额登记入账，以冲销账簿中原有的错误记录，然后再用蓝字重新填制一张正确的记账凭证，登记入账。这样，原来的错误记录便得以更正。

红字更正法一般适用于以下两种错账情况的更正。

(1) 记账后，如果发现记账凭证中的应借、应贷会计科目有错误，那么可以用红字更正法予以更正。

【例 3-2】假设在项目一中的业务例 1-3，12 月 8 日公司从广发银行借入 3 年期借款 20 万元，年利率 9%。

分录书写错误，如下：

借：长期借款——广发银行　　200 000

　　贷：银行存款　　200 000

【分析】分录的借、贷方会计科目写反了，而金额没有错，应用红字更正法更正。先用红字填制一张与原错误记账凭证内容完全相同的记账凭证，再用蓝字填制一张正确的记账凭证，如下：

① 用红字填制一张与原错误记账凭证内容完全相同的记账凭证。

借：长期借款——广发银行　　[200 000]

　　贷：银行存款　　[200 000]

② 用蓝字填制一张正确的记账凭证。

借：银行存款　　200 000

　　贷：长期借款——广发银行　　200 000

(2) 记账后，如果发现记账凭证和账簿记录中应借、应贷的账户没有错误，只是所记金额大于应记金额。对于这种账簿记录的错误，更正的方法是：将多记的金额用红字填制一张与原错误记账凭证会计科目相同的记账凭证，并在摘要栏注明“更正某月某日第×号凭证”，并据以登记入账，以冲销多记的金额，使错账得以更正。

【例 3-3】仍以项目一中的业务例 1-3 为例，假设在编制记账凭证时应借、应贷账户没有错误，只是金额由 200 000 元写成了 210 000 元，并且已登记入账。

分录书写错误，如下

借：银行存款　　210 000

　　贷：长期借款——广发银行　　210 000

【分析】该笔业务只需用红字更正法编制一张记账凭证，将多记的金额 10 000 元用红字冲销即可。编制的记账凭证为：

用红字编制：

借：银行存款　　[10 000]

　　贷：长期借款——广发银行　　[10 000]

3. 补充登记法

在记账之后，如果发现记账凭证中应借、应贷的账户没有错误，但所记金额小于应记金额，造成账簿中所记金额也小于应记金额，这种错账应采用补充登记法进行更正。更正的方法是：将少记金额用蓝笔填制一张与原错误记账凭证会计科目相同的记账凭证，并在摘要栏内注明“补记某月某日第×号凭证”并予以登记入账，补足原少记金额，使错账得以更正。

【例 3-4】承接例 1-3，假设在编制记账凭证时应借、应贷账户没有错误，只是金额由 200 000 元写成了 20 000 元，并且已登记入账。

借：银行存款　　20 000

　　贷：长期借款——广发银行　　20 000

【分析】 该笔业务只需用补充登记法编制一张记账凭证将少记的金额 180 000 元补足便可。其记账凭证为：

用蓝笔填制：

借：银行存款　　180 000

　　贷：长期借款——广发银行　　180 000

错账更正的 3 种方法中，红字更正法和补充登记法都是用来更正因记账凭证错误而产生的记账错误，如果非因记账凭证的差错而产生的记账错误，只能用划线更正法更正。

以上 3 种方法适用于同一会计期间内发现填写记账凭证或者登记账簿错误而采用的更正方法，如果发现以前会计期间的记账凭证中有错误(指会计科目和金额)并导致账簿登记出现差错，应当用蓝字或黑字填制一张更正的记账凭证。因错误的账簿记录已经在以前的会计年度终了进行了结账或决算，不可能将已经决算的数字进行红字冲销，只能用蓝字或黑字凭证对除文字外的一切错误进行更正，并在更正凭证上特别注明“更正××年度错账”的字样。

任务 3.3　对账和结账

3.3.1　对账

对账就是核对账目，是保证会计账簿记录质量的重要程序。在会计工作中，由于种种原因，难免会发生记账、计算等差错，也难免会出现账实不符的现象。为了保证各账簿记录和会计报表的真实、完整和正确，如实地反映和监督经济活动，各单位必须做好对账工作。

账簿记录的准确与真实可靠，不仅取决于账簿的本身，还涉及账簿与凭证的关系，账簿记录与实际情况是否相符的问题等。所以，对账应包括账簿与凭证的核对、账簿与账簿的核对、账簿与实物的核对。把账簿记录的数字核对清楚，做到账证相符、账账相符和账实相符。对账工作至少每年进行一次。对账的主要内容如下。

1. 账证核对

账证核对是指将会计账簿记录与会计凭证包括记账凭证和原始凭证有关的内容进行核对。由于会计账簿是根据会计凭证登记的，二者之间存在勾稽关系，因此，通过账证核对，可以检查、验证会计账簿记录与会计凭证的内容是否正确无误，以保证账证相符。各单位应当定期将会计账簿记录与其相应的会计凭证记录(包括时间、编号、内容、金额、记录方向等)逐项核对，检查是否一致。如有不符之处，应当及时查明原因，予以更正。保证账证相符是会计核算的基本要求之一，也是账账相符、账实相符和账表相符的基础。

2. 账账核对

账账核对是指将各种会计账簿之间相对应的记录进行核对。由于会计账簿之间相对应的记录存在着内在联系，因此，通过账账相对，可以检查、验证会计账簿记录的正确性，以便及时发现错账，予以更正，保证账账相符。账账核对的内容主要包括如下内容。

(1) 总分类账各账户借方余额合计数与贷方余额合计数核对相符。

(2) 总分类账各账户余额与其所属明细分类账各账户余额之和核对相符。

(3) 库存现金日记账和银行存款日记账的余额与总分类账中“库存现金”和“银行存款”账户余额核对相符。

(4) 会计部门有关财产物资的明细分类账余额与财产物资保管或使用部门登记的明细账核对相符。

3. 账实核对

账实核对是在账账核对的基础上，将各种财产物资的账面余额与实存数额进行核对。由于实物的增减变化、款项的收付都要在有关账簿中如实反映，因此，通过会计账簿记录与实物、款项的实有数进行核对，可以检查、验证款项、实物会计账簿记录的正确性，以便于及时发现财产物资和货币资金管理中存在的问题，查明原因，分清责任，改善管理，保证账实相符。账实核对的主要内容包括如下内容。

(1) 库存现金日记账账面余额与现金实际库存数核对相符。

(2) 银行存款日记账账面余额与开户银行对账单核对相符。

(3) 各种材料、物资明细分类账账面余额与实存数核对相符。

(4) 各种债权债务明细账账面余额与有关债权、债务单位或个人的账面记录核对相符。

实际工作中，账实核对一般要结合财产清查进行。有关财产清查的内容和方法将在以后的内容中介绍。

3.3.2 结账

结账是在把一定时期内发生的全部经济业务登记入账的基础上，按规定的方法将各种账簿的记录进行小结，计算并记录本期发生额和期末余额。

为了正确反映一定时期内在账簿中已经记录的经济业务，总结有关经济活动和财务状况，为编制会计报表提供资料，各单位应在会计期末进行结账。会计期间一般按日历时间划分为年、季、月，结账于各会计期末进行，所以分为月结、季结、年结。

1. 结账的基本程序

结账前，必须将属于本期内发生的各项经济业务和应由本期受益的收入、负担的费用全部登记入账。在此基础上，才可保证结账的有用性，确保会计报表的正确性。不得把将要发生的经济业务提前入账，也不得把已经在本期发生的经济业务延至下期(甚至以后期)入账。结账的基本程序具体表现为如下方面。

(1) 将本期发生的经济业务事项全部登记入账，并保证其正确性。

(2) 根据权责发生制的要求，调整有关账项，合理确定本期应计的收入和应计的费用。

(3) 将损益类账户转入“本年利润”账户，结平所有损益类账户。

(4) 结算出资产、负债和所有者权益账户的本期发生额和余额，并结转下期。

2. 结账的基本方法

结账时，应当结出每个账户的期末余额。需要结出当月(季、年)发生额的账户，如各项收入、费用账户等，应单列一行登记发生额，在摘要栏内注明“本月(季)合计”或“本年累计”。结出余额后，应在余额前的“借或贷”栏内写“借”或“贷”字样，没有余额的账户，应在余额栏前的“借或贷”栏内写“平”字，并在余额栏内用“0”表示。为了突出本期发生额及期末余额，表示本会计期间的会计记录已经截止或者结束，应将本期与下期的会计记录明显分开，结账一般都画“结账线”。画线时，月结、季结用单线，年结画双线。画线应画红线，并应画通栏线，不能只在账页中的金额部分画线。

结账时应根据不同的账户记录，分别采用不同的结账方法。

(1) 总账账户的结账方法。总账账户平时只需结计月末余额，不需要结计本月发生额。每月结账时，应将月末余额计算出来并写在本月最后一笔经济业务记录的同一行内，并在下面通栏画单红线。年终结账时，为了反映全年各会计要素增减变动的全貌，便于核对账目，要将所有总账账户结计全年发生额和年末余额，在摘要栏内注明“本年累计”字样，并在“本年累计”行下画双红线。

(2) 库存现金日记账、银行存款日记账和需要按月结计发生额的收入、费用等明细账的结账方法。库存现金日记账、银行存款日记账和需要按月结计发生额的各种明细账，每月结账时，要在每月的最后一笔经济业务下面通栏画单红线，结出本月发生额和月末余额写在红线下面，并在摘要栏内注明“本月合计”字样，再在下面通栏画单红线。

(3) 不需要按月结计发生额的债权、债务和财产物资等明细分类账的结账方法。对这类明细账，每次记账后，都要在该行余额栏内随时结出余额，每月最后一笔余额即为月末余额。也就是说月末余额就是本月最后一笔经济业务记录的同一行内的余额。月末结账时只需在最后一笔经济业务记录下面通栏画单红线即可，无需再结计一次余额。

(4) 需要结计本年累计发生额的收入、成本等明细账的结账方法。对这类明细账，先按照需按月结计发生额的明细账的月结方法进行月结，再在“本月合计”行下的摘要栏内注明“本年累计”字样，并结出自年初起至本月末止的累计发生额，再在下面通栏画单红线。12月末的“本年累计”就是全年累计发生额，全年累计发生额下面通栏画双红线。

(5) 年度终了结账时，有余额的账户，要将其余额结转到下一会计年度，并在摘要栏内注明“结转下年”字样；在下一会计年度新建有关会计账簿的第一行余额栏内填写上年结转的余额，并在摘要栏内注明“上年结转”字样。结转下年时，既不需要编制记账凭证，也不必将余额再记入本年账户的借方或贷方，使本年有余额的账户的余额变为零，而是使有余额的账户的余额如实地反映在账户中，以免混淆有余额账户和无余额的账户的区别。

若由于会计准则或会计制度改变而需要在新账中改变原有账户名称及其核算内容的，可将年末余额按新会计准则或会计制度的要求编制余额调整分录，或编制余额调整工作底稿，将调整后的账户余额转入新账的有关账户余额栏内。

任务 3.4　更换和保管会计账簿

3.4.1　更换会计账簿

会计账簿是记录和反映经济业务的重要历史资料和证据。为了使每个会计年度的账簿资料明晰和便于保管，一般来说，总账、日记账和多数明细账要每年更换一次，这些账簿在每年年终按规定办理完毕结账手续后，就应更换、启用新的账簿，并将余额结转记入新账簿中。但有些财产物资明细账和债权、债务明细账，由于材料等财产物资的品种、规格繁多，债权、债务单位也较多，如果更换新账，重抄一遍的工作量相当大，因此可以跨年度使用，不必每年更换一次。卡片式账簿，如固定资产卡片，以及各种备查账簿，也都可以连续使用。

3.4.2 保管会计账簿

会计账簿同会计凭证和会计报表一样，都属于会计档案，是重要的经济档案，各单位必须按规定妥善保管，确保其安全与完整，并充分加以利用。

1. 会计账簿的装订整理

在年度终了更换新账簿后，应将使用过的各种账簿(跨年度使用的账簿除外)按时装订整理立卷。

(1) 装订前，首先要按账簿启用和经管人员一览表的使用页数核对各个账户是否相符，账页数是否齐全，序号排列是否连续；然后按会计账簿封面、账簿启用表、账户目录、该账簿按页数顺序排列的账页、装订封底的顺序装订。

(2) 活页账簿要保留已使用过的账页，将账页数填写齐全，除去空白页并撤掉账夹，用质地好的牛皮纸做封面和封底，装订成册。多栏式、三栏式、数量金额式等活页账不得混装，应按同类业务、同类账页装订在一起。装订好后，应在封面上填明账目的种类、编号、卷号，并由会计主管人员和装订人员签章。

(3) 装订后会计账簿的封口要严密，封口处要加盖有关印章。封面要齐全、平整，并注明所属年度、账簿名称和编号。不得有折角、缺角、错页、掉页、加空白纸的现象。会计账簿要按保管期限分别编制卷号。

2. 按期移交档案部门进行保管

年度结账后，更换下来的账簿可暂由本单位财务会计部门保管一年，期满后原则上应由财务会计部门移交本单位档案部门保管。移交时需要编制移交清册，填写交接清单，交接人员按移交清册和交接清单项目核查无误后签章，并在账簿使用日期栏内填写移交日期。

已归档的会计账簿作为会计档案为本单位提供使用，原件不得借出，如有特殊需要，须经上级主管单位或本单位领导、会计主管人员批准，在不拆散原卷册的前提下，可以提供查阅或者复制，并要办理登记手续。

会计账簿是重要的会计档案之一，必须严格按《会计档案管理办法》规定的保管年限妥善保管，不得丢失和任意销毁。通常总账(包括日记总账)和明细账保管期限为 15 年；日记账保管期限为 15 年，但现金和银行存款日记账保管期限为 25 年；固定资产卡片账在固定资产报废清理后保管 5 年；辅助账簿保管期限为 15 年。实际工作中，各单位可以根据实际使用的经验、规律和特点，适当延长有关会计档案的保管期限，但必须有较为充分的理由。

学习小结

账簿是以会计凭证为依据，序时、分类地记录和反映各项经济业务的簿籍，它是由具有一定格式，又互相联系的账页所组成的。设置账簿，通过账簿记录，既能对经济业务活动进行序时、分类的核算，又能提供各项总括和明细的核算资料。可以为计算财务成果，编制财务会计报告，开展财务分析和会计检查提供依据。

账簿按其用途的不同，可分为序时账簿、分类账簿和备查账簿。按外表形式分类，可分为订本式账簿、活页式账簿和卡片式账簿。

核对账目是保证账簿记录正确性的一项重要工作，对账的内容包括账证核对、账账核对和账实核对。

所谓结账，就是在把一定时期内发生的经济业务全部登记入账的基础上，将各种账簿的记录结算清楚，以便根据账簿记录编制财务会计报告。

如果记账过程中发生错误，则应根据错误的性质和发现时间，采用不同的方法更正。常用的错账更正方法有划线更正法、红字更正法和补充登记法。

阅读材料

不同企业应如何选择账簿

不同企业单位所需用的账簿是不尽相同的。但不管账簿的格式如何，从其所起的作用看，大致可分为4类：序时账簿、分类账簿、序时与分类相结合的联合账簿、备查账簿。序时账簿是指现金、银行存款日记账和转账日记账；分类账簿包括总分类账簿和明细分类账簿；联合账簿是指既是序时记录又是分类记录，既是日记账又是总账的账簿，如日记总账；备查账簿如前述是记录非本企业资产或其他重要事项的账簿。

会计账簿从外表形式分，有订本式、活页式、卡片式3种。订本式账簿可防止账面散失和随意抽换；活页式账簿可视经济业务的多寡随时增添账页或抽取多余的空白账页，避免浪费；卡片式账簿也具备活页式账簿的优点，但容易失散，必须严加管理。一个企业究竟应设计和使用何种账簿，要视企业规模大小、经济业务的繁简、会计人员的分工、采用的核算形式以及记账的机械化程度等因素而定。但是为了加强货币资金的管理，无论在哪种情况下，都要设计现金和银行存款日记账这种序时账簿，只是在多栏特种日记账核算形式下，要将现金和银行存款日记账都分割为专栏的收入日记账和支出日记账两本，至于分类账簿的设计，在采用记账凭证核算形式、汇总记账凭证核算形式和科目汇总表核算形式以及多栏式日记账核算形式时，则应设计一本总分类账簿和多本明细分类账簿，而在采用日记总账核算形式时，则只设计一本既序时记录又分类记录的日记总账账簿和必要的明细分类账簿。表2-26列示了不同情况下账簿的选择。

表2-26　不同情况下账簿的选择

单位特点	应采用的核算形式	可设置的账簿体系
小规模企业 (小规模纳税人)	记账凭证核算形式	现金、银行存款日记账；固定资产、材料、费用、明细账；总账
	日记总账核算形式	序时账同上；日记总账；固定资产、材料明细账
大中型企业单位 (一般纳税人)	科目汇总表核算形式，汇总记账凭证核算形式	序时账同上；固定资产、材料、应收(付)账款、其他应收(付)款、长(短)期投资、实收资本、生产成本、费用等明细账；总账(购货簿、销货簿)
收付款业务多、转账业务少的大中型企业	多栏式日记账核算形式	4本多栏式日记账；明细分类账同上；总账(购货簿、销货簿)
收付款业务多、转账业务亦多的大中型企业	多栏式日记账兼汇总转账凭证核算形式	4本多栏式日记账；其他账簿同上
大中型企业，但转账业务较少	科目汇总表兼转账日记账核算形式	序时账簿；必要的明细账、转账日记账；总账

资料来源：http://wenku.baidu.com/view/7a30c0c68bd63186bcbbcfc.html.

课后习题

一、单项选择题

1. 账簿按照用途分类，可以分为(　　)。
　A. 分类账簿　B. 三栏式账簿　C. 订本式账簿　D. 明细分类账
2. 账簿按照外形分类，可以分为(　　)。
　A. 分类账簿　B. 三栏式账簿　C. 订本式账簿　D. 明细分类账
3. 账簿按照账页格式分类，可以分为(　　)。
　A. 分类账簿　B. 三栏式账簿　C. 订本式账簿　D. 明细分类账
4. 在结账以前，如发现账簿记录金额小于实际发生额，可采用的更正方法是(　　)。
　A. 蓝字划线法　B. 红字更正法　C. 补充登记法　D. 转账更正法
5. 总分类账簿从账簿的外表上看一般采用(　　)。
　A. 订本式　B. 活页式　C. 卡片式　D. 多栏式

二、多项选择题

1. 账簿按照用途分类，可以分为(　　)。
　A. 分类账簿　B. 序时账簿　C. 订本式账簿　D. 备查账簿
2. 账簿按照外形分类，可以分为(　　)。
　A. 卡片式账簿　B. 订本式账簿　C. 活页式账簿　D. 明细分类账
3. 账簿按照账页格式分类，可以分为(　　)。
　A. 多栏式账簿　B. 三栏式账簿
　C. 订本式账簿　D. 数量金额式账簿
4. 错账更正的方法一般有(　　)。
　A. 划线更正法　B. 补充登记法　C. 红字更正法　D. 平行登记法
5. 企业会计账簿保管的年限有(　　)。
　A. 5年　B. 10年　C. 15年　D. 25年

三、判断题

1. 会计账簿的记录是编制会计报表的前提和依据，也是检查、分析和控制单位经济活动的重要依据。(　　)
2. 各单位不得违反《会计法》和国家统一的会计制度的规定私设会计账簿。(　　)
3. 分类账簿是指对全部经济业务按照收款业务、付款业务和转账业务进行分类登记的账簿。(　　)
4. 多栏式账簿主要适用于既需要记录金额，又需要记录实物数量的财产物资明细账户。(　　)
5. 日记账应逐日逐笔顺序登记，总账可以逐笔登记，也可以汇总登记。(　　)
6. 登记现金日记账的依据是现金收付款凭证和银行收付款凭证。(　　)

7. 结账是指按规定把一定时期内所发生的经济业务登记入账，并进行账实核对，以保证账簿资料正确性的会计方法。 (　　)

8. 会计账簿登记中，如果不慎发生隔页，应立即将空页撕掉，并更改页码。 (　　)

9. 记账凭证正确，因登记时的笔误而引起的账簿记录错误，可以采用划线更正法予以更正。 (　　)

10. 为了明确划分各会计年度的界限，年度终了各种会计账簿都应更换新账。 (　　)

四、简答题

1. 什么是会计账簿？设置账簿有什么意义？
2. 设置账簿应遵哪些原则？
3. 登记账簿的原则有哪些？
4. 明细分类账有哪几种格式？
5. 更正错账的方法有哪几种？各适用于哪种情形的错误？
6. 账簿的更换和启用要遵循哪些规定？

五、技能训练题

1. 习题一

【目的】练习现金日记账和银行存款日记账的登记。

【资料】广州甲企业 2011 年 9 月 30 日银行存款日记账余额为 200 000 元；现金日记账的余额为 4 000 元。10 月上旬发生如下经济业务：

(1) 1 日，从银行借入为期 1 年的借款 200 000 元，款项存入银行。

(2) 1 日，现金 2 000 元存入银行。

(3) 2 日，收到投资者追加的投资款 100 000 元，款项已存入银行。

(4) 3 日，以银行存款偿还到期的长期借款 150 000 元。

(5) 4 日，以银行存款支付购买设备款 58 500 元，其中设备 50 000 元，增值税进项税额 8 500 元。

(6) 4 日，收到上月的销货款 80 000 元，存入银行。

(7) 6 日，以银行存款偿还前欠货款 90 000 元。

(8) 7 日，以现金 800 元购买企管部门使用的办公用品。

(9) 9 日，从银行提取现金 2 000 元备用。

(10) 10 日，以现金 900 元暂付职工差旅费。

【要求】(1) 编制相应会计分录。

(2) 登记现金日记账和银行存款日记账。

2. 习题二

【目的】练习错账更正方法。

【资料】某企业将账簿记录与记账凭证进行核对，发现如下问题：

(1) 用银行存款支付前欠货款 54 000 元，原编制会计分录如下：

借：应付账款　　45 000
　贷：银行存款　　45 000

(2) 以现金职工借支差旅费 3 000 元，原编制的记账凭证如下：

借：应付账款　　3 000

　　贷：银行存款　　3 000

(3) 结转本月发生的制造费用 7 900 元，原编制的记账凭证如下：

借：生产成本　　9 700

　　贷：制造费用　　9 700

(4) 车间管理人员出差回来报销差旅费 2 800 元，交回现金 200 元，原编制的记账凭证如下：

借：管理费用　　2 800

　　库存现金　　200

　　贷：其他应收款　　3 000

【要求】(1) 判断上述经济业务处理是否正确。

(2) 采用适当的错账更正方法对上述错误予以更正。

项目四 财产清查

教学目标

通过本项目的学习，要求学生了解财产清查的含义、重点掌握财产清查结果的账务处理，掌握财产清查的分类、财产清查的方法，了解财产清查组织。

知识要点结构图

- 财产清查
  - 了解财产清查
    - 概念及意义
    - 财产物资的盘存制度
    - 财产清查种类
  - 财产清查工作
    - 财产清查前的准备工作
    - 财产清查的方法
  - 财产清查结果的处理
    - 财产清查的结果
    - 财产清查结果处理需设置的账户
    - 财产清查结果的会计处理

思考

企业在生产经营过程中会不会发生财产物资的毁损、霉烂变质、被贪污挪用、被盗等情形？怎样从制度上避免上述情形的发生？如果发生了此类情形，作为财务人员应如何处理？本项目将告诉你答案。

任务 4.1 了解财产清查

4.1.1 财产清查的概念及意义

1. 财产清查的概念

财产清查也称财产检查，是指通过对实物、现金的实地盘点和对银行存款、往来款项的核对，查明各项财产物资、货币资金、往来款项的实有数和账面数是否相符的一种专门的会计核算方法。

企业的会计工作都要通过会计凭证的填制和审核，然后及时地在账簿中进行连续登记。应该说，这一过程既能保证账簿记录的正确性，也能真实地反映企业各项财产的实有数，各项财产的账实应该是一致的。但是，在实际工作中，由于种种原因，账簿记录会发生差错，各项财产的实际结存数也会发生差错，造成账存数与实存数发生差异，原因是多方面的，一般有以下几种情况。

(1) 在物资收发中，由于计量、检验不准确而造成品种、数量或质量上的差错。

(2) 财产物资在运输、保管、收发过程中，在数量上发生自然增减变化。

(3) 在财产增减变动中，由于手续不齐或计算、登记上发生错误。

(4) 由于管理不善或工作人员失职，造成财产损失、变质或短缺等。

(5) 贪污盗窃、营私舞弊造成的损失。

(6) 自然灾害造成的非常损失。

(7) 未达账项引起的账账、账实不符等。

上述种种原因都会影响账实的一致性。因此，运用财产清查的手段，对各种财产物资进行定期或不定期的核对和盘点，具有十分重要的意义。

2. 财产清查的意义

(1) 通过财产清查，可以保证账实相符，使会计资料真实可靠。通过财产清查可以确定各项财产物资的实际结存数，将账面结存数和实际结存数进行核对，揭示各项财产物资的溢缺情况，从而及时地调整账面结存数，保证账簿记录的真实、可靠。

(2) 通过财产清查，可以保护财产的安全和完整。通过财产清查，可以查明企业单位财产、商品、物资是否完整，有无缺损、霉变现象，以便堵塞漏洞，改进和健全各种责任制，切实保证财产的安全和完整。

(3) 通过财产清查，可以挖掘财产潜力，加速资金周转。通过财产清查可以及时查明各种财产物资的结存和利用情况。如发现企业有闲置不用的财产物资应及时加以处理，以充分发挥他们的效能；如发现企业有积压的财产物资，也应及时加以处理，并分析原因，采取措施，改善经营管理。这样，可以使财产物资得到充分合理的利用，加速资金周转，提高企业的经济效益。

(4) 通过财产清查，可以保证财经纪律和结算纪律的执行。通过对财产、物资、货币资金及往来款项的清查，可以查明有关业务人员是否遵守财经纪律和结算纪律，有无贪污盗窃、挪用公款的情况；查明资金的使用是否合理，是否符合党和国家的方针政策和法规，从而使工作人员更加自觉地遵纪守法，自觉维护和遵守财经纪律。

4.1.2 财产物资的盘存制度

财产清查的重要环节是盘点财产物资，尤其是存货的实存数量。为使财产清查工作顺利进行，企业应建立科学适用的财产物资盘存制度。在实际工作中，财产物资盘存制度有实地盘存制和永续盘存制两种。在不同的盘存制度下，财产物资在账簿中的记录方法和清查盘点的目的是不同的。财产物资的盘存制度主要用于存货的核算。

1. 实地盘存制

实地盘存制是对各种财产物资平时在账面上只登记增加数，不登记减少数；月末根据实地盘点的结存数来倒推本月财产物资的减少数，并据以登记入账的一种制度。

本月期初余额+本月增加合计数-本月期末实地盘点的实有数=本月减少数

实地盘存制的核算工作比较简单，工作量较小，但是手续不够严密，反映的数字不精确。实地盘存制适用于使用永续盘存制有困难的财产物资，以及损耗量大、数量不稳定，不便于办理出库手续的鲜活商品。

2. 永续盘存制

永续盘存制又称账面盘存制，就是对各项财产物资的增加额或减少额，必须根据会计凭证在有关账簿上进行连续登记，并随时在账簿上结算出各项财产物资的结存数。

本月期末余额=本月期初结存+本期增加额-本期减少额

永续盘存制的核算手续严密，可以随时反映出各种存货的收入、发出、结存情况，能够同时控制数量和金额，但是存货核算工作量较大。在实际工作中，永续盘存制为多数企业所采用。

4.1.3 财产清查种类

财产清查，按照清查的对象和范围，可以分为全面清查和局部清查；按照清查的时间，可以分为定期清查和不定期清查。

1. 全面清查和局部清查

全面清查是指对所有的财产和资金进行全面的盘点与核对。其清查对象主要包括原材料、在产品、自制半成品、库存商品、库存现金、短期存(借)款、有价证券及外币、在途物资、委托加工物资、往来款项、固定资产等。全面清查范围广，工作量大，一般在年终决算或企业撤销、合并或改变隶属关系时进行。

局部清查也称重点清查，是指根据需要只对财产中某些重点部分进行的清查。如流动资产中变化较频繁的原材料、库存商品等，除年度全面清查外，还应根据需要随时轮流盘点或重点抽查。各种贵重物资每月至少要清查一次，库存现金要天天核对，银行存(借)款要按银行对账单逐笔核对。

2. 定期清查和不定期清查

定期清查是指在规定的时间内所进行的财产清查。一般是在年、季、月终了后进行。

不定期清查也称临时清查，是指根据实际需要临时进行的财产清查。一般是在更换财产物资保管人员，企业撤销、合并或发生财产损失等情况时所进行的清查。

定期清查和不定期清查的范围应视具体情况而定，可全面清查也可局部清查。

任务 4.2 企业如何进行财产清查

4.2.1 财产清查前的准备工作

财产清查是一项复杂细致的工作，它涉及面广、政策性强、工作量大。为了加强领导，保质保量地完成此项工作，一般应在企业单位负责人(如厂长、经理等)的领导下，由会计、业务、仓库等有关部门的人员组成财产清查的专门班子，具体负责财产清查的领导工作。在清查前，必须首先做好以下几项准备工作。

(1) 清查小组制订财产清查计划，确定清查对象、范围，配备清查人员，明确清查任务。

(2) 财务部门要将总账、明细账等有关资料登记齐全，核对正确，结出余额。保管部门对所保管的各种财产物资以及账簿、账卡挂上标签，标明品种、规格、数量，以备查对。

(3) 银行存款和银行借款应从银行取得对账单，以便查对。

(4) 对需要使用的度量衡器，要提前校验正确，保证计量准确。对应用的所有表册，都要准备妥当。

4.2.2 财产清查的方法

由于财产物资种类繁多，占用形式各异，为了保证财产清查的工作质量，达到财产清查的目的，对货币资金、实物、结算款项等应采取不同的方式进行清查。

1. 实物的清查

对于各种实物如材料、半成品、在产品、产成品、低值易耗品、包装物、固定资产等，都要从数量和质量上进行清查。由于实物的形态、体积、重量、堆放方式等不尽相同，因而所采用的清查方法也不尽相同。实物数量的清查方法，比较常用的有以下几种。

(1) 实物盘点。即通过逐一清点或用计量器具来确定实物的实存数量。其适用的范围较广，在多数财产物资清查中都可以采用这种方法。

(2) 技术推算。采用这种方法时，对于财产物资并不是逐一清点计数的，而是通过量方、计尺等技术来推算财产物资的结存数量。这种方法只适用于成堆量大而价值又不高，难以逐一清点的财产物资的清查。例如，露天堆放的煤炭等。

(3) 抽样盘存法。它是指对于数量多、重量均匀的实物财产，可以采用抽样盘点的方法，确定财产的使用数额。

(4) 函证核对法。它是指对于委托外单位加工或保管的物资，以及在途的材料、商品、物资等，可以采用向对方单位发函调查的方法与有关单位进行核对，以查明账实是否相符。

实物清查过程中，实物保管人员和盘点人员须同时在场。对于盘点结果，应如实登记到盘存单上，并由盘点人和实物保管人签字或盖章，以明确经济责任。盘存单既是记录盘点结果的书面证明，也是反映财产物资实存数的原始凭证。其一般格式见表 2-27。

表 2-27　盘存单

单位名称：　　　　　　　　　　盘点时间：
财产类别：　　　　　　　　　　存放地点：　　　　　　　　编号：

编号	名称	计量单位	数量	单价	金额	备注

盘点人签章：　　　　　　　　　保管人：

为了查明实存数与账存数是否一致，确定盘盈或盘亏的情况，应根据盘存单和有关账簿的记录，编制实存账存对比表。实存账存对比表是用以调整账簿记录的重要原始凭证，也是分析产生差异的原因、明确经济责任的依据。实存账存对比表的一般格式见表 2-28。

表 2-28　实存账存对比表

财产类别：　　　　　　　　　年　　月　　日　　　　　　　　编号：

编号	名称	规格	计量单位	单价	实存		账存		对比结果		备注
					数量	金额	数量	金额	盘盈	盘亏	

主管人员：　　　　　　　　会计：　　　　　　　　制表：

2. 库存现金的清查

库存现金的清查包括人民币和各种外币的清查，都是采用实地盘点，即通过点票数来确定现金的实存数，然后以实存数与现金日记账的账面余额进行核对，以查明账实是否相符及盈亏情况。

由于现金的收支业务十分频繁，容易出现差错，需要出纳人员每日进行清查和定期及不定期的专门清查。每日业务终了，出纳人员都应将现金日记账的账面余额与现金的实存数进行核对，做到账款相符。专门清查盘点时，出纳人员必须在场，现钞应逐张查点，还应注意有无违反现金管理制度的现象，编制库存现金盘点报告表，并由盘点人员和出纳人员签章。库存现金盘点报告表是反映现金实有数和调整账簿记录的重要原始凭证。其一般格式见表 2-29。

表 2-29　库存现金盘点报告表

单位名称：　　　　　　　　　年　　月　　日

实存金额	账存金额	对比结果		备注
		盘盈	盘亏	

盘点人：　　　　　　　　　　出纳员：

国库券、其他金融债券、公司债券、股票等有价证券的清查方法和库存现金相同。

3. 银行存款的清查

银行存款的清查与实物和现金的清查方法不同，它是采用与银行核对账目的方法来进行的。即将企业单位的银行存款日记账与从银行取得的对账单逐笔核对，以查明银行存款的收入、付出和结余的记录是否正确。

开户银行送来的银行对账单是银行在收付企业单位存款时复写的账页，完整地记录了企业单位存放在银行的款项的增减变动情况及结存余额，是进行银行存款清查的重要依据。

在实际工作中，企业银行存款日记账余额与银行对账单余额往往不一致，其主要原因：一是双方账目发生错账、漏账。所以在与银行核对账目之前，应先仔细检查企业单位银行存款日记账的正确性和完整性，然后再将其与银行送来的对账单逐笔进行核对；二是正常的“未达账项”。所谓“未达账项”是指由于双方记账时间不一致而发生的一方已经入账，而另一方尚未入账的款项。

企业单位与银行之间的未达账项，有以下 4 种情况.

(1) 企业已收款入账，但银行尚未入账。如企业送存银行的款项，企业已作为存款增加入账，但银行尚未入账。

(2) 企业已付款入账，但银行尚未入账。如企业开出支票或其他付款凭证，企业已作为付款入账，但银行尚未付款记账。

(3) 银行已收款入账，但企业尚未入账。如银行代企业收进的款项，银行已作为企业存款的增加入账，但企业尚未收到通知，因而未入账。

(4) 银行已付款入账，但企业尚未入账。如银行代企业支付的款项，银行已作为企业存款的减少入账，但企业尚未收到通知，因而未入账。

上述任何一种情况的发生，都会使双方的账面存款余额不一致。因此，为了查明企业单位和银行双方账目的记录有无差错，同时也是为了发现未达账项，在进行银行存款清查时，必须将企业单位的银行存款日记账与银行对账单逐笔核对；核对的内容包括收付金额、结算凭证的种类和号数、收入来源、支出的用途、发生的时间、某日止的金额等。通过核对，如果发现企业单位有错账或漏账，应立即更正；如果发现银行有错账或漏账，应及时通知银行查明更正；如果发现有未达账项，则应据以编制银行存款余额调节表进行调节，并验证调节后余额是否相等。

【例 4-1】2006 年 6 月 30 日某企业银行存款日记账的账面余额为 31 000 元，银行对账单的余额为 36 000 元，经逐笔核对，发现有下列未达账项.

(1) 29 日，企业销售产品收到转账支票一张计 2 000 元，将支票存入银行，银行尚未办理入账手续。

(2) 29 日，企业采购原材料开出转账支票一张计 1 000 元，企业已作为银行存款付出，银行尚未收到支票而未入账。

(3) 30 日，企业开出现金支票一张计 250 元，银行尚未入账。

(4) 30 日，银行代企业收回货款 8 000 元，收款通知尚未到达企业，企业尚未入账。

(5) 30 日，银行代付电费 1 750 元，付款通知尚未到达企业，企业尚未入账。

(6) 30 日，银行代付水费 500 元，付款通知尚未到达企业，企业尚未入账。

【分析】2 000 元收入的转账支票企业已入账，应在银行对账单上加 2 000 元；1 000 元转账支票企业已入账，应在银行对账单上减 1 000 元；企业开出支票 250 元，银行尚未入账，应在银行对账单上减 250 元；银行代收货款 8 000 元，应在企业银行存款日记账上加 8 000 元；银行代付水、电费，应在企业银行存款日记账上减去 1 750 元和 500 元。

根据以上资料编制银行存款余额调节表见表 2-30。

表 2-30　银行存款余额调节表

2006 年 6 月 30 日　　　　　　　　　　　　　　　　　　　　单位：元

项目	金额	项目	金额
银行存款日记账余额	31 000	银行对账单余额	36 000
加：银行已经收款入账 企业尚未入账	8 000	加：企业已收款入账 银行尚未入账	2 000
减：银行已付款入账 企业尚未入账	1 750 500	减：企业已付款入账 银行尚未入账	1 000 250
调整后余额	36 750	调整后余额	36 750

如果调节后双方余额相等，则一般说明双方记账没有差错；若不相等，则表明企业方或银行方或双方记账有差错，应进一步核对，查明原因予以更正。

需要注意的是，对于银行已经入账而企业尚未入账的未达账项，不能根据银行存款余额调节表来编制会计分录，作为记账依据，必须在收到银行的有关凭证后方可入账。另外，对于长期悬置的未达账项，应及时查明原因，予以解决。

上述银行存款的清查方法，也适用于各种银行借款的清查。但在清查银行借款时，还应检查借款是否按规定的用途使用，是否按期归还等。

4. 往来款项的清查

往来款项的清查采用与对方单位核对账目的方法。在检查企业单位往来款项账目正确性和完整性的基础上，根据有关明细分类账的记录，按用户编制对账单，送交对方单位进行核对。对账单一般一式两联，其中一联作为回单。如果与对方单位核对相符，应在回单上盖章后退回；如果数字不符，则应将不符的情况在回单上注明，或另抄对账单退回，以便进一步清查。在核对过程中，如果发现未达账项，双方都应采用调节账面余额的方法，来核对往来款项是否相符。尤其应注意查明有无双方发生争议的款项、有无无法收回的款项以及无法支付的款项，以便及时采取措施进行处理，避免或减少坏账损失。

任务 4.3　财产清查结果的处理

4.3.1　财产清查的结果

财产清查的结果分为盘盈、盘亏、账实相符 3 种情况。

1. 盘盈

企业财产物资的实存数大于账存数，即盘盈。在这种情况下，应调增企业会计账簿的记录数，使其与企业财产物资的实存数相等。

2. 盘亏

企业财产物资的实存数小于账存数，即盘亏。在这种情况下，应调减企业会计账簿的记录数，使其与企业财产物资的实存数相等。

3. 账实相符

在这种情况下，企业财产物资的实存数与账存数相等，不用调整。

4.3.2 财产清查结果处理需设置的账户

财产清查的重要任务之一就是为了保证账实相符，财会部门对于财产清查中所发现的差异必须及时地进行账簿记录的调整。由于财产清查结果的处理要报请审批，所以，在账务处理上通常分两步进行。第一步，将财产清查中发现的盘盈、盘亏或毁损数，通过“待处理财产损溢”账户，登记有关账簿，以调整有关账面记录，使账存数和实存数相一致。第二步，在审批后，应根据批准的处理意见，再从“待处理财产损溢”账户转入有关账户。

“待处理财产损溢”账户是一个暂记账户，是专门用来核算企业在财产清查过程中查明的各种财产物资的盘盈、盘亏和毁损的账户。该账户的借方登记各种财产物资的盘亏、毁损数及按照规定程序批准的盘盈转销数，贷方登记各种财产物资的盘盈数及按照规定程序批准的盘亏、毁损转销数。借方余额表示尚未处理的各种物资的净损失数，贷方余额表示尚未处理的各种财产物资的净溢余数，期末结转后该账户应无余额。

借 待处理财产损溢 贷

借方	贷方
盘亏、毁损数 盘盈转销数	盘盈数 盘亏、毁损转销数
期末一段无余额	期末一般无余额

对于财产清查中，各种材料、在产品和产成品的盘盈和盘亏，不同的原因有不同的处理规定。

(1) 在收发物资中，由于计量、检验不准确，或财产物资在运输、保管、收发过程中，在数量上发生自然增减变化，或由于手续不齐或计算、登记上发生错误的，一般增加或冲减管理费用。

(2) 管理不善或工作人员失职造成财产损失、变质或短缺的，应由过失人负责赔偿的，计入“其他应收款”。

(3) 属于贪污盗窃、营私舞弊造成的损失或自然灾害造成的非常损失，应计入“营业外支出”。

特别提示

企业在财产清查中查明的有关债权、债务的坏账收入或坏账损失，经确认批准后，按照有关会计分录直接转销，不需要通过“待处理财产损溢”账户核算。

4.3.3 美味公司财产清查结果的账务处理

【例 4-2】美味食品公司在财产清查中盘盈小麦面粉 1 000 千克，价值 3 800 元。

【分析】盘盈原材料，表示小麦面粉的实际库存数大于账存数，应增加原材料小麦面粉的账存数，使得其实存数与账存数相等。在上级未批准处理前，借记“原材料”账户，贷记“待处理财产损溢”账户，原材料是流动资产，因此明细科目应用“待处理流动资产损溢”。

借：原材料——小麦面粉　　3 800

　　贷：待处理财产损溢——待处理流动资产损溢　　3 800

经查明，这项盘盈材料因计量仪器不准造成生产领用少付多算，所以，经批准冲减本月管理费用。

少记的原材料冲减管理费用，应贷记“管理费用”，借记“待处理财产损溢”。

借：待处理财产损溢——待处理流动资产损溢　　3 800

　　贷：管理费用　　3 800

【例 4-3】假设美味食品公司在财产清查中，发现购进的玉米面粉实际库存较账面库存短缺 1 500 元。

【分析】玉米面粉盘亏，表示玉米面粉的实际库存数小于其账存数，应减少原材料玉米面粉的账面余额，使得其账存数与实存数相等。在上级未批准处理前，盘亏物资借记“待处理财产”账户，贷记“原材料”账户。

借：待处理财产损溢——待处理流动资产损溢　　1 500

　　贷：原材料——玉米面粉　　1 500

报经批准，如属于定额内的自然损耗，则应作为管理费用，计入本期损益，编制会计分如下：

借：管理费用　　1 500

　　贷：待处理财产损溢——待处理流动资产损溢　　1 500

报经批准，如属于管理人员过失造成则应由过失人赔偿，编制会计分录如下：

借：其他应收款——××　　1 500

　　贷：待处理财产损溢——待处理流动资产损溢　　1 500

报经批准，如属于非常灾害造成的损失应经批准列作营业外支出，编制会计分录如下：

借：营业外支出　　1 500

　　贷：待处理财产损溢——待处理流动资产损溢　　1 500

【例 4-4】假设美味食品公司在财产清查中，查明确实无法收回的账款 30 000 元，经批准作为坏账损失。

【分析】坏账损失是指无法收回的应收账款而使企业遭受的损失。按制度规定，在会计核算中对坏账损失的处理采用备抵法，即按一定比例提取“坏账准备”计入当期管理费用。因此，对于这笔确属无法收回的应收账款，应按照规定的手续审批后，以批准的文件为原始凭证，做坏账损失处理，冲减“坏账准备”账户。“坏账准备”是资产类的账户，是“应收账款”的抵减账户，用来核算坏账准备的提取和转销情况，贷方登记提取数，借方登记冲销数，余额在贷方表示已经提取尚未冲销的坏账，编制会计分录如下：

借：坏账准备　　30 000

　　贷：应收账款(或其他应收款)　　30 000

学习小结

为了保证会计资料的真实性，企业必须定期或不定期地对其所拥有的财产物资进行清查，将账存数与实存数相互核对，以便在账实发生差异时及时寻找原因、分清责任，并按规定的程序和方法调整账面记录，做到账实一致。

财产清查按其清查范围分为全部清查和局部清查，按其清查时间可分为定期清查和不定期清查。

通常对材料、产成品、固定资产等实物的清查主要采用实地盘点的方法来进行。对现金的清查要采用不通知突击盘点的方法。对银行存款的清查要采取与银行核对账目的方法来进行，如不相符，需要编制银行存款余额调节表。对应收和应付的清查主要通过询证核对的方法来进行。

为了正确反映财产物资的盘盈、盘亏、毁损及其处理情况，企业应该设置“待处理财产损溢”账户。财产清查的会计处理须在报请批准以前和批准以后分两个阶段进行。

阅读材料

通过财产清查避免“小金库”的存在

“小金库”是将本应归属国家的资金采用截留、隐瞒为手段，非法转为由本单位自由支配的“账外账”资金的行为。“小金库”不仅是国家财产流失的漏勺，也是挪用公款犯罪滋生的温床，挪用公款案件总是与发案单位的“小金库”相伴而生。

2007 年 6 月，时任某客运公司财务科科长的张某某为支付其女儿上学费用，私自将其与该财务科会计、出纳共同保管的该公司“小金库”内的 2 万元公款挪用。2008 年 3 月 19 日，张某某、出纳以及会计利用“小金库”公款缴纳购房款，共计 51 万元，其中张某某挪用 15 万元、会计挪用 16 万元、出纳挪用 20 万元。

2008 年 10 月 17 日，反贪局立案侦查张某某挪用公款案，同年 12 月 5 日对其依法提起公诉。2009 年 3 月，被告人张某某被所属区人民法院以挪用公款罪判处有期徒刑 3 年，缓期 4 年执行。

为了减少和预防同类犯罪的发生，应通过制订严格的财产清查工作计划，将清除“小金库”的工作落到实处，自觉贯彻国家财会法律法规，强化财务审计，加强对“小金库”的监督，严格执行《会计法》，从源头上铲除滋生腐败的土壤和条件，为财务管理营造一个良好的环境。同时，对日常的财务账目做到收支两条线，并且要公开透明，定期公布财务收支数额及收入来源和支出用途，接受群众监督。

加强财产清查工作，有利于单位财务制度的完善，有助于单位运营管理的正常运行，所以应将“小金库”扼杀在摇篮中，预防挪用公款等经济案件的发生。

资料来源：http://news.9ask.cn/rssh/bjtj/201009/882959.shtml.

课 后 习 题

一、单项选择题

1. 对各项财产的增减变化，根据会计凭证连续记载并随时结出余额的制度是(　　)。
   A. 实地盘存制　　B. 应收应付制
   C. 永续盘存制　　D. 现金制

2. 现金清查时，在盘点结束后应根据盘点结果，编制（　）。

A. 盘存单　B. 实存账存对比表

C. 现金盘点报告表　D. 对账单

3. 在记账无误的情况下，银行对账单与银行存款日记账账面余额不一致的原因是(　)。

A. 存在应付账款　B. 存在应收账款

C. 存在外埠存款　D. 存在未达账项

4. 银行存款的清查一般采用的方法是(　)。

A. 抽查盘点　B. 技术推算

C. 核对账目　D. 实地盘点

5. 对于财产清查中所发现的财产物资盘盈、盘亏和毁损，财会部门进行账务处理依据的原始凭证是(　)。

A. 银行存款余额调节表　B. 实存账存对比表

C. 盘存单　D. 入库单

6. 当单位撤销、合并或改变隶属关系时应采用(　)。

A. 全面清查　B. 局部清查

C. 定期清查　D. 实地清查

7. 采用永续盘存制，平时对财产物资账簿的登记方法应该是(　)。

A. 只登记增加，不登记减少　B. 只登记增加，随时倒推算出减少

C. 既登记增加，又登记减少　D. 只登记减少，不登记增加

8. 盘亏及毁损财产物资的数额中属于责任者个人赔偿的，应记入(　)。

A. “其他应收款”账户的借方

B. “营业外支出”账户的借方

C. “管理费用”账户的借方

D. “其他应收款”账户的贷方

9. 清查中财产盘亏是由于自然灾害造成的，应计入(　)。

A. 营业外支出　B. 管理费用

C. 其他应收款　D. 生产成本

10. 对于大量成堆难以逐一清点的财产物资的清查，一般采用(　)方法进行清查。

A. 实地盘点法　B. 抽查检验

C. 查询核对　D. 技术推算盘点

11. 月末，企业可以动用的银行存款数额是(　)。

A. “银行对账单”上所列余额

B. 银行存款日记账余额

C. 月末银行存款余额调节表调节后的余额

D. 对账单或银行存款日记账余额

12. 下列情况中，适合采用局部清查的方法进行财产清查的是(　)。

A. 年终决算时　B. 进行清产核资时

C. 企业合并时　D. 现金和银行存款的清查

13. “待处理财产损溢”账户的贷方登记(　)。

A. 发生的待处理财产盘亏　B. 批准处理的待处理财产盘盈

C. 发生的待处理财产毁损　D. 批准处理的待处理财产盘亏

14. “待处理财产损溢”账户属于(　　)账户。

A. 损益类　　B. 资产类

C. 成本类　　D. 所有者权益类

15. 下列项目的清查应采用向有关单位发函询证核对账目的方法的是(　　)。

A. 原材料　　B. 应收账款

C. 实收资本　　D. 短期投资

二、多项选择题

1. 财产清查，按清查的时间可分为（　　）。

A. 全面清查　　B. 局部清查

C. 定期清查　　D. 不定期清查

2. 下列情况中，需要进行全面财产清查的有(　　)。

A. 年终决算之前　　B. 清产核资

C.单 位撤销、合并　　D. 资产重组或改变隶属关系

3. 实物财产清查常用的方法有(　　)。

A. 实地盘点法　　B. 抽查盘点法

C. 技术推算盘点法　　D. 核对账目法

4. 下列资产中，可以采用实地盘点法进行清查的是（　　）。

A. 固定资产　　B. 产成品　　C. 现金　　D. 银行存款

5. 造成账实不符的原因有(　　)。

A. 财产物资的自然损耗　　B. 财产物资收发的计量错误

C. 财产物资的毁损　　D. 账簿的漏记、重记

6. 全面清查的时间一般是（　　）。

A. 年末　　B. 开展清产核资

C. 月末　　D. 单位撤销、改变隶属关系

7. 企业财产物资的盘存制度有(　　)。

A. 实地盘存制　　B. 收付实现制

C. 永续盘存制　　D. 应收应付制

8. 永续盘存制的主要优点有(　　)。

A. 既记录财产物资的增加，又记录其减少

B. 能随时结出账面余额

C. 便于加强企业财产物资的管理

D. 只记录增加，不记录减少

9. 实地盘存制的不足有(　　)。

A. 不便于加强存货的管理　　B. 不能随时结出账户的账面余额

C. 核算工作比较复杂　　D. 不适用于大宗材料的管理

10. 正确合理地组织财产清查的意义在于(　　)。

A. 挖掘财产物资潜力，加速资金周转　　B. 保护企业财产的安全完整

C. 保证会计信息的真实、可靠　　D. 健全各项财产管理制度，提高管理水平

11. “待处理财产损溢”账户的借方反映(　　)。
    A. 发生的待处理财产损失
    B. 批准处理待处理财产损失
    C. 发生的待处理财产盘盈
    D. 批准处理待处理财产盘盈
12. 不定期清查主要在(　　)进行。
    A. 年末、季末、月末结账之后
    B. 更换财产物资保管人员时
    C. 审计机关、税务机关等上级部门进行财产监督检查时
    D. 财产物资发生意外损失时
13. 在财产清查结果的账务处理中，经批准计入“营业外支出”的盘亏损失有（　　）。
    A. 固定资产盘亏净损失
    B. 自然灾害造成的流动资产损失
    C. 盘亏的现金损失
    D. 责任事故造成的流动资产损失
14. 关于永续盘存制，下列(　　)是正确的。
    A. 便于加强会计监督
    B. 工作简单，工作量小
    C. 可随时给出账面结存数
    D. 可能发生账实不符的情况
15. 企业未达账项有(　　)。
    A. 企业已收，企业未收
    B. 企业已付，银行未付
    C. 银行已收，企业未收
    D. 银行已付，企业未付

三、判断题

1. 清查盘点现金时，出纳员必须在现场。（　　）
2. 现金清查结束后，应填写“现金盘点报告表”，并由盘点人和出纳人员签名或盖章。（　　）
3. 现金和银行存款的清查均应采用实地盘点的方法进行。（　　）
4. “银行存款余额调节表”不能作为调整银行存款账面余额的原始凭证。（　　）
5. 企业的未达账项只存在于企业与银行之间，企业与企业之间不存在未达账项。（　　）
6. 通过财产清查，便于正确确定各项财产物资的实存数额，发现财产物资管理过程中存在的问题。（　　）
7. 在某一时点上，企业的“银行存款”余额与银行对账单的余额不相等是正常的，并不一定存在错误。（　　）
8. 对于财产清查结果的账务处理一般分两步进行，即审批前先调整有关账面记录，审批后转入有关账户。（　　）
9. 财产清查就是对各种实物财产进行的清查盘点，不对往来款项进行清查。（　　）
10. 财产清查只清查实物性质的财产，不清查货币性资产。（　　）

四、简答题

1. 什么是财产清查？为什么要进行财产清查？财产清查有什么作用？

2. 如何对现金、银行存款进行清查？可能会出现什么问题？如何解决？

3. 什么是“未达账项”？企业单位能否根据银行存款余额调节表将未达账项登记入账？为什么？

4. 说明“待处理财产损溢”账户的用途、结构。

5. 财产清查结果如有差异，在账务上应如何处理？

五、技能训练题

1. 习题一

【目的】练习编制银行存款余额调节表，进行银行存款清查。

【资料】 广州美味食品有限责任公司 2008 年 3 月 31 日银行存款日记账余额 37 685 元，银行送来的对账单余额为 47 570 元。经逐笔核对，发现二者有下列不符之处。

(1) 3 月 30 日，公司开出一张转账支票向方圆公司购买文具用品，价值 1 045 元，方圆公司尚未到银行办理转账手续。

(2) 3 月 30 日，公司委托银行代收一笔货款 7 800 元，款项银行已收妥入账，公司尚未收到通知入账。

(3) 3 月 30 日，收到申花公司交来的转账支票 4 700 元，公司已送交银行办理，并已入账，但银行尚未入账。

(4) 3 月 31 日，银行扣收手续费 12 元，公司尚未入账。

(5) 3 月 31 日，银行代付公用事业费 3 456 元，公司尚未收到通知入账。

(6) 3 月 31 日，本月银行存款利息 208 元，公司尚未收到通知入账。

(7) 3 月 31 日，公司向东方公司购买原材料，开出转账支票一张，价值 9 000 元，东方公司尚未到银行办理转账手续。

【要求】根据以上资料，编制银行存款余额调节表，并确定企业 2006 年 8 月 31 日银行存款的实际结存额。

2. 习题二

【目的】练习对清查结果的账务处理。

【资料】广州美味食品有限责任公司 3 月 30 日对企业财产物资进行清查发现有关情况如下：

(1) 库存面包账面结存数量 2 000 件，单位成本 20 元，金额 40 000 元。实存 1 985 件，盘亏 15 件，价值 300 元。经查明系保管人员过失所致，经批准责令赔偿。

(2) 小麦面粉账面结存数量 250 千克，每千克 5 元，金额 1 250 元，全部毁损。经查明由于自然灾害所致，其损失经批准作为非常损失处理。

(3) 玉米面粉账面结存数量 120 吨，每吨成本 2 000 元，价值 240 000 元，实存 121 吨，盘盈 1 吨，价值 2 000 元。经查明属于登记错误，经批准冲减本月管理费用。

(4) 库存现金短缺 1 000 元，经查明属于出纳人员的责任，经批准由出纳人员补偿。

【要求】根据以上资料，编制财产清查结果审批前后的会计分录。

项目五 编制财务报告

教学目标

通过本项目学习，学生了解财务会计报告的意义、种类和编制要求。理解资产负债表的概念与作用，编制的理论依据；掌握资产负债表的基本结构和内容；掌握资产负债表的编制方法；会编制资产负债表。理解利润表的概念与作用，编制的理论依据；掌握利润表的基本结构和内容；掌握利润表的编制方法；会编制利润表。

知识要点结构图

- 编制财务报告
  - 财务会计报告
    - 财务会计报告的意义
    - 财务会计报告的种类
    - 财务会计报告的编制要求
  - 编制资产负债表
    - 资产负债表的概念与作用
    - 资产负债表的基本结构和内容
    - 资产负债表的编制方法
  - 编制利润表
    - 利润表的概念与作用
    - 利润表的基本结构和内容
    - 利润表的编制方法

思考

在广州美味食品有限责任公司的会计核算过程中，从原始凭证的取得到会计账簿的登记，各种数据依然还很分散，还需要进行进一步的汇总，得到高度浓缩的会计信息，这一过程就是编制企业财务会计报告。那么什么是企业财务会计报告？它的构成包括哪些内容？如何编制企业财务会计报告？编制企业财务会计报告具有什么意义？本项目将告诉你答案。

任务5.1　企业财务报告概述

5.1.1　认识财务报告

1. 财务会计报告的概念和意义

财务会计报告是指企业对外提供的，反映企业某一特定日期的财务状况和某一会计期间的经营成果、现金流量等会计信息的文件。它是企业根据日常的会计核算资料归集、加工和汇总后形成的，是企业会计核算的最终成果。

编制财务会计报告是会计核算的一种专门方法，是会计核算的总结，也是会计工作的一项重要内容。财务会计报告作为提供会计信息的重要工具，对于单位内部和外部的利益关系集团具有以下重要意义。

1) 可以将分散在账簿中的会计记录系统化

在会计核算过程中，通过填制凭证、登记账簿，已经将单位发生的零星、个别的经济业务按会计科目进行了分类和汇总，会计资料的使用者可以了解某类经济业务的总括或明细情况，但是每个会计科目只能登记一类经济业务，不能总括地反映单位的经济业务全貌。必须通过编制财务会计报告，将分散在各个账簿中的会计记录定期进行整理和汇总，全面、系统地反映单位的经济业务全貌。

2) 可以为单位内部的经营管理者提供会计信息

单位的资金运动是一个连续不断的过程，在会计分期假设的基础上，通过定期编制财务会计报告，可以分期提供单位的财务状况、经营成果和现金流量资料，使经营管理者及时掌握有用的会计信息，一方面发现问题，改善管理，不断提高经营水平；另一方面可以据此分析自身的资产结构、偿债能力、营运能力和盈利能力，正确地进行预测和决策，防止失误。

3) 可以为单位外部的利益关系集团提供会计信息

单位的外部利益关系集团包括投资人、债权人和有关政府机构。投资人可以通过财务会计报告了解投资风险，判断未来的投资收益，正确进行投资决策；债权人可以通过财务会计报告了解该单位的偿债能力，保护债权；有关政府机构可以通过财务会计报告了解单位资金来源和使用情况、利润的形成和分配情况、执行会计法规和有关财经纪律的情况，以便于对其实行有效的管理和监督，保证国民经济的健康发展。

2. 企业财务会计报告的构成

财务会计报告包括会计报表及其附注和其他应当在财务会计报告中披露的相关信息的资料。一套完整的财务会计报告至少应当包括“四表一注”，即资产负债表、利润表、现金流量表、所有者权益变动表以及附注。

中期财务报告至少应当包括资产负债表、利润表、现金流量表和附注。

根据我国《小企业会计制度》规定，小企业的年度财务会计报告包括资产负债表、利润表和会计报表附注，小企业可以根据需要选择是否编制现金流量表。

(1) 资产负债表是反映企业某一特定日期财务状况的静态报表。

(2) 利润表是反映企业在一定期间经营成果的动态报表。

(3) 现金流量表是反映企业在一定期间内现金及现金等价物流入和流出情况(现金流量情况)的动态报表。

(4) 所有者权益变动表是反映企业所有者权益各组成部分当期增减变动情况的报表。

(5) 会计报表附注是为便于会计报表使用者理解会计报表的内容而对会计报表的编制基础、编制依据、编制原则和方法及主要项目等所作的解释。

3. 企业会计报表的分类

会计报表是财务会计报告的主要组成部分，按不同的标准划分，主要可以分为以下几类。

1) 按会计报表反映的经济内容分类

会计报表按照反映的经济内容可以分为静态会计报表和动态会计报表。静态会计报表是反映企业某一特定日期的资产、负债和所有者权益等财务状况的报表。资产负债表就属于静态会计报表。动态会计报表是反映企业一定期间的经营情况或现金流量情况的报表。利润表、现金流量表就属于动态会计报表。

2) 按会计报表的编制时间分类

会计报表按照编制的时间可以分为年度会计报表和中期会计报表。年度会计报表是指年度终了后按会计年度编制和报送的会计报表。资产负债表、利润表、现金流量表、所有者权益变动表、利润分配表等就需要按年度编制。中期财务会计报表是以短于一个完整的会计年度的报告期为基础编制的财务会计报表。中期会计报表又可以分为半年度、季度、月度会计报表。半年度会计报表是指在每个会计年度的前 6 个月结束后编制的会计报表；季度会计报表是指一个季度结束后按季度编制和报送的会计报表；月度会计报表是指月度结束后按月度编制和报送的会计报表，资产负债表、利润表需要按月编制。

3) 按会计报表的报送对象分类

会计报表按照报送的对象可以分为对外会计报表和对内会计报表。

对外会计报表是企业按照会计制度的统一规定编制的，供企业外部的政府部门、投资者和债权人等使用的会计报表。“资产负债表”、“利润表”、“现金流量表”等必须对外报送。对内会计报表主要是根据企业内部管理的需要自行规定、自行设计的，为企业内部管理者提供必要会计信息的报表。对内会计报表一般没有统一规定的格式，也没有统一规定的指标体系，如“主营业务收支明细表”、“产品生产成本明细表”等，一般不对外公开。

4) 按会计报表各项目所反映的数字内容分类

会计报表按照会计报表各项目所反映的数字内容可以分为个别会计报表和合并会计报表。

个别会计报表是反映基层单位财务状况和经营成果的报表，是各独立核算单位根据本单位会计账簿资料加工编制而成的报表。合并会计报表是指以母公司和子公司组成的企业集团为一个会计主体，以母公司和子公司单独编制的个别会计报表为基础，由母公司编制的综合反映企业集团经营成果、财务状况及变动情况的会计报表，如合并资产负债表、合并利润表、合并现金流量表等。

5) 按会计报表的编制单位不同分类

会计报表按照会计报表的编制单位不同可以分为单位会计报表和汇总会计报表。

单位会计报表是企业在自身会计核算的基础上，对账簿记录进行加工而编制的财务报表，以反映企业本身的财务状况和经营成果。汇总会计报表是由上级主管单位根据所属各单位会计报表汇总编制的，反映某一系统或某一地区的财务状况和经营成果的报表。

为了满足管理的特殊需要，有时单位还要求编制日报、时报等报表。按照国际会计惯例，企业编制的会计报表主要是资产负债表、利润表(损益表)、现金流量表以及有关附表附注。

知识链接

各期间财务会计报告编制的时间要求和基本内容如下。

我国《财务会计报告条例》规定，年度结账日为公历年度每年的12月31日；半年度、季度、月度结账日分别为公历年度每半年、每季、每月的最后一天。

(1) 月度财务会计报告。在每月终了后的6日内报出，至少应当包括资产负债表和利润表。

(2) 季度财务会计报告。在每季度终了后的15日内报出，包括的内容与月度财务会计报告基本相同。

(3) 半年度财务会计报告。在每半年度终了后的60日内报出，包括资产负债表、利润表、现金流量表和会计报表附注。

(4) 年度财务会计报告。在每年度终了后的4个月内对外提供，包括财务会计报告的全部内容。

4. 财务会计报告的编制要求

为了使财务会计报告能够最大限度地满足各有关方面的需要，实现编制财务会计报告的基本目的，充分发挥财务会计报告的作用，企业编制财务会计报告应当根据真实的交易、事项以及完整、准确的账簿记录等资料，严格遵循国家会计制度规定的编制基础、编制依据、编制原则和编制方法。其编制的财务会计报告应当真实可靠、相关可比、全面完整、编报及时、便于理解，符合国家统一的会计制度和会计准则的有关规定。其基本要求如下。

1) 真实可靠

如果会计报表所提供的资料不真实或者可靠性很差，则会致使报表使用者做出错误的决策。企业会计准则规定，会计核算应当以实际发生的交易或事项为依据，如实反映企业的财务状况、经营成果和现金流量。任何单位或者个人不得授意、指使、强令企业编制和对外提供虚假的或者隐瞒重要事实的会计报表。

2) 相关可比

企业会计报表所提供的财务会计信息必须与报表使用者的决策需要相关，满足报表使用者的需要，并且会计报表各项目的数据应当口径一致、相互可比，便于报表使用者在不同企业之间及同一企业前后各期之间进行比较。只有提供相关而且可比的信息，才能使报表使用者分析企业在整个社会特别是同行业中的地位，了解、判断企业过去、现在的情况，预测企业未来的发展趋势，进而为其做出决策服务。

3) 全面完整

企业会计报表应当全面地披露企业的财务状况、经营成果和现金流量情况，完整地反映企业财务活动的过程和结果，以满足各有关方面对财务会计信息资料的需要。为了保证会计报表的全面完整，企业在编制会计报表时，应当按照企业会计准则规定的格式和内容填报。特别是对某些重要事项，应当按照要求在会计报表附注中进行说明，不得漏编漏报。

4) 编报及时

企业会计报表所提供的信息资料具有很强的时效性。只有及时编制和报送会计报表，才能为使用者提供决策所需的信息资料。否则，即使会计报表编制得非常真实可靠、全面完整且具有可比性，但由于编报不及时，也可能失去其应有的价值，成为相关性较低甚至不相关的信息。随着市场经济和信息技术的迅速发展，会计报表的及时性要求将变得日益重要。

5) 便于理解

便于理解是指会计报表提供的信息可以为使用者所理解。企业对外提供的会计报表是为广大会计报表使用者提供企业过去、现在和未来的有关资料，为企业目前或潜在的投资者和债权人提供决策所需的会计信息，因此，编制的会计报表应当清晰明了，便于理解和利用。如果提供的会计报表晦涩难懂，不可理解，使用者就不能据以做出准确的判断，所提供的会计报表的作用也会大大减弱。

我国《企业财务会计报告条例》规定，企业对外提供的财务会计报告应当依次编定页数，加具封面，装订成册，加盖公章。封面上应当注明企业名称、企业统一代码、组织形式、地址、报表所属年度或者月份、报出日期，并由企业负责人和主管会计工作的负责人、会计机构负责人(会计主管人员)签名并盖章；设置总会计师的企业，还应当由总会计师签名并盖章。

5.1.2 财务报告编制的准备工作

1. 全面清查资产，核实债务

企业在编制年度财务会计报告前，应当按照下列规定，全面清查资产、核实债务。

(1) 结算款项，包括应收款项、应付款项、应交税费等是否存在，与债务、债权单位的相应债务、债权金额是否一致。

(2) 原材料、在产品、自制半成品、库存商品等各项存货的实存数量与账面数量是否一致，是否有报废损失和积压物资等。

(3) 各项投资是否存在，投资收益是否按照国家统一的会计制度规定进行确认和计量。

(4) 房屋建筑物、机器设备、运输工具等各项固定资产的实存数量与账面数量是否一致。

(5) 在建工程的实际发生额与账面记录是否一致。

(6) 需要清查、核实的其他内容。

企业通过对各项资产、债务的清查、核实，查明财产物资的实存数量与账面数量是否一致、各项结算款项的拖欠情况及其原因、材料物资的实际储备情况、各项投资是否达到预期目的、固定资产的使用情况及其完好程度等。企业清查、核实后,应当将清查、核实的结果及其处理办法向企业的董事会或者相应机构报告，并根据国家统一的会计制度的规定进行相应的会计处理。

企业应当在年度中间根据具体情况，对各项财产物资和结算款项进行重点抽查、轮流清查或者定期清查。

2. 按照国家统一的会计制度的规定，全面检查会计核算的处理

企业在编制财务会计报告前，除应当全面清查资产、核实债务外，还应当完成下列工作。

(1) 核对各会计账簿记录与会计凭证的内容、金额等是否一致，记账方向是否相符。

(2) 依照企业财务会计报告条例规定的结账日进行结账，结出有关会计账簿的余额和发生额，并核对各会计账簿之间的余额。

(3) 检查相关的会计核算是否按照国家统一的会计制度的规定进行。

(4) 对于国家统一的会计制度没有规定统一核算方法的交易、事项，检查其是否按照会计核算的一般原则进行确认和计量以及相关账务处理是否合理。

(5) 检查是否存在因会计差错、会计政策变更等原因需要调整前期或者本期相关项目。在前款规定工作中发现问题的，应当按照国家统一的会计制度的规定进行处理。

企业编制年度和半年度财务会计报告时，对经查实后的资产、负债有变动的，应当按照资产、负债的确认和计量标准进行确认和计量，并按照国家统一的会计制度的规定进行相应的会计处理。

任务 5.2　编制资产负债表

5.2.1　认识资产负债表

1. 资产负债表的概念

资产负债表是反映企业某一特定日期(如月末、季末、年末等)财务状况的会计报表。它是根据“资产＝负债＋所有者权益”这一会计等式，依照一定的分类标准和顺序，将企业在一定日期的全部资产、负债和所有者权益项目进行适当分类、汇总、排列后编制而成的。资产负债表是企业基本会计报表之一，是所有独立核算的企业单位都必须对外报送的会计报表。

2. 资产负债表的意义

资产负债表可以反映企业资产、负债和所有者权益的全貌。

(1) 通过编制资产负债表，可以反映企业资产的构成及其状况，分析企业在某一日期所拥有的经济资源及其分布情况。

(2) 通过编制资产负债表，可以反映企业某一日期的负债总额及其结构，分析企业目前与未来需要支付的债务数额。

(3) 通过编制资产负债表，可以反映企业所有者权益的情况，了解企业现有的投资者在企业资产总额中所占的份额。

(4) 通过对资产负债表项目金额及其相关比率的分析，可以帮助报表使用者全面了解企业的资产状况，分析企业的债务偿还能力，从而为未来的经济决策提供参考信息。例如，通过资产负债表可以计算流动比率、速动比率，以了解企业的短期偿债能力；又如，通过资产负债表可以计算资产负债率，以了解企业偿付到期长期债务的能力。

3. 资产负债表的内容

资产负债表的内容主要包括以下 3 个方面。

1) 资产类项目

资产负债表中的资产反映由过去的交易、事项形成并由企业在某一特定日期所拥有或控制的、预期会给企业带来经济利益的资源。资产按照流动性由大到小的顺序排列分为流动资产、非流动资产项目。

流动资产是指可以在一年或者超过一年的一个营业周期内变现或耗用的资产。通常包括货币资金、交易性金融资产、应收票据、应收账款、应收利息、应收股利、其他应收款、预付账款、存货、一年内到期的非流动资产等。

非流动资产项目通常包括可供出售金融资产、持有至到期投资、投资性房地产、长期股权投资、固定资产、在建工程、工程物资、固定资产清理、生产性生物资产、无形资产、开发支出、商誉、长期待摊费用、递延所得税资产及其他非流动资产等。

2) 负债类项目

资产负债表中的负债反映企业在某一特定日期所承担的、预期会导致经济利益流出企业的现时义务。负债按到期日由近到远一般分为流动负债和长期负债。

流动负债是指将在一年(含一年)或者超过一年的一个营业周期内偿还的债务。流动负债项目包括短期借款、交易性金融负债、应付票据、应付账款、预收账款、应付职工薪酬、应交税费、应付股利、其他应付款、一年内到期的非流动负债和其他流动负债等。

长期负债是指偿还期在一年以上或者超过一年的一个营业周期以上的负债。长期负债项目包括长期借款、应付债券、长期应付款、专项应付款、预计负债、递延所得税负债和其他非流动负债等。

3) 所有者权益类项目

在股份有限公司所有者权益也称为股东权益。资产负债表中的所有者权益反映企业在某一特定日期股东(投资者)拥有的净资产的总额，它一般按照实收资本(或股本)、资本公积、盈余公积和未分配利润分项列示。

4. 资产负债表的格式

资产负债表由表头、表身和表尾等部分组成。表头部分应列明报表名称、编表单位名称、编制日期和金额计量单位；表身部分反映资产、负债和所有者权益的内容；表尾部分为补充说明。其中，表身部分是资产负债表的主体和核心。

资产负债表的格式主要有账户式和报告式两种。我国企业的资产负债表采用账户式结构。

账户式资产负债表分左右两方，左方为资产项目，按资产的流动性大小排列：流动性大的资产如“货币资金”、“交易性金融资产”、“应收票据”等排在前面，流动性小的资产如“可供出售金融资产”、“持有至到期投资”、“投资性房地产”、“固定资产”、“无形资产”等则排在后面。右方为负债及所有者权益项目，一般按求偿权先后顺序排列。负债在先，负债按到期日由近到远排列，“短期借款”、“应付票据”等需要在一年以内或者长于一年的一个营业周期内偿还的流动负债排在前面，“长期借款”等在一年以上或者长于一年的一个营业周期以上才需偿还的长期负债排在后面。所有者权益在后，按留在企业的永久性程度由大到小排列：“实收资本”(或股本)在前，“未分配利润”在最后。

账户式资产负债表中的资产各项目的合计等于负债和所有者权益各项目的合计，即资产负债表左方和右方平衡。因此通过账户式的资产负债表可以反映资产、负债、所有者权益之间的内在关系，即“资产＝负债＋所有者权益”。

资产负债表的基本格式见表 2-31。

表 2-31　资产负债表(一)

会企 01 表

编制单位：　　　　　　　　　　　　年　　月　　日　　　　　　　　　　单位：元

资产	行次	年初余额	期末余额	负债和所有者权益(或股东权益)	行次	期末余额	年初余额
流动资产：				流动负债：			
货币资金				短期借款			
交易性金融资产				交易性金融负债			
应收票据				应付票据			
应收账款				应付账款			
预付账款				预收账款			
应收股利				应付职工薪酬			
应收利息				应交税费			
其他应收款				应付利息			
存货				应付股利			
其中：消耗性生物资产				其他应付款			
一年内到期的非流动资产				一年内到期的非流动负债			
其他流动资产				其他流动负债			
流动资产合计				流动负债合计			
非流动资产：				非流动负债：			
可供出售金融资产				长期借款			
持有至到期投资				应付债券			
投资性房地产				长期应付款			
长期股权投资				专项应付款			
长期应收款				递延所得税负债			
固定资产				预计负债			
在建工程				其他非流动负债			
工程物资				非流动负债合计			
固定资产清理				负债合计			
生产性生物资产				所有者权益(或股东权益)：			
油气资产				实收资本(或股本)			
无形资产				资本公积			
开发支出				盈余公积			
商誉				未分配利润			
长摊待摊费用				减：库存股			
递延所得税资产				所有者权益(或股东权益)合计			
其他非流动资产							
非流动资产合计							
资产总计				负债和所有者权益(或股东权益)总计			

注：以人民币以外的货币作为记账本位币的企业，可以在“所有者权益(或股东权益)合计”项目前增设“外币报表折算差额”项目。

报告式的资产负债表是将资产、负债、所有者权益自上而下排列，首先是资产，其次是负债，最后是所有者权益。

5.2.2 资产负债表的编制方法

1. 资产负债表的填列方法

通常，资产负债表的各项目均需填列“年初余额”和“期末余额”两栏。

资产负债表的“年初余额”栏内各项数字，应根据上年末资产负债表的“期末余额”栏内所列数字填列。如果本年度资产负债表规定的各项目的名称和内容与上年不一致，则应对上年年末资产负债表各项目的名称和数字按照本年度的规定进行调整，填入本表“年初余额”栏内。

资产负债表的“期末余额”栏内各项数字，则根据会计报表的编报时间，可以分为月末、季末或年末的数字。“期末余额”栏内各项数字，主要是通过对本会计期间的会计核算记录的数据加以归集、整理而成，其编制方法主要有以下几种。

1) 根据某个总分类账户的期末余额直接填列

根据有关总账的期末余额直接填列的项目主要有“交易性金融资产”、“应收票据”、“工程物资”、“固定资产清理”、“递延所得税资产”、“短期借款”、“交易性金融负债”、“应付票据”、“应付职工薪酬”、“应交税费”、“应付利息”、“应付股利”、“其他应付款”、“专项应付款”、“预计负债”、“递延所得税负债”、“实收资本(或股本)”、“资本公积”、“库存股”、“盈余公积”等。一般情况下，资产类项目直接根据其总账的借方余额填列，负债类项目和所有者权益类项目根据直接根据其总账的贷方余额填列。

2) 根据若干个总分类账户的期末余额分析计算填列

根据若干个总分类账户的期末余额分析计算填列的项目主要有“货币资金”、“存货”、“未分配利润”等项目。

(1) “货币资金”项目，应根据“库存现金”、“银行存款”、“其他货币资金”3 个总分类账户的期末余额的合计数填列。

(2) “存货”项目，应根据“材料采购(在途物资)”、“原材料”、“库存商品”、“生产成本”、“周转材料”、“委托加工物资”、“材料成本差异”、“发出商品”等总分类账户的期末余额合计减去“存货跌价准备”等账户期末余额后的数额填列。

(3) “未分配利润”项目，平时应根据“本年利润”和“利润分配”账户的期末余额计算填列，未弥补的亏损，在本项目内以“－”号填列。“本年利润”和“利润分配”账户的期末余额均在贷方的，用两者余额之和填列；期末余额均在借方的，将两者余额之和在本项目以“－”号填列；两者余额一个在借方一个在贷方的，用两者余额互相抵减后的差额填列，如为借差，则在本项目内以“－”号填列。年度终了，该项目可以只根据“利润分配”账户的期末余额填列。余额均在贷方的直接填列；余额在借方的在本项目以“－”号填列。

【例 5-1】某企业 2010 年 12 月 31 日结账后，“库存现金”账户余额为 10 000 元，“银行存款”账户余额为 2 100 000 元，“其他货币资金”账户余额为 800 000 元。填列该企业 2010 年 12 月 31 日的资产负债表中“货币资金”项目的金额。

【分析】在资产负债表中“货币资金”项目，应根据“库存现金”、“银行存款”、“其他货币资金”3个总分类账户的期末余额的合计数填列。则该企业2010年12月31日的资产负债表中“货币资金”项目的金额=10 000+2 100 000+ 800 000=2 910 000(元)

【例5-2】某企业对材料采用实际成本法核算，2010年12月31日结账后，“在途物资”账户借方余额为210 000元，“原材料”账户借方余额为3 600 000元，“库存商品”账户借方余额为1 800 000元，“生产成本”账户借方余额为800 000元，“存货跌价准备”账户期末贷方余额为80 000元。填列该企业2010年12月31日的资产负债表中“存货”项目的金额。

【分析】在资产负债表中“存货”项目的金额。应根据“材料采购(在途物资)”、“原材料”、“库存商品”、“生产成本”、“周转材料”、“委托加工物资”、“材料成本差异”、“发出商品”等总分类账户的期末余额合计减去“存货跌价准备”等账户期末余额后的数额填列。则该企业2010年12月31日的资产负债表中“存货”项目的金额=210 000+3 600 000+1 800 000+800 000−80 000=6 330 000(元)

【例5-3】某企业2010年9月30日结账后，“本年利润”账户期末借方余额为100 000元，“利润分配”账户期末借方余额为100 000元；2010年10月31日结账后，“本年利润”账户期末贷方余额为200 000元，“利润分配”账户期末借方余额为100 000元；2010年12月31日结账后，“利润分配”账户期末贷方余额为100 000元；2011年1月31日结账后，“本年利润”账户期末贷方余额为10 000元，“利润分配”账户期末贷方余额为100 000元。填列该企业2010年、2011年上述各月末的资产负债表中“未分配利润”项目的金额。

【分析】在资产负债表中“未分配利润”项目，平时应根据“本年利润”和“利润分配”账户的期末余额计算填列，未弥补的亏损，在本项目内以“-”号填列。“本年利润”和“利润分配”账户的期末余额均在贷方的，用两者余额之和填列；期末余额均在借方的，将两者余额之和在本项目以“−”号填列；两者余额一个在借方一个在贷方的，用两者余额互相抵减后的差额填列，如为借差，则在本项目内以“−”号填列。年度终了，该项目可以只根据“利润分配”账户的期末余额填列。余额均在贷方的直接填列；余额在借方的在本项目以“-”号填列。则该企业

2010年9月30日的资产负债表中“未分配利润”项目的金额=−(100 000+100 000)= −200 000(元)

2010年10月31日的资产负债表中“未分配利润”项目的金额=200 000−100 000 =100 000(元)

2010年12月31日的资产负债表中“未分配利润”项目的金额=100 000(元)

2011年1月31日的资产负债表中“未分配利润”项目的金额=10 000+ 100 000=110 000(元)

3) 根据有关总账所属明细账的期末余额分析计算填列

根据有关总账所属明细账的期末余额分析计算填列的项目主要有“应收账款”、“预收账款”、“应付账款”、“预付账款”等项目。

(1) “应收账款”项目应根据“应收账款”账户和“预收账款”账户所属明细账的期末借方余额合计数，减去“坏账准备”账户中有关应收账款计提的坏账准备期末余额后的数额填列。

(2) “预收款项”项目应根据“预收账款”账户和“应收账款”账户所属明细账的期末贷方余额合计数填列。

(3) “应付账款”项目应根据“应付账款”账户和“预付账款”账户所属明细账的期末贷

方余额合计数填列。

(4) “预付账款”项目应根据“预付账款”账户和“应付账款”账户所属明细账的期末借方余额合计数填列。

【例 5-4】某企业 2010 年 12 月 31 日结账后，有关账户所属明细账余额见表 2-32。

表 2-32 有关账户所属明细账余额

单位：元

账户名称	借方余额	贷方余额
应收账款	1 300 000	
——A 公司	1 500 000	
——B 公司		200 000
坏账准备		100 000
预收款项		1 000 000
——C 公司		1 250 000
——D 公司	250 000	
应付账款		500 000
——甲公司		550 000
——乙公司	50 000	
预付账款	150 000	
——丙公司	200 000	
——丁公司		50 000

【分析】该企业 2010 年 12 月 31 日的资产负债表中，相关项目的金额为：

“应收账款”项目金额=1 500 000+250 000−100 000=1 650 000(元)

“预收账款”项目金额=200 000+1 250 000=1 450 000(元)

“应付账款”项目金额=550 000+ 50 000=600 000(元)

“预付账款”项目金额=50 000+ 200 000=250 000(元)

4) 根据有关总账及其明细账的期末余额分析计算填列

根据有关总账及其明细账的期末余额分析计算填列的项目有“长期待摊费用”、“长期借款”、“应付债券”、“长期应付款”等。例如，“长期借款”项目应根据“长期借款”总账账户余额扣除“长期借款”账户所属的明细账户中将在资产负债表日起一年内到期，且企业不能自主地将清偿义务展期的长期借款后的金额计算填列；“应付债券”项目应根据“应付债券”总账账户余额扣除“应付债券”账户所属的明细账户中将在资产负债表日起一年内到期的应付债券后的金额计算填列。

5) 根据有关账户余额减去其备抵账户余额后的净额填列

根据有关账户余额减去其备抵账户余额后的净额填列的项目有“应收账款”、“其他应收款”、“存货”、“持有至到期投资”、“长期股权投资”、“固定资产”、“在建工程”、“无形资产”等项目。例如，“固定资产”项目应根据“固定资产”的期末余额扣减相应的“累计折旧”、“固定资产减值准备”等账户的期末余额后的金额填列；“无形资产”项目应根据“无形资产”的期末余额扣减相应的“累计摊销”、“无形资产减值准备”等账户的期末余额后的金额填列；“持有至到期投资”项目应根据“持有至到期投资”的期末余额扣减相应的“持有至到期投资减值准备”等账户的期末余额后的金额填列。

特别提示

我国企业会计准则规定，对资产计提减值准备，其分别是坏帐准备、存货跌价准备、持有至到期投资减值准备、长期投资减值准备、固定资产减值准备、无形资产减值准备、在建工程减值准备、投资性房地产减值准备、商誉减值准备、生产性生物资产减值准备等。

【例5-5】某企业2010年12月31日结账后，“长期股权投资”账户的期末余额为900 000元，“长期投资减值准备”账户的期末余额为50 000元。填列该企业2010年12月31日的资产负债表中“长期股权投资”项目的金额。

该企业2010年12月31日的资产负债表中“长期股权投资”项目的金额=900 000−50 000=850 000(元)

【例5-6】某企业2010年12月31日结账后，“固定资产”账户的期末余额为4 500 000元，“累计折旧”账户的期末余额为1 300 000元，“固定资产减值准备”账户的期末余额为200 000元，填列该企业2010年12月31日的资产负债表中“固定资产”项目的金额。

该企业2010年12月31日的资产负债表中“固定资产”项目的金额=4 500 000−1 300 000−200 000 = 3 000 000(元)

2. 资产负债表各项目的填列方法

根据企业会计准则及其讲解，资产负债表中主要项目的填列方法如下。

1) 资产项目的具体填列说明

(1) “货币资金”项目，反映企业库存现金、银行结算户存款及其他货币资金的合计数。本项目应根据“库存现金”、“银行存款”、“其他货币资金”科目期末余额的合计数填列。

(2) “交易性金融资产”项目，反映企业持有的以公允价值计量且其变动计入当期损益的为交易目的所持有的债券投资、股票投资、基金投资、权证投资等金融资产。本项目应根据“交易性金融资产”科目的期末余额填列。

(3) “应收票据”项目，反映企业因销售商品、提供劳务等而收到的商业汇票，包括银行承兑汇票和商业承兑汇票。本项目应根据“应收票据”科目的期末余额，减去“坏账准备”科目中有关应收票据计提的坏账准备期末余额后的金额填列。

(4) “应收账款”项目，反映企业因销售商品、提供劳务等经营活动应收取的款项。本项目应根据“应收账款”和“预收账款”科目所属各明细科目的期末借方余额合计数，减去“坏账准备”科目中有关应收账款计提的坏账准备期末余额后的金额填列。如“应收账款”科目所属明细科目期末有贷方余额的，应在资产负债表“预收款项”项目内填列。

(5) “预付款项”项目，反映企业按照购货合同规定预付给供应单位的款项等。本项目应根据“预付账款”和“应付账款”科目所属各明细科目的期末借方余额合计数，减去“坏账准备”科目中有关预付款项计提的坏账准备期末余额后的金额填列。如“预付账款”科目所属各明细科目期末有贷方余额的，应在资产负债表“应付账款”项目内填列。

(6) “应收利息”项目，反映企业应收取的债券投资等的利息。本项目应根据“应收利息”科目的期末余额，减去“坏账准备”科目中有关应收利息计提的坏账准备期末余额后的金额填列。

(7) “应收股利”项目，反映企业应收取的现金股利和应收取其他单位分配的利润。本项目应根据“应收股利”科目的期末余额，减去“坏账准备”科目中有关应收股利计提的坏账准备期末余额后的金额填列。

(8) “其他应收款”项目，反映企业除应收票据、应收账款、预付账款、应收股利、应收利息等经营活动以外的其他各种应收、暂付的款项。本项目应根据“其他应收款”科目的期末余额，减去“坏账准备”科目中有关其他应收款计提的坏账准备期末余额后的金额填列。

(9) “存货”项目，反映企业期末在库、在途和在加工中的各种存货的可变现净值。本项目应根据“材料采购”、“原材料”、“低值易耗品”、“库存商品”、“周转材料”、“委托加工物资”、“委托代销商品”、“生产成本”等科目的期末余额合计，减去“受托代销商品款”、“存货跌价准备”科目期末余额后的金额填列。材料采用计划成本核算，以及库存商品采用计划成本核算或售价核算的企业，还应该加或减“材料成本差异”、“商品进销差价”后的金额填列。

(10) “一年内到期的非流动资产”项目，反映企业将于一年内到期的非流动资产项目金额。本项目应根据有关科目的期末余额填列。

(11) “长期股权投资”项目，反映企业持有的对子公司、联营企业和合营企业的长期股权投资。本项目应根据“长期股权投资”科目的期末余额，减去“长期股权投资减值准备”科目期末余额后的金额填列。

(12) “固定资产”项目，反映企业各种固定资产原价减去累计折旧和累计减值准备后的净额。本项目应根据“固定资产”科目的期末余额，减去“累计折旧”和“固定资产减值准备”科目期末余额后的金额填列。

(13) “在建工程”项目，反映企业期末各项未完工程的实际支出，包括交付安装的设备价值、未完建筑安装工程已经耗用的材料、工资和费用支出、预付出包工程的价款等可收回金额。本项目应根据“在建工程”科目的期末余额，减去“在建工程减值准备”科目期末余额后的金额填列。

(14) “工程物资”项目，反映企业尚未使用的各项工程物资的实际成本。本项目应根据“工程物资”科目的期末余额填列。

(15) “固定资产清理”项目，反映企业因出售、毁损、报废等原因转入清理但尚未清理完毕的固定资产的净值，以及固定资产清理过程中所发生的清理费用和变价收入等各项金额的差额。本项目应根据“固定资产清理”科目的期末借方余额填列，如“固定资产清理”科目期末为贷方余额，以“-”号填列。

(16) “无形资产”项目，反映企业持有的无形资产，包括专利权、非专利技术、商标权、著作权、土地使用权等。本项目应根据“无形资产”科目的期末余额，减去“累计摊销”和“无形资产减值准备”科目期末余额后的金额填列。

(17) “开发支出”项目，反映企业开发无形资产过程中能够资本化形成无形资产成本的支出部分。本项目应根据“研发支出”科目中所属的“资本化支出”明细科目期末余额填列。

(18) “长期待摊费用”项目，反映企业已经发生但应由本期和以后各期负担的分摊期限在一年以上的各项费用。长期待摊费用中在一年内(含一年)摊销的部分，在资产负债表“一年内到期的非流动资产”项目填列。本项目应根据“长期待摊费用”科目的期末余额减去将于一年内(含一年)摊销的数额后的金额填列。

2) 负债项目的具体填列说明

(1) “短期借款”项目，反映企业向银行或其他金融机构等借入的期限在一年以下(含一年)的各种借款。本项目应根据“短期借款”科目的期末余额填列。

(2) “应付票据”项目，反映企业购买材料、商品和接受劳务供应等而开出、承兑的商业汇票，包括银行承兑汇票和商业承兑汇票。本项目应根据“应付票据”科目的期末余额填列。

(3) “应付账款”项目，反映企业因购买材料、商品和接受劳务供应等经营活动应支付的款项。本项目应根据“应付账款”和“预付账款”科目所属各明细科目的期末贷方余额合计数填列；如“应付账款”科目所属明细科目期末有借方余额的，应在资产负债表“预付款项”项目内填列。

(4) “预收款项”项目，反映企业按照购货合同规定预付给供应单位的款项。本项目应根据“预收账款”和“应收账款”科目所属各明细科目的期末贷方余额合计数填列。如“预收账款”科目所属各明细科目期末有借方余额，应在资产负债表“应收账款”项目内填列。

(5) “应付职工薪酬”项目，反映企业根据有关规定应付给职工的工资、职工福利、社会保险费、住房公积金、工会经费、职工教育经费、非货币性福利、辞退福利等各种薪酬。外商投资企业按规定从净利润中提取的职工奖励及福利基金，也在本项目列示。

(6) “应交税费”项目，反映企业按照税法规定计算应交纳的各种税费，包括增值税、消费税、营业税、所得税、资源税、土地增值税、城市维护建设税、房产税、土地使用税、车船使用税、教育费附加、矿产资源补偿费等。企业代扣代交的个人所得税也通过本项目列示。企业所交纳的税金不需要预计应交数的，如印花税、耕地占用税等，不在本项目列示。本项目应根据“应交税费”科目的期末贷方余额填列；如“应交税费”科目期末为借方余额，应以“-”号填列。

(7) “应付利息”项目，反映企业按照规定应当支付的利息，包括分期付息到期还本的长期借款应支付的利息、企业发行的企业债券应支付的利息等。本项目应当根据“应付利息”科目的期末余额填列。

(8) “应付股利”项目，反映企业分配的现金股利或利润。企业分配的股票股利不通过本项目列示。本项目应根据“应付股利”科目的期末余额填列。

(9) “其他应付款”项目，反映企业除应付票据、应付账款、预收款项、应付职工薪酬、应付股利、应付利息、应交税费等经营活动以外的其他各项应付、暂收的款项。本项目应根据“其他应付款”科目的期末余额填列。

(10) “一年内到期的非流动负债”项目，反映企业非流动负债中将于资产负债表日后一年内到期部分的金额，如将于一年内偿还的长期借款。本项目应根据有关科目的期末余额填列。

(11) “长期借款”项目，反映企业向银行或其他金融机构借入的期限在一年以上(不含一年)的各项借款。本项目应根据“长期借款”科目的期末余额填列。

(12) “应付债券”项目，反映企业为筹集长期资金而发行的债券本金和利息。本项目应根据“应付债券”科目的期末余额填列。

(13) “其他非流动负债”项目，反映企业除长期借款、应付债券等项目以外的其他非流动负债。本项目应根据有关科目的期末余额减去将于一年内(含一年)到期偿还数后的余额填列。非流动负债各项目中将于一年内(含一年)到期的非流动负债，应在“一年内到期的非流动负债”项目内单独反映。

3) 所有者权益项目的具体填列说明

(1) “实收资本(或股本)”项目，反映企业各投资者实际投入的资本(或股本)总额。本项目应根据“实收资本”(或“股本”)科目的期末余额填列。

(2) “资本公积”项目，反映企业资本公积的期末余额。本项目应根据“资本公积”科目的期末余额填列。

(3) “盈余公积”项目，反映企业盈余公积的期末余额。本项目应根据“盈余公积”科目的期末余额填列。

(4) “未分配利润”项目，反映企业尚未分配的利润。本项目应根据“本年利润”科目和“利润分配”科目的余额计算填列。未弥补的亏损在本项目内以“-”号填列。

5.2.3 美味公司资产负债表编制实例

根据项目3的结果，美味公司2010年12月31日各有关账户的期末余额见表2-33。

表2-33 科目余额表

2010年12月31日

会计账户	借方余额	贷方余额	会计账户	借方余额	贷方余额
库存现金	1 800		短期借款		50 000
银行存款	769 255		应付票据		58 474
应收票据	185 400		应付账款		57 546
应收账款	125 000		预收账款		36 000
坏账准备		500	应付职工薪酬		24 300
预付账款	25 700		应交税费		55 510
其他应收款	600		应付股利		30 000
原材料	151 000		长期借款		200 000
低值易耗品	720		实收资本(或股本)		2 000 000
库存商品	210 000		资本公积		30 000
生产成本	110 000		盈余公积		92 877.25
固定资产	1 580 970		未分配利润		609 637.75
无形资产	150 000		累计折旧		65 600

根据表2-33各账户的期末余额编制的资产负债表见表2-34。

表2-34 资产负债表(二)

会企01表

编制单位：广州美味食品有限责任公司　　2010年12月31日　　单位：元

资产	行次	期末余额	年初余额	负债和所有者权益(或股东权益)	行次	期末余额	年初余额
流动资产：				流动负债：			
货币资金		771 055		短期借款		50 000	
交易性金融资产				交易性金融负债			
应收票据		185 400		应付票据		58 474	
应收账款		124 500		应付账款		57 546	
预付账款		25 700		预收账款		36 000	
应收股利				应付职工薪酬		24 300	
应收利息				应交税费		55 510	

续表

资产	行次	期末余额	年初余额	负债和所有者权益(或股东权益)	行次	期末余额	年初余额
其他应收款		600		应付利息			
存货		471 720		应付股利		30 000	
其中：消耗性生物资产				其他应付款			
一年内到期的非流动资产				一年内到期的非流动负债			
其他流动资产				其他流动负债			
流动资产合计		1 578 975		流动负债合计		311 830	
非流动资产：				非流动负债：			
可供出售金融资产				长期借款		200 000	
持有至到期投资				应付债券			
投资性房地产				长期应付款			
长期股权投资				专项应付款			
长期应收款				递延所得税负债			
固定资产		1 515 370		预计负责			
在建工程				其他非流动负债			
工程物资				非流动负债合计		200 000	
固定资产清理				负债合计		511 830	
生产性生物资产				所有者权益(或股东权益)：			
油气资产				实收资本(或股本)		2 000 000	
无形资产		150 000		资本公积		30 000	
开发支出				盈余公积		92 877.25	
商誉				未分配利润		609 637.75	
长期待摊费用				减：库存股			
递延所得税资产				所有者权益(或股东权益)合计		2 732 515	
其他非流动资产							
非流动资产合计		1 665 370					
资产总计		3 244 345		负债和所有者权益(或股东权益)总计		3 244 345	

任务 5.3　编制利润表

5.3.1　认识利润表

利润表又称损益表，是反映企业在一定会计期间经营成果的报表。利润表是根据会计核算的配比原则，把一定时期内的收入和相对应的成本费用配比，从而计算出企业一定时期的各项利润指标。它是以“收入-费用=利润”这一会计等式作为编制依据的。

1. 利润表的意义

(1) 通过利润表，可以从总体上了解企业在一定会计期间收入、成本和费用及净利润(或亏损)的实现及构成情况。

(2) 通过利润表提供的不同时期的比较数字(本月数、本年累计数、上年数)，可以分析企业的获利能力及利润的未来发展趋势，了解投资者投入资本的保值增值情况。

由于利润既是企业经营业绩的综合体现，又是企业进行利润分配的主要依据，因此，利润表是会计报表中的一张主要报表。

2. 利润表的内容和格式

利润表由表头、基本部分和补充资料 3 部分组成。表头部分列示报表名称、编制单位名称、编制期间和金额计量单位。基本部分反映在报告期的收入、费用和利润情况，并按照“收入-费用=利润”的顺序加以排列而成。补充资料则列示有关报表项目的必要补充资料，对基本部分起着补充说明的作用。其中，基本部分为利润表的主体和核心。

按照收入与费用在表中列示的方法不同，利润表的格式主要有多步式利润表和单步式利润表两种。按照我国《企业会计准则》的规定，我国企业的利润表采用多步式。企业可以分为以下 3 个步骤编制利润表。

第一步，以营业收入为基础，减去营业成本、营业税金及附加、销售费用、管理费用、财务费用、资产减值损失，加上公允价值变动收益(减去公允价值变动损失)和投资收益(减去投资损失)，计算出营业利润。

其中营业收入由主营业务收入和其他业务收入组成，营业成本由主营业务成本和其他业务成本组成。

第二步，以营业利润为基础，加上营业外收入，减去营业外支出，计算出利润总额。

第三步，以利润总额为基础，减去所得税费用，计算出净利润(或者净亏损)。

也可以用公式表示如下。

(1) 营业利润=营业收入-营业成本-营业税金及附加-销售费用-管理费用-财务费用-资产减值损失+公允价值变动收益(-公允价值变动损失)+投资收益(-投资损失)

其中：营业收入=主营业务收入+其他业务收入

营业成本=主营业务成本+其他业务成本

(2) 利润总额=营业利润+营业外收入-营业外支出

(3) 净利润=利润总额-所得税费用

因此，多步式利润表反映了构成营业利润、利润总额、净利润的各项要素的情况，有助于使用者从不同利润类别中了解企业经营成果的不同来源。

利润表的基本格式见表 2-35。

表 2-35　利润表(一)

会企 02 表

编制单位：　　　　　　　　　　　年度　　　　　　　　　　　　单位：元

项目	行次	本年金额	上年金额
一、营业收入			
减：营业成本			
营业税金及附加			
销售费用			
管理费用			
财务费用(收益以“－”号填列)			
资产减值损失			
加：公允价值变动净收益(净损失以“－”号填列)			
投资净收益(净损失以“－”号填列)			
二、营业利润(亏损以“－”号填列)			
加：营业外收入			
减：营业外支出			
其中：非流动资产处置净损失(净收益以“－”号填列)			
三、利润总额(亏损总额以“－”号填列)			
减：所得税			
四、净利润(净亏损以“－”号填列)			
五、每股收益：			
(一) 基本每股收益			
(二) 稀释每股收益			

知识链接

基本每股收益：企业应当按照归属于普通股股东的当期净利润，除以发行在外普通股的加权平均数计算基本每股收益。

$$基本每股收益=\frac{归属于普通股股东的当期净利润}{发行在外普通的加权平均数}$$

归属于普通股股东的当期净利润，即当期净利润中仅归属于普通股股东的净利润，不包括优先股股东。

发行在外普通股加权平均数＝期初发行在外普通股股数＋当期新发行普通股股数×已发行时间÷报告期时间－当期回购普通股股数×已回购时间÷报告期时间

稀释每股收益：企业存在稀释性潜在普通股的，应当分别调整归属于普通股股东的当期净利润和发行在外普通股的加权平均数，并据以计算稀释每股收益。

稀释性潜在普通股是指假设当期转换为普通股会减少每股收益的潜在普通股。

5.3.2　利润表的编制方法

利润表中各项目的数据来源主要是根据期末结转前各损益类账户本期发生额分析计算填列。

1. 年度利润表的填列方法

1) “上年金额”栏的列报方法

利润表“上年金额”栏内各项数字应根据上年度利润表“本年金额”栏内所列数字填列。如果上年度利润表与本年度利润表的项目名称和内容不相一致，应对上年度利润表项目的名称和数字按本年度的规定进行调整，填入本表“上年数”栏。

2) “本年金额”栏各项目的内容及其填列方法

(1) “营业收入”项目，反映企业经营主要业务和其他业务所确认的收入总额。本项目应根据“主营业务收入”和“其他业务收入”科目的发生额分析填列。如果该科目借方记录有销售退回等，应抵减本期的销售收入，按其销售收入净额填列本项目。

(2) “营业成本”项目，反映企业经营主要业务和其他业务发生的实际成本总额。本项目应根据“主营业务成本”和“其他业务成本”科目的发生额分析填列。

(3) “营业税金及附加”项目，反映企业经营主要业务应负担的营业税、消费税、城市维护建设税、资源税、土地增值税和教育费附加等。本项目应根据“营业税金及附加”科目的发生额分析填列。

(4) “销售费用”项目，反映企业在销售商品过程中发生的包装费、广告费等费用和为销售本企业商品而专设的销售机构的职工薪酬、业务费等经营费用。本项目应根据“销售费用”科目的发生额分析填列。

(5) “管理费用”项目，反映企业组织和管理生产经营发生的管理费用。本项目应根据“管理费用”科目的发生额分析填列。

(6) “财务费用”项目，反映企业筹集生产经营所需资金等而发生的筹资费用。本项目应根据“财务费用”科目的发生额分析填列。

(7) “资产减值损失”项目，反映企业各项资产发生的减值损失。本项目应根据“资产减值损失”科目的发生额分析填列。

(8) “公允价值变动收益”项目，反映企业应当计入当期损益的资产或负债公允价值变动收益。本项目应根据“公允价值变动收益”科目的发生额分析填列，如为净损失，本项目以“-”号填列。

(9) “投资收益”项目，反映企业以各种方式对外投资所取得的收益。本项目应根据“投资收益”科目的发生额分析填列；如为投资损失，本项目以“-”号填列。

(10) “营业利润”项目，反映企业实现的营业利润。如为亏损，本项目以“-”号填列。

(11) “营业外收入”项目，反映企业发生的与其生产经营无直接关系的各项利得。本项目应根据“营业外收入”科目的发生额分析填列。

(12) “营业外支出”项目，反映企业发生的与其生产经营无直接关系的各项损失。本项目应根据 “营业外支出”科目的发生额分析填列。

(13) “利润总额”项目，反映企业实现的利润总额。如为亏损总额，本项目以“-”号填列。

(14) “所得税费用”项目，反映企业按规定从本期损益中减去的所得税。本项目应根据“所得税费用”科目的发生额分析填列。

(15) “净利润”项目，反映企业实现的净利润。如为净亏损，本项目以“-”号填列。

2. 月份利润表有关栏目的填列方法

月份利润表“本月数”栏反映各项目的本月实际发生数。“本年累计数”栏反映各项目自年初起至报告期末止的累计实际发生数，根据上月利润表的“本年累计数”栏的数字，加上本月利润表的“本月数”栏的数字，可以得出各项目的本月利润表的“本年累计数”，然后填入相应的项目内。

12 月份利润表的“本年累计数”就是年度利润表的“本年累计数”，可以直接转抄。由于年终结账时，全年的收入和支出已经全部转入“本年利润”科目，并且通过收支对比结出本年净利润的数额。因此，应将年报中的“净利润”数字，与“本年利润”科目结转到“利润分配——未分配利润”科目的数字核对，检查报表编制和账簿记录的正确性。

5.2.3　美味公司利润表编制实例

根据项目 3 的结果，美味公司 2010 年 12 月各损益类账户结转前的发生额见表 2-36。

表 2-36　科目发生额表

2010 年 12 月　　单位：元

账户名称	借方发生额	贷方发生额
主营业务收入		200 000
主营业务成本	82 000	
其他业务收入		8 000
其他业务成本	5 000	
营业税金及附加	2 000	
销售费用	22 300	
管理费用	23 780	
财务费用	1 200	
营业外收入		500
营业外支出	2 200	
所得税费用	17 505	

根据表 2-36 资料编制的美味公司 2010 年 12 月的利润表见表 2-37。

表 2-37　利润表(二)

会企 02 表

编制单位：广州美味食品有限责任公司　　2010 年 12 月　　单位：元

项目	行次	本月数	本年累计数
一、营业收入		208 000	
减：营业成本		87 000	
营业税金及附加		2 000	
销售费用		22 300	
管理费用		23 780	
财务费用(收益以“-”号填列)		1 200	
资产减值损失			
加：公允价值变动净收益(净损失以“-”号填列)			
投资净收益(净损失以“-”号填列)			
二、营业利润(亏损以“-”号填列)		71 720	
加：营业外收入		500	
减：营业外支出		2 200	
其中：非流动资产处置净损失(净收益以“-”号填列)			
三、利润总额(亏损总额以“-”号填列)		70 020	
减：所得税费用		17 505	
四、净利润(净亏损以“-”号填列)		52 515	
五、每股收益：			
(一) 基本每股收益			
(二) 稀释每股收益			

学习小结

财务会计报告是指企业对外提供的反映企业某一特定日期的财务状况和某一会计期间的经营成果、现金流量等会计信息的文件。它是企业根据日常的会计核算资料归集、加工和汇总后形成的，是企业会计核算的最终成果。

财务会计报告包括会计报表及其附注和其他应当在财务会计报告中披露的相关信息的资料。一套完整的财务会计报告至少应当包括“四表一注”，即资产负债表、利润表、现金流量表、所有者权益变动表以及附注。

资产负债表是反映企业某一特定日期(如月末、季末、年末等)财务状况的会计报表，是一张静态报表，反映时点数，资产负债表的数据大部分来源于总分类账；其编制的理论依据是“资产＝负债＋所有者权益”这一会计等式。

利润表又称损益表，是反映企业在一定会计期间经营成果的报表。利润表是一张动态表，反映时期数，利润表的数据主要来源于损益类账户的发生额，即根据会计核算的配比原则，把一定时期内的收入和相对应的成本费用配比，从而计算出企业一定时期的各项利润指标。它是以“收入−费用=利润”这一会计等式作为编制依据的。

按照收入与费用在表中列示的方法不同，利润表的格式主要有多步式利润表和单步式利润表两种。按照我国《企业会计准则》的规定，我国企业的利润表采用多步式。

阅读材料

著诚去伪 礼之经也（节选）

——朱镕基同志3次题词“不做假账”

项怀诚

朱镕基同志几乎从不题词，他在任国务院总理期间，却“破例”为新成立的国家会计学院3次题词“不做假账”，并明确指示将其作为校训。这既说明了朱镕基同志对国家会计学院的特殊“偏爱”，更充分显示了他对会计工作和会计人员职业操守的重视。目前，“不做假账”已经成了会计业界甚至经济领域的至理名言。

2001年，朱镕基同志先后3次写过“不做假账”的题词。第一次是4月16日，他视察上海国家会计学院，为学院题写了“不做假账”的校训。第二次是10月29日，他视察北京国家会计学院时，又一次题了词。朱镕基同志平时在各地视察工作时几乎从不题词，惜墨如金。那次北京国家会计学院备好笔墨，请他题词。朱镕基总理缓缓地走到案前，执笔写下“诚信为本，操守为重，遵循准则，不做假账”16个字。这个题词意义深远，已经不仅是国家会计学院的校训了，他用题词的方式对全国一千多万名会计人员的职业操守提出了要求。

朱镕基同志“不做假账”的题词很经典，切中时弊，在会计界影响深远。同时，2001年10月29日他视察北京国家会计学院时的讲话内容丰富而又深刻，我至今清晰地记得那次讲话的要点：第一，要求高起点、高水平地办好国家会计学院。他要求把会计学院办成以注册会计师相关知识为培训内容、面向全国的、培养宏观经济部门、国有大中型企业、金融机构和中介机构的高级人才及高级财会人才的会计后续教育培训基地。第二，国家会计学院的任务是要源源不断地向社会输送一批又一批职业道德好、业务素质高的会计人才。他强调会计人员要素质高、讲诚信、有操守，依法办事。他认为这是中国现代化建设的基础，是关系国家的长远利益，是国家的根本大计。他强调，“不做假账”是会计从业人员的基本职业道德和行为准则，他要求所有会计信息都要真实、可靠。第三，当前经济生活中一个突出问题是不少会计师事务所和会计人员造假账，出具虚假财务报告。许多贪污受贿、偷税漏税、挪用公款等经济违法犯罪活动，以及大量腐败现象，几乎都与财会人员做假账分不开。这已经成为严重危害市场经济秩序的一个“毒瘤”。第四，要求所有国有大中型企业、金融机构的财务主管，都必须到国家会计学院接受培训，达到合格的要求才能上岗。他提倡会计学院要搞“案例教学”、“诚信教育”，要把诚信教育放在首位。他语重心长地说，在国家会计学院接受培训并取得合格证书的人，不仅要有一流的专业水平，更要有一流的职业道德水平，绝对不做假账！

朱镕基同志大声疾呼“不做假账”，其实他呼唤的是诚信，是道德，是人的规范和尊严，是礼之经也！著诚去伪是社会的责任，也是一项长期任务，不仅需要几所国家会计学院的不懈努力，更需要全社会的积极推动。

资料来源：http://www.cfen.com.cn/web/ckb/2008-07/18/content_437256.htm.

课后习题

一、单项选择题

1. 以下不属于财务会计报表编制要求的是(　　)。
   A. 全面完整　　B. 相关可比　　C. 真实可靠　　D. 节约成本
2. 编制资产负债表所依据的会计等式是(　　)。
   A. 收入－费用=利润
   B. 资产=负债+所有者权益
   C. 借方发生额=贷方发生额
   D. 期初余额+本期借方发生额－本期贷方发生额=期末余额
3. 下面对于资产负债表的意义表述错误的是(　　)。
   A. 可以分析企业在某一日期所拥有的经济资源及其分布情况
   B. 可以分析企业目前与未来需要支付的债务数额
   C. 可以反映企业现有投资者在企业资产总额所占的份额
   D. 可以反映企业的盈利能力
4. 资产负债表中所有者权益的排列顺序是(　　)。
   A. 未分配利润—盈余公积—资本公积—实收资本
   B. 实收资本—资本公积—盈余公积—未分配利润
   C. 实收资本—盈余公积—资本公积—未分配利润
   D. 资本公积—盈余公积—未分配利润—实收资本
5. 依照我国的会计准则，资产负债表采用的格式为(　　)。
   A. 单步报告式　　B. 多步报告式　　C. 账户式　　D. 混合式
6. 账户式的资产负债表分为左右两方，其中左方为(　　)。
   A. 资产项目，按资产的流动性由大到小顺序排列
   B. 资产项目，按资产的流动性由小到大顺序排列
   C. 负债及所有者权益项目，一般按求偿权先后顺序
   D. 负债及所有者权益项目，按短期负债、长期负债、所有者权益顺序排列

7. 预收账款科目所属明细科目期末有借方余额，应在资产负债表(　　)项目填列。

A. 预付账款　　B. 应付账款

C. 应收账款　　D. 预收账款

8. 某企业会计年度的期末应收账款所属明细账户借方余额之和为 500 800 元，所属明细账户贷方余额之和为 9 800 元，总账为借方余额 491 000 元。则在当期资产负债表“应收账款”项目所填列的数额为(　　)。

A. 500 800 元　　B. 9 800 元　　C. 491 000 元　　D. 510 600 元

9. 依照我国的会计准则，利润表采用的格式为(　　)。

A. 账户式　　B. 报告式　　C. 单步式　　D. 多步式

10. 企业本月利润表中的营业收入为 450 000 元，营业成本为 216 000 元，营业税金及附加为 9 000 元，管理费用为 10 000 元，财务费用为 5 000 元，销售费用为 8 000 元，则其营业利润为(　　)元。

A. 217 000　　B. 225 000　　C. 234 000　　D. 202 000

二、多项选择题

1. 年度财务会计报告应当包括(　　)。

A. 资产负债表　　B. 会计报表附注

C. 所有者权益变动表　　D. 现金流量表

2. 以下属于资产负债表项目的有(　　)。

A. 营业成本　　B. 工程物资　　C. 实收资本　　D. 未分配利润

3. 资产负债表的格式主要有(　　)。

A. 单步报告式　　B. 多步报告式　　C. 账户式　　D. 报告式

4. 资产负债表中根据有关账户明细余额计算填列的项目有(　　)。

A. 应收账款　　B. 货币资金　　C. 存货　　D. 应付账款

5. 资产负债表中的“存货”项目根据(　　)账户的期末余额的合计数计算填列。

A. 在途物资　　B. 原材料　　C. 自制半成品　　D. 工程物资

6. 资产负债表的下列项目中，需要根据总账科目余额减去其备抵项目后的净额填列的有(　　)。

A. 应收账款　　B. 长期股权投资

C. 存货　　D. 固定资产

7. 利润表的格式有(　　)。

A. 账户式　　B. 报告式　　C. 单步式　　D. 多步式

8. 多步式利润表可以反映企业的(　　)等利润要素。

A. 主营业务利润　　B. 营业利润　　C. 利润总额　　D. 净利润

9. 下列影响利润总额计算的项目有(　　)。

A. 营业收入　　B. 营业外支出　　C. 营业外收入　　D. 投资收益

10. 以下选项正确的有(　　)。

A. 净利润＝利润总额-所得税费用

B. 营业利润＝营业收入-营业成本-营业税金及附加-销售费用-管理费用-财务费用-资产减值损失+公允价值变动收益+投资收益

C. 营业收入＝主营业务收入+其他业务收入

D. 营业成本＝主营业务成本+营业税金及附加

三、判断题

1. 小企业的年度财务会计报告包括资产负债表、利润表和会计报表附注。（　）

2. 季度财务会计报告应于季度终了后的 20 日内报出。（　）

3. 企业会计报表各项目的数据在同一企业不同时期应当口径一致、相互可比，在不同的企业之间则不一定要相互可比。（　）

4. 由于财务会计报告是对外提供的，所以其所提供的信息对企业的管理者和职工无用。（　）

5. 为了保证会计报表的及时性，可以提前结账。（　）

6. 资产负债表是反映企业某一时期财务状况的报表。（　）

7. 企业的账户式资产负债表左侧的资产项目是按金额大小排列的。（　）

8. 利润表是反映企业一定日期财务状况的财务报表。（　）

9. 如果利润大于 0，表示企业盈利；如果利润小于 0，表示企业发生了亏损。（　）

10. 利润表中的利润总额是由营业利润和营业外收支净额组成的。（　）

四、简答题

1. 什么是财务会计报告？并回答季度、半年度、年度财务会计报告编制和报出的时间要求。

2. 根据我国《企业会计准则第 30 号——财务报表列报》的规定，年度财务报表至少应当包括哪 4 张报表？并简述各报表的含义。

3. 财务会计报告的编制要求有哪些？

4. 什么是资产负债表?其结构和内容如何？

5. 什么是利润表?其结构和内容如何？

五、技能训练题

1. 习题一

【资料】天朗公司 2010 年 10 月的余额试算平衡表见表 2-38。

【目的】练习资产负债表各栏目期末数核算。

表 2-38　余额试算平衡表

2010 年 10 月 31 日　　单位：元

会计账户	借方余额	贷方余额	会计账户	借方余额	贷方余额
库存现金	500		应付账款		31 400
银行存款	65 000		预收账款		4 200
其他货币资金	1 100		长期借款		118 000
应收账款	36 400		坏账准备		500
原材料	27 400		本年利润		50 000
库存商品	41 500		实收资本		300 000
固定资产	363 800		盈余公积		1 500
			未分配利润		8 700
			累计折旧		21 400
合计	535 700		合计		535 700

(1) 长期借款期末余额中将于一年到期归还的长期借款数为 50 000 元。

(2) 应收账款有关明细账期末余额情况为：

应收账款——A 公司　　贷方余额 5 000

应收账款——B 公司　　借方余额 41 400

(3) 应付账款有关明细账期末余额情况为：

应付账款——C 公司　　贷方余额 39 500

应付账款——D 公司　　借方余额 8 100

(4) 预收账款有关明细账期末余额情况为：

预收账款——E 公司　　贷方余额 7 200

——F 公司　　借方余额 3 000

【要求】根据上述资料，计算天朗公司 2010 年 10 月 31 日资产负债表(表 2-39)中各项目的期末数。

表 2-39　资产负债表(三)

会企 01 表

编制单位：　　　　　　　　年　　月　　日　　　　　　　　单位：元

资产	行次	期末余额	年初余额	负债和所有者权益(或股东权益)	行次	期末余额	年初余额
流动资产：				流动负债：			
货币资金				短期借款			
交易性金融资产				交易性金融负债			
应收票据				应付票据			
应收账款				应付账款			
预付账款				预收账款			
应收股利				应付职工薪酬			
应收利息				应交税费			
其他应收款				应付利息			
存货				应付股利			
其中：消耗性生物资产				其他应付款			
一年内到期的非流动资产				一年内到期的非流动负债			
其他流动资产				其他流动负债			
流动资产合计				流动负债合计			
非流动资产：				非流动负债：			
可供出售金融资产				长期借款			
持有至到期投资				应付债券			
投资性房地产				长期应付款			
长期股权投资				专项应付款			
长期应收款				递延所得税负债			

续表

资产	行次	期末余额	年初余额	负债和所有者权益(或股东权益)	行次	期末余额	年初余额
流动资产：				流动负债：			
固定资产				预计负责			
在建工程				其他非流动负债			
工程物资				非流动负债合计			
固定资产清理				负债合计			
生产性生物资产				所有者权益(或股东权益)：			
油气资产				实收资本(或股本)			
无形资产				资本公积			
开发支出				盈余公积			
商誉				未分配利润			
长期待摊费用				减：库存股			
递延所得税资产				所有者权益(或股东权益)合计			
其他非流动资产							
非流动资产合计							
资产总计				负债和所有者权益(或股东权益)总计			

2. 习题二

【资料】天朗公司所得税税率 25%，该公司 2010 年的收入和费用有关资料见表 2-40。

【目的】练习编制利润表。

表 2-40 收入、费用资料

单元：元

账户名称	借方发生额	贷方发生额
主营业务收入		650 000
主营业务成本	370 000	
其他业务收入		85 000
其他业务成本	41 000	
营业税金及附加	7 800	
销售费用	12 000	
管理费用	23 000	
财务费用	3 500	
投资收益		11 800
资产减值损失	4 500	
营业外收入		3 500
营业外支出	8 000	

【要求】根据以上资料编制天朗公司 2010 年度的利润表(表 2-41)。

表 2-41　利润表(三)

会企 02 表

编制单位：　　　　　　　　　　＿＿＿＿ 年度　　　　　　　　　　单位：元

项目	行次	本年金额	上年金额
一、营业收入			
减：营业成本			
营业税金及附加			
销售费用			
管理费用			
财务费用(收益以“－”号填列)			
资产减值损失			
加：公允价值变动净收益(净损失以“－”号填列)			
投资净收益(净损失以“－”号填列)			
二、营业利润(亏损以“－”号填列)			
加：营业外收入			
减：营业外支出			
其中：非流动资产处置净损失(净收益以“－”号填列)			
三、利润总额(亏损总额以“－”号填列)			
减：所得税			
四、净利润(净亏损以“－”号填列)			
五、每股收益：			
(一) 基本每股收益			
(二) 稀释每股收益			

项目六　账务处理程序

教学目标

本项目讲解账务处理程序的种类及核算过程。通过学习，要求学生掌握记账凭证账务处理程序、汇总记账凭证账务处理程序和科目汇总表账务处理程序的特点，以及3种账务处理程序的核算过程与使用范围；达到结合企业的实际情况选择适合的账务处理程序的能力目标。

知识要点结构图

- 账务处理程序
  - 记账凭证账务处理程序
    - 核算要求和核算步骤
    - 特点和使用范围
    - 应用举例
  - 汇总记账凭证账务处理程序
    - 核算要求和核算步骤
    - 特点和使用范围
    - 应用举例
  - 科目汇总表账务处理程序
    - 核算要求和核算步骤
    - 特点和使用范围
    - 应用举例

思考

在会计凭证、会计账簿到会计报表的会计循环中，不同性质、不同规模、管理要求不同、经济业务繁简程度不同的企业，是否会采取相同的账簿组织、记账程序和记账方法呢？本项目将告诉你答案。

任务6.1　了解账务处理程序

6.1.1　账务处理程序的意义

会计循环过程中，会计凭证、会计账簿组织与记账程序和记账方法有机结合的方式和步骤称为账务处理程序，也称会计核算形式，是指从取得原始凭证到产生会计信息的步骤和方法。其主要内容包括整理、汇总原始凭证，填制记账凭证，登记各种账簿，编制会计报表这一过程的步骤和方法。

科学地组织账务处理程序，对提高会计核算质量和会计工作效率，充分发挥会计的核算和监督职能，具有重要意义。

6.1.2 账务处理程序的要求

在实际工作中，各企业应当按照各自的实际情况，合理地组织凭证、账簿和报表，采用适合本企业生产经营活动特点的账务处理程序。合理的账务处理程序应符合下列要求。

(1) 与本企业所属行业的性质、生产经营的特点、经营规模的大小、经济业务的繁简程度相适应，满足企业管理上的要求。

(2) 既要保证会计工作质量，又要尽量简化核算的程序，提高会计工作效率，节约账务处理的费用。

(3) 应能正确、及时、完整、系统地提供本企业财务状况及其变动和经营成果的会计信息，满足会计信息使用者对会计信息的需要。

目前，我国企业的会计核算常用的账务处理程序有以下 3 种：一是记账凭证账务处理程序； 二是汇总记账凭证账务处理程序；三是科目汇总表账务处理程序。下面对这 3 种账务处理程序分别介绍。

任务 6.2 记账凭证账务处理程序

6.2.1 记账凭证账务处理程序的核算要求和步骤

采用记账凭证账务处理程序，应当设置现金日记账、银行存款日记账、明细分类账和总分类账。日记账和总账可采用三栏式；明细分类账可根据需要采用三栏式、数量金额式和多栏式；记账凭证可采用通用记账凭证或收款、付款和转账凭证格式。

记账凭证账务处理程序的核算步骤(图 2.3)如下。

(1) 根据原始凭证或原始凭证汇总表填制记账凭证。

(2) 根据收款凭证和付款凭证逐笔登记现金日记账和银行存款日记账。

(3) 根据原始凭证、原始凭证汇总表或记账凭证登记各种明细分类账。

(4) 根据记账凭证逐笔登记总分类账。

(5) 期末，将现金日记账、银行存款日记账的余额，以及各种明细分类账的余额合计数，分别与总分类账中相关账户的余额核对相符。

(6) 期末，根据核对无误的总分类账和明细分类账的相关资料，编制会计报表。

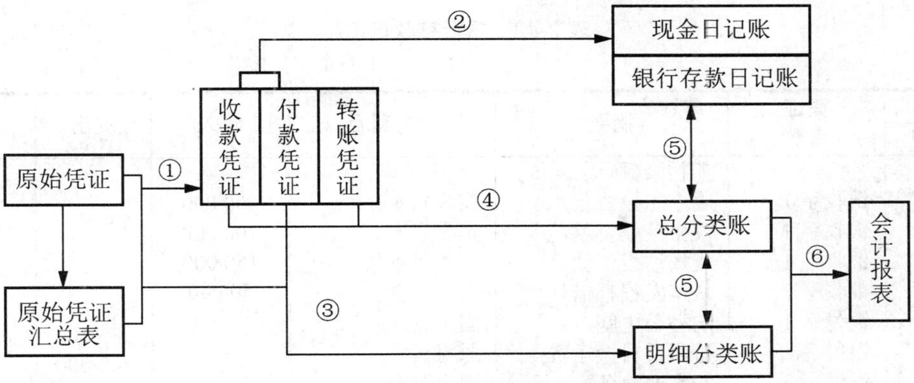

图 2.3　记账凭证账务处理程序的核算步骤

6.2.2　记账凭证账务处理程序的特点和使用范围

记账凭证账务处理程序的主要特点是：根据记账凭证逐笔登记总分类账，操作简单、容易掌握，总分类账能详细反映经济业务的来龙去脉，直观地反映会计处理的全过程。这种账务处理程序是会计核算中最基本的账务处理程序形式，其他几种账务处理程序都是在它的基础上，根据经济管理的需要发展而成的。

但是根据记账凭证逐笔登记总账，倘若企业规模大，经济业务量多，登账的工作量较大，账页耗用较多，预留账页难以把握。因此这种账务处理程序一般适用于规模小、经济业务较少的企业。

6.2.3　记账凭证账务处理程序应用举例

以广州美味食品有限责任公司 2010 年 12 月的经济业务为例，说明记账凭证账务处理程序的记账过程。

1. 根据载明经济业务发生及完成情况的原始凭证编制记账凭证

由于项目 1 已经将经济业务编成会计分录，在此省略。

2. 根据收款凭证与付款凭证登记现金日记账(如表 2-42)和银行存款日记账(如表 2-43)

表 2-42　现金日记账

单元：元

2010 年		凭证号数	摘要	对方科目	收入	支出	余额
月	日						
12	1		期初余额				2 000
	18	现付字 1	付车间机器修理费	管理费用		700	1 300
	19	现付字 2	付车间办公费	制造费用		400	900
	19	银付字 4	提取现金	银行存款	2 000		2 900
	20	现付字 3	付厂部招待费	管理费用		800	2 100
	29	现付字 4	付销售业务费	销售费用		500	1 600
	30	现收字 1	张强还款	其他应收款	200		1 800
	31		本月合计		2 200	2 400	1 800

表 2-43 银行存款日记账

单元：元

2010 年 月	日	凭证号数	摘要	对方科目	收入	支出	余额
12	1		期初余额				250 000
	1	银收字 1	收李平投资款	实收资本	400 000		650 000
	1	银收字 1	收张兰投资款	实收资本	100 000		750 000
	1	银收字 1	收杨波投资款	实收资本	150 000		900 000
	3	银收字 2	从广发银行借款	短期借款	50 000		950 000
	4	银付字 1	购办公电脑	固定资产		35 600	914 400
	5	银付字 2	付原材料搬运费	原材料		2 000	912 400
	6	银付字 3	购生产设备	固定资产		112 200	800 200
	8	银收字 3	从广发银行借款	长期借款	200 000		1 000 200
	18	银收字 4	出售白糖	其他业务收入	9 360		1 009 560
	19	银付字 4	提取现金	库存现金		2 000	1 007 560
	20	银付字 5	付违章罚款	营业外支出		200	1 007 360
	21	银付字 6	向灾区捐款	营业外支出		2 000	1 005 360
	23	银收字 5	收公司违约金	营业外收入	500		1 005 860
	28	银收字 6	收番禺大石欠款	应收账款	93 600		1 099 460
	29	银收字 7	预收番禺南村款	预收账款	10 000		1 109 460
	31	银付字 7	付工资	应付职工薪酬		74 500	1 034 960
	31	银付字 8	付水电费	销售费用		2 000	1 032 960
	31	银收字 8	收银行存款利息	财务费用	800		1 033 760
	31	银付字 9	支付银行利息	财务费用		2 000	1 031 760
	31	银付字 10	缴纳应交所得税	应交税费		17 505	1 014 255
	31	银付字 11	归还长期借款	长期借款		100 000	914 255
	31	银付字 12	归还短期借款	短期借款		45 000	869 255
	31	银付字 13	支付股利	应付股利		100 000	769 255
	31		本月合计		1 014 260	495 005	769 255

3. 根据原始凭证和记账凭证登记各类明细分类账

为了节省篇幅，本例题只列出“原材料——小麦面粉明细账”(表 2-44)，“应收账款——番禺大石食品批发公司明细账”(表 2-45)的登记方法，其他有关明细账的登记方法与此登记方法基本相同，因此省略。假设在 2010 年 11 月 30 日，小麦面粉的库存量是 15 000 千克，每千克 4 元，期初借方余额是 60 000 元；“应收账款——番禺大石食品批发公司明细账”的期初余额为零。

表 2-44 原材料明细账

原材料名称：小麦面粉

2010 年		凭证号数	摘要	收入			发出			结余		
月	日			数量(千克)	单价(元/千克)	金额(元)	数量(千克)	单价(元/千克)	金额(元)	数量(千克)	单价(元/千克)	金额(元)
12	1		期初余额							15 000	4	60 000
	5	转字 3	购入	9 000	3.9	35 100				24 000		95 100
	5	银付字 2	付装卸费			900						96 000
	7	转字 4	生产领用				5 000	4	20 000	19 000		76 000
	10	转字 5	生产领用				3 000	4	12 000	16 000		64 000
	31		本月合计	9 000		36 000	8 000		32 000	16 000		64 000

表 2-45　应收账款明细账

单位名称：番禺大石食品批发公司　　单位：元

2010 年 月	日	凭证号数	摘要	借方	贷方	借或贷	余额
12	1		期初余额			平	0
	25	转字 8	销售饼干	93 600		借	93 600
	28	银收字 6	收番禺大石欠款		93 600	平	0
	31		本月合计	93 600	93 600	平	0

4. 根据记账凭证逐笔登记总分类账

根据记账凭证逐笔登记总分类账见表 2-46～表 2-86(单位均为元)。

表 2-46　总分类账——库存现金

总账科目：库存现金

2010 年 月	日	凭证号数	摘要	借方	贷方	借或贷	余额
12	1		期初余额			借	2 000
	18	现付字 1	付车间机器修理费		700	借	1 300
	19	现付字 2	付车间办公费		400	借	900
	19	银付字 4	提取现金	2 000		借	2 900
	20	现付字 3	付厂部招待费		800	借	2 100
	29	现付字 4	付销售业务费		500	借	1 600
	30	现收字 1	张强还款	200		借	1 800
	31		本月合计	2 200	2 400	借	1 800

表 2-47　总分类账——银行存款

总账科目：银行存款

2010 年	日	凭证号数	摘要	借方	贷方	借或贷	余额
12	1		期初余额			借	250 000
	1	银收字 1	收投资款	650 000		借	900 000
	3	银收字 2	从广发银行借款	50 000		借	950 000
	4	银付字 1	购办公电脑		35 600	借	914 400
	5	银付字 2	付原材料搬运费		2 000	借	912 400
	6	银付字 3	购生产设备		112 200	借	800 200
	8	银收字 3	从广发银行借款	200 000		借	1 000 200
	18	银收字 4	出售白糖	9 360		借	1 009 560
	19	银付字 4	提取现金		2 000	借	1 007 560
	20	银付字 5	付违章罚款		200	借	1 007 360
	21	银付字 6	向灾区捐款		2 000	借	1 005 360
	23	银收字 5	收公司违约金	500		借	1 005 860
	28	银收字 6	收番禺大石欠款	93 600		借	1 099 460
	29	银收字 7	预收番禺南村款	10 000		借	1 109 460
	31	银付字 7	付工资		74 500	借	1 034 960
	31	银付字 8	付水电费		2 000	借	1 032 960
	31	银收字 8	收银行存款利息	800		借	1 033 760
	31	银付字 9	支付银行利息		2 000	借	1 031 760
	31	银付字 10	缴纳应交所得税		17 505	借	1 014 255
	31	银付字 11	归还长期借款		100 000	借	914 255
	31	银付字 12	归还短期借款		45 000	借	869 255
	31	银付字 13	支付股利		100 000	借	769 255
	31		本月合计	1 014 260	495 005	借	769 255

表 2-48　总分类账——应收票据

总账科目：应收票据

2010 年 月	日	凭证号数	摘要	借方	贷方	借或贷	余额
12	1		期初余额			借	45 000
	23	转字 8	销售饼干	140 400		借	185 400
	31		本月合计	140 400		借	185 400

表 2-49　总分类账——应收账款

总账科目：应收账款

2010 年 月	日	凭证号数	摘要	借方	贷方	借或贷	余额
12	1		期初余额			借	125 000
	25	转字 10	应收番禺大石款	93 600		借	218 600
	28	银收字 6	收番禺大石欠款		93 600	借	125 000
	31		本月合计	93 600	93 600	借	125 000

表 2-50　总分类账——坏账准备

总账科目：坏账准备

2010 年 月	日	凭证号数	摘要	借方	贷方	借或贷	余额
12	1		期初余额			贷	500
	31		本月合计			贷	500

表 2-51　总分类账——预付账款

总账科目：预付账款

2010 年 月	日	凭证号数	摘要	借方	贷方	借或贷	余额
12	1		期初余额			借	25 700
	31		本月合计			借	25 700

表 2-52　总分类账——其他应收款

总账科目：其他应收款

2010 年 月	日	凭证号数	摘要	借方	贷方	借或贷	余额
12	1		期初余额			借	1 600
	30	现收字 1	张强报销差旅费		1 000	借	600
	31		本月合计		1 000	借	600

表 2-53　总分类账——原材料

总账科目：原材料

2010 年 月	日	凭证号数	摘要	借方	贷方	借或贷	余额
12	1		期初余额			借	150 000
	5	转字 3	面粉验收入库	56 000		借	206 000
	5	银付字 2	付面粉搬运费	2 000		借	208 000
	7	转字 4	领用小麦、玉米面粉		32 000	借	176 000
	10	转字 5	领用小麦、玉米面粉		20 000	借	156 000
	18	转字 7	结转白砂糖成本		5 000	借	151 000
						借	
	31		本月合计	58 000	57 000	借	151 000

表 2-54　总分类账——在途物资

总账科目：在途物资

2010 年		凭证号数	摘要	借方	贷方	借或贷	余额
月	日						
12	1	转字 1	购入小麦面粉	35 100		借	35 100
	3	转字 2	购入玉米面粉	20 900		借	56 000
	5	转字 3	采购面粉验收入库		56 000	平	-0-
	31		本月合计	56 000	56 000	平	-0-

表 2-55　总分类账——低值易耗品

总账科目：低值易耗品

2010 年		凭证号数	摘要	借方	贷方	借或贷	余额
月	日						
12	1		期初余额			借	2 000
	16	转字 6	领用低值易耗品		1 280	借	720
	31		本月合计		1 280	借	720

表 2-56　总分类账——库存商品

总账科目：库存商品

2010 年		凭证号数	摘要	借方	贷方	借或贷	余额
月	日						
12	1		期初余额			借	198 000
	23	转字 9	结转成本		50 000	借	148 000
	25	转字 11	结转成本		32 000	借	116 000
	31	转字 15	产品完工验收入库	94 000		借	210 000
	31		本月合计	94 000	82 000	借	210 000

表 2-57　总分类账——生产成本

总账科目：生产成本

2010 年		凭证号数	摘要	借方	贷方	借或贷	余额
月	日						
12	1		期初余额			借	110 000
	7	转字 4	领用原材料	32 000		借	142 000
	10	转字 5	领用原材料	20 000		借	162 000
	31	转字 12	计算当月工资	30 000		借	192 000
	31	转字 14	分配间接生产费用	12 000		借	204 000
	31	转字 15	产品完工验收入库		94 000	借	110 000
	31		本月合计	94 000	94 000	借	110 000

表 2-58　总分类账——制造费用

总账科目：制造费用

2010		凭证号数	摘要	借方	贷方	借或贷	余额
月	日						
12	16	转字 6	领用低值易耗品	1 000		借	1 00
	19	现付字 2	付办公费	400		借	1 00
	31	转字 12	计算当月工资	8 00		借	9 400
	31	转字 13	计提折旧	2 00		借	12 000
	31	转字 14	分配间接生产费用		12 00	平	-0-
	31		本月合计	12 000	12 000	平	-0-

表 2-59 总分类账——固定资产

总账科目：固定资产

2010年 月	日	凭证号数	摘要	借方	贷方	借或贷	余额
12	1		期初余额			借	1 254 500
	1	银收字 1	增加注册资本	200 000		借	1 454 500
	4	银付字 1	购办公电脑	30 500		借	1 485 000
	6	银付字 3	购生产设备	95 970		借	1 580 970
	31		本月合计	326 470		借	1 580 970

表 2-60 总分类账——累计折旧

总账科目：累计折旧

2010年 月	日	凭证号数	摘要	借方	贷方	借或贷	余额
12	1		期初余额			贷	60 000
	31	转字 13	计提折旧		4 600	贷	64 600
	31	转字 16	计提折旧		1 000	贷	65 600
	31		本月合计		5 600	贷	65 600

表 2-61 总分类账——无形资产

总账科目：无形资产

2010 月	日	凭证号数	摘要	借方	贷方	借或贷	余额
12	1	银收字 1	增加注册资本	150 000		借	150 000
	31		本月合计			借	150 000

表 2-62 总分类账——短期借款

总账科目：短期借款

2010年 月	日	凭证号数	摘要	借方	贷方	借或贷	余额
12	1		期初余额			贷	45 000
	3	银收字 2	从广发借短期借款		50 000	贷	95 000
	31	银付字 12	归还到期借款	45 000		贷	50 000
	31		本月合计	45 000	50 000	贷	50 000

表 2-63 总分类账——应付票据

总账科目：应付票据

2010年 月	日	凭证号数	摘要	借方	贷方	借或贷	余额
12	1		期初余额			贷	35 000
	3	转字 2	购入玉米面粉		23 474	贷	58 474
	31		本月合计		23 474	贷	58 474

表 2-64 总分类账——应付账款

总账科目：应付账款

2010年 月	日	凭证号数	摘要	借方	贷方	借或贷	余额
12	1		期初余额			贷	18 000
	2	转字 1	购小麦面粉		39 546	贷	57 546
	31		本月合计		39 546	贷	57 546

表 2-65　总分类账——预收账款

总账科目：　预收账款

2010		凭证号数	摘要	借方	贷方	借或贷	余额
月	日						
12	1		期初余额			贷	26 000
	29	银收字 7	预收南村食品款		10 000	贷	36 000
	31		本月合计		10 000	贷	36 000

表 2-66　总分类账——应付职工薪酬

总账科目：应付职工薪酬

2010 年		凭证号数	摘要	借方	贷方	借或贷	余额
月	日						
12	1		期初余额			贷	24 300
	31	转字 12	计算当月二资		76 000	贷	100 300
	31	银付字 7	付当月工资	76 000		贷	24 300
	31		本月合计	76 000	76 000	贷	24 300

表 2-67　总分类账——应付股利

总账科目：应付股利

2010		凭证号数	摘要	借方	贷方	借或贷	余额
月	日						
12	1		期初余额			贷	30 000
	31	转字 24	向股东分配股利		100 000	贷	130 000
	31	银付字 13	支付股利	100 000		贷	30 000
	31		本月合计	100 000	100 000	贷	30 000

表 2-68　总分类账——应交税费

总账科目：应交税费

2010		凭证号数	摘要	借方	贷方	借或贷	余额
月	日						
12	1		期初余额			贷	45 000
	1	转字 1	购入小麦面粉	4 446		贷	40 554
	3	转字 2	购入玉米面粉	2 574		贷	37 980
	4	银付字 1	购入办公电脑	5 100		贷	32 880
	6	银付字 3	购入生产设备	16 230		贷	16 650
	18	银收字 4	出售白砂糖		1 360	贷	18 010
	23	转字 8	销售饼干		20 400	贷	38 410
	25	转字 10	销售饼干		13 600	贷	52 010
	31	银付字 7	支付当月工资		1 500	贷	53 510
	31	转字 17	计算城建税		2 000	贷	55 510
	31	转字 19	应交所得税		17 505	贷	73 015
	31	银付字 10	缴纳应交所得税	17 505		贷	55 510
	31		本月合计	45 855	56 365	贷	55 510

表 2-69　总分类账——长期借款

总账科目：长期借款

2010 年 月	日	凭证号数	摘要	借方	贷方	借或贷	余额
12	1		期初余额			贷	100 000
	8	银收字 3	从广发借款		200 000	贷	300 000
	31	银付字 11	归还长期借款	100 000		贷	200 000
	31		本月合计	100 000	200 000	贷	200 000

表 2-70　总分类账——实收资本

总账科目：实收资本

2010 年 月	日	凭证号数	摘要	借方	贷方	借或贷	余额
12	1		期初余额			贷	1 000 000
	1	银收字 1	增加注册资本		1 000 000	贷	2 000 000
	31		本月合计		1 000 000	贷	2 000 000

表 2-71　总分类账——资本公积

总账科目：资本公积

2010 年 月	日	凭证号数	摘要	借方	贷方	借或贷	余额
12	1		期初余额			贷	30 000
	31		本月合计			贷	30 000

表 2-72　总分类账——盈余公积

总账科目：盈余公积

2010 年 月	日	凭证号数	摘要	借方	贷方	借或贷	余额
12	1		期初余额			贷	85 000
	31	转字 22	提取法定盈余公积		5 251.5	贷	9 0251.5
	31	转字 23	提取任意盈余公积		2 625.75	贷	92 877.25
	31		本月合计		7 877.25	贷	92 877.25

表 2-73　总分类账——利润分配

总账科目：利润分配

2010 年 月	日	凭证号数	摘要	借方	贷方	借或贷	余额
12	1		期初余额			贷	665 000
	31	转字 21	转入税后净利		52 515	贷	717 515
	31	转字 22	提取法定盈余公积	5 251.5		贷	712 263.5
	31	转字 23	提取任意盈余公积	2 625.75		贷	709 637.75
	31	转字 24	向股东分配利润	100 000		贷	609 637.75
	31	转字 25	结转未分配利润	107 877.25	107 877.25	贷	609 637.75
	31		本月合计	215 754.5	160 392.25	贷	609 637.75

表 2-74　总分类账——主营业务收入

总账科目：主营业务收入

2010 年		凭证号数	摘要	借方	贷方	借或贷	余额
月	日						
12	23	转字 8	销售饼干		120 000	贷	120 000
	25	转字 10	销售饼干		80 000	贷	200 000
	31	转字 18	结转本期利润	200 000		平	-0-
	31		本月合计	200 000	200 000	平	-0-

表 2-75　总分类账——其他业务收入

总账科目：其他业务收入

2010 年		凭证号数	摘要	借方	贷方	借或贷	余额
月	日						
12	18	银收字 4	出售白砂糖		8 000	贷	8 000
	31	转字 18	结转本期利润	8 000		平	-0-
	31		本月合计	8 000	8 000	平	-0-

表 2-76　总分类账——主营业务成本

总账科目：主营业务成本

2010 年		凭证号数	摘要	借方	贷方	借或贷	余额
月	日						
12	23	转字 9	结转成本	50 000		借	50 000
	25	转字 11	结转成本	32 000		借	82 000
	31	转字 18	结转本期利润		82 000	平	-0-
	31		本月合计	82 000	82 000	平	-0-

表 2-77　总分类账——其他业务成本

总账科目：其他业务成本

2010 年		凭证号数	摘要	借方	贷方	借或贷	余额
月	日						
12	18	转字 7	结转白砂糖成本	5 000		借	5 000
	31	转字 18	结转本期利润		5 000	平	-0-
	31		本月合计	5 000	5 000	平	-0-

表 2-78　总分类账——管理费用

总账科目：管理费用

2010 年		凭证号数	摘要	借方	贷方	借或贷	余额
月	日						
12	16	转字 6	领用低值易耗品	280		借	280
	18	现付字 1	付车间机器修理费	700		借	980
	20	现付字 3	付招待费	800		借	1 780
	31	转字 12	计算当月工资	20 000		借	21 780
	31	转字 13	计提折旧	2 000		借	23 780
	31	转字 18	结转本期利润		23 780	平	-0-
	31		本月合计	23 780	23 780	平	-0-

表 2-79 总分类账——销售费用

总账科目：销售费用

2010 年 月	日	凭证号数	摘要	借方	贷方	借或贷	余额
12	29	现付字 4	付业务费	500		借	500
	30	现收字 1	张强报销差旅费	800		借	1 300
	31	转字 12	计算当月工资	18 000		借	19 300
	31	银付字 8	支付水电费	2 000		借	21 300
	31	转字 16	计提折旧	1 000		借	22 300
	31	转字 18	结转本期利润		22 300	平	-0-
	31		本月合计	22 300	22 300	平	-0-

表 2-80 总分类账——财务费用

总账科目：财务费用

2010 年 月	日	凭证号数	摘要	借方	贷方	借或贷	余额
12	31	银收字 8	收银行利息		800	贷	800
	31	银付字 9	付银行利息	2 000		借	1 200
	31	转字 18	结转本期利润		1 200	平	-0-
	31		本月合计	2 000	2 000	平	-0-

表 2-81 总分类账——营业外收入

总账科目：营业外收入

2010 年 月	日	凭证号数	摘要	借方	贷方	借或贷	余额
12	23	银收字 5	收违约金		500	贷	500
	31	转字 18	结转本期利润	500		平	-0-
	31		本月合计	500	500	平	-0-

表 2-82 总分类账——营业外支出

总账科目：营业外支出

2010 年 月	日	凭证号数	摘要	借方	贷方	借或贷	余额
12	20	银付字 5	付交通违章罚款	200		借	200
	21	银付字 6	捐款灾区	2 000		借	2 200
	31	转字 18	结转本期利润		2 200	平	-0-
	31		本月合计	2 200	2 200	平	-0-

表 2-83 总分类账——营业税金及附加

总账科目：营业税金及附加

2010 年 月	日	凭证号数	摘要	借方	贷方	借或贷	余额
12	31	转字 17	计算城建税	2 000		借	2 000
	31	转字 18	结转本期利润		2 000	平	-0-
	31		本月合计	2 000	2 000	平	-0-

表 2-84 总分类账——本年利润

总账科目：本年利润

2010 年 月	日	凭证号数	摘要	借方	贷方	借或贷	余额
12	31	转字 18	结转本期利润		208 500	贷	208 500
	31	转字 18	结转本期利润	138 480		贷	70 020
	31	转字 20	结转所得税	17 505		贷	52 515
	31	转字 21	转入税后净利	52 515		平	-0-
	31		本月合计	208 500	208 500	平	-0-

表 2-85 总分类账——所得税费用

总账科目：所得税费用

2010 年 月	日	凭证号数	摘要	借方	贷方	借或贷	余额
12	31	转字 19	计算应交所得税	17 505		借	17 505
	31	转字 20	结转所得税		17 505	平	-0-
	31		本月合计	17 505	17 505	平	-0-

5. 核对账目，编制结账后试算平衡表检验账簿记录的正确性

表 2-86 本期发生额试算平衡表

2010 年 12 月 31 日

序号	总分类科目	期初余额		本期发生额		期末余额	
		借方	贷方	借方	贷方	借方	贷方
1	库存现金	2 000		2 200	2 400	1 800	
2	银行存款	250 000		1 014 260	495 005	769 255	
3	应收票据	45 000		140 400		185 400	
4	应收账款	125 000		93 600	93 600	125 000	
5	坏账准备		500				500
6	预付账款	25 700				25 700	
7	其他应收款	1 600			1 000	600	
8	原材料	150 000		58 000	57 000	151 000	
9	在途物资			56 000	56 000		
10	低值易耗品	2 000			1 280	720	
11	库存商品	198 000		94 000	82 000	210 000	
12	生产成本	110 000		94 000	94 000	110 000	
13	制造费用			12 000	12 000		
14	固定资产	1 254 500		326 470		1 580 970	
15	累计折旧		60 000		5 600		65 600
16	无形资产			150 000		150 000	
17	短期借款		45 000	45 000	50 000		50 000
18	应付票据		35 000		23 474		58 474
19	应付账款		18 000		39 546		57 546
20	预收账款		26 000		10 000		36 000
21	应付职工薪酬		24 300	76 000	76 000		24 300
22	应付股利		30 000	100 000	100 000		30 000
23	应交税费		45 000	45 855	56 365		55 510
24	长期借款		100 000	100 000	200 000		200 000
25	实收资本		1 000 000		1 000 000		2 000 000

续表

序号	总分类科目	期初余额		本期发生额		期末余额	
		借方	贷方	借方	贷方	借方	贷方
26	资本公积		30 000				30 000
27	盈余公积		85 000		7 877.25		92 877.25
28	利润分配		665 000	215 754.5	160 392.25		609 637.75
29	主营业务收入			200 000	200 000		
30	其他业务收入			8 000	8 000		
31	主营业务成本			82 000	82 000		
32	其他业务成本			5 000	5 000		
33	管理费用			23 780	23 780		
34	销售费用			22 300	22 300		
35	财务费用			2 000	2 000		
36	营业外收入			500	500		
37	营业外支出			2 200	2 200		
38	营业税金及附加			2 000	2 000		
39	本年利润			208 500	208 500		
40	所得税费用			17 505	17 505		
	合计	2 163 800	2 163 800	3 197 324.5	3 197 324.5	3 310 445	3 310 445

6. 根据总分类账和明细分类账编制会计报表

月末，根据编制好的总分类账和明细分类账编制会计报表。报表的基本格式和内容详见项目五。

任务 6.3　汇总记账凭证账务处理程序

6.3.1　汇总记账凭证账务处理程序的核算要求和步骤

汇总记账凭证账务处理程序与记账凭证账务处理程序相比，主要的区别在从记账凭证到登记总账这一记账程序上。采用汇总账务处理程序不是根据记账凭证直接登记总账，而是先将记账凭证定期分类编制汇总记账凭证，然后根据汇总记账凭证登记总分类账。

采用汇总记账凭证账务处理程序时，其账簿设置、各种账簿的格式以及记账凭证的种类和格式基本上与记账凭证账务处理程序相同。但应增设汇总收款凭证、汇总付款凭证和汇总转账凭证，以作为登记总分类账的依据。另外，总分类账的账页格式必须增设“对应账户”栏。

1. 汇总记账凭证账务处理程序的核算要求

1) 编制汇总记账凭证

汇总记账凭证分为汇总收款凭证、汇总付款凭证和汇总转账凭证 3 种。格式见表 2-87～表 2-89。它是根据收款凭证、付款凭证和转账定期汇总编制而成的，间隔天数视业务量多少而定，一般 5 天或 10 天汇总填制一次，每月编制一张。汇总收款凭证应根据库存现金和银行存款收款凭证，分别按“库存现金”、“银行存款”的借方设置，按对应贷方科目进行归类汇总。月末，结算出汇总收款凭证的合计数，分别记入库存现金、银行存款总分类账的借方以及其各对应账户总分类账的贷方。汇总付款凭证应根据库存现金和银行存款付款凭证，分别按“库存现金”、“银行存款”的贷方设置，按对应借方科目进行归类汇总。月末，结算出汇总付款凭证的合计数，分别记入库存现金、银行存款总分类账的贷方以及各对应账户总分类账的借方。

表 2-87 汇总收款凭证(借方)

单位：元

借方科目： ××年××月 第 号

贷方科目	金额				总账页数	
	(1)	(2)	(3)	合计	借方	贷方
合计						

附件
(1)自____日至____日____凭证 共____张
(2)自____日至____日____凭证 共____张
(3)自____日至____日____凭证 共____张

表 2-88 汇总付款凭证(贷方)

单位：元

贷方科目： ××年××月 第 号

借方科目	金额				总账页数	
	(1)	(2)	(3)	合计	借方	贷方
合计						

附件
(1)自____日至____日____凭证 共____张
(2)自____日至____日____凭证 共____张
(3)自____日至____日____凭证 共____张

表 2-89 汇总转账凭证

单位：元

贷方科目： ××年××月 第 号

借方科目	金额				总账页数	
	(1)	(2)	(3)	合计	借方	贷方
合计						

附件
(1)自____日至____日____凭证 共____张
(2)自____日至____日____凭证 共____张
(3)自____日至____日____凭证 共____张

在汇总收、付款凭证时，要注意库存现金和银行存款之间的相互划转的经济业务，这类业务一般按付款凭证为依据进行汇总，以免重复。如将库存现金存入银行的业务，应将其填入汇总库存现金付款凭证；向银行提取现金，则应汇总到汇总银行存款付款凭证当中。

汇总转账凭证应根据转账凭证中有关账户的贷方设置，按对应借方科目进行归类汇总。月末，结算出汇总转账凭证的合计数，分别记入该汇总转账凭证所开设的应贷账户总分类账的贷方，以及其各对应账户总分类账的借方。为了便于汇总转账凭证的编制，平时要求所有转账凭证应是一贷一借或一贷多借。否则，会给汇总凭证的编制带来不便。

2) 总账的登记

将记账凭证汇总完后，月终，结计各汇总记账凭证的借贷方科目合计数。然后将各凭证上涉及的科目的合计数分别过入有关总分类账。对于汇总转账凭证，如果在汇总期内，某一贷方科目的转账凭证数量不多，也可以不编制汇总转账凭证，直接根据转账凭证登记总分类账。

2. 汇总记账凭证账务处理程序的核算步骤

(1) 根据原始凭证或原始凭证汇总表填制记账凭证。

(2) 根据收款凭证和付款凭证逐笔登记现金日记账和银行存款日记账。

(3) 根据原始凭证、原始凭证汇总表或记账凭证登记各种明细分类账。

(4) 根据记账凭证定期编制各种汇总记账凭证。

(5) 期末，根据编制的汇总记账凭证登记总分类账。

(6) 期末，将现金日记账、银行存款日记账的余额，以及各种明细分类账的余额合计数，分别与总分类账中相关账户的余额核对相符。

(7) 期末，根据核对无误的总分类账和明细分类账的相关资料，编制会计报表。

核算步骤图如图 2.4 所示。

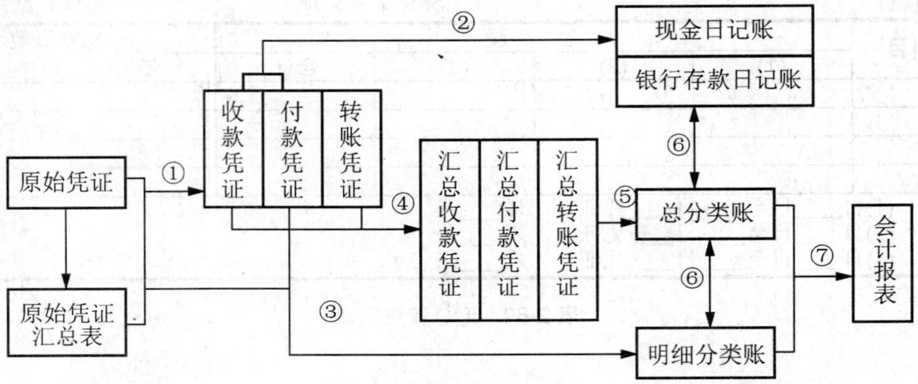

图 2.4　汇总记账凭证账务处理程序

6.3.2　汇总记账凭证账务处理程序的特点和使用范围

采用这种账务处理程序，将记账凭证的数据汇总后，月终一次记入总分类账，减轻了登记总分类账账簿的工作量。同时，汇总收款凭证以借方科目设置，按相对应的贷方科目汇总；汇总付款凭证以贷方科目设置，按相对应的借方科目汇总，凭证的整理归类工作比较简便，记账数据不容易出错。而且按照此法汇总的数据一般都能找到对应的账户，因而可以反映账户数据的来龙去脉。但是，由于汇总转账凭证是根据每一贷方科目编制，而不是按经济业务类型归类汇总的，故不利于会计核算的日常分工。因此，一般适用于规模较大、经济业务较多的企业。

6.3.3　汇总记账凭证账务处理程序应用举例

汇总记账凭证账务处理程序的①、②、③、⑥、⑦步骤与记账凭证账务处理程序相同，不同之处在于登记总账的方法不同，不是根据记账凭证直接登记总账，而是先将记账凭证定期分类编制成汇总记账凭证，然后根据汇总记账凭证登记总分类账。这里不再详细列示，请结合美味食品公司的业务自行完成这一任务。

任务 6.4　科目汇总表账务处理程序

6.4.1　科目汇总表账务处理程序的核算要求和步骤

科目汇总表账务处理程序与汇总记账凭证账务处理程序相似之处在于：都是将记账凭证汇总之后登记总分类账。但是采用科目汇总表账务处理程序，先将记账凭证定期汇总编成科目汇总表，然后根据科目汇总表登记总分类账。

采用科目汇总表账务处理程序时，其账簿设置、各种账簿的格式以及记账凭证的种类和格式基本上与记账凭证账务处理程序相同。但应增设科目汇总表，以作为登记总分类账的依据。

1. 科目汇总表账务处理程序的核算要求

1) 科目汇总表的编制

科目汇总表是将一定时期的(每天或每隔数天的)所填制的记账凭证，按照相同的会计科目，分借、贷方归类汇总编制在一张表上。这张科目汇总表就汇集了这段时间内所有科目的借贷方发生额。科目汇总表可以每月汇总一次编制一张，也可视业务量大小每 5 天或 10 天汇总一次。

2) 总分类账的登记

根据科目汇总表登记总分类账时，在总分类账的“凭证号数”栏注明数据来源于科目汇总表。由于科目汇总表的数据无法揭示数据的来龙去脉，因此在总账的“摘要”栏只能注明所过入数据的期间(如 1—10 日发生额)，总账的账页无须设置“对应科目”栏。

2. 科目汇总表账务处理程序的核算步骤如下

(1) 根据原始凭证或原始凭证汇总表填制记账凭证。

(2) 根据收款凭证和付款凭证逐笔登记现金日记账和银行存款日记账。

(3) 根据原始凭证、原始凭证汇总表或记账凭证登记各种明细分类账。

(4) 根据记账凭证定期编制科目汇总表。

(5) 期末，根据编制的科目汇总表登记总分类账。

(6) 期末，将现金日记账、银行存款日记账的余额，以及各种明细分类账的余额合计数，分别与总分类账中相关账户的余额核对相符。

(7) 期末，根据核对无误的总分类账和明细分类账的相关资料，编制会计报表。

核算步骤图如图 2.5 所示。

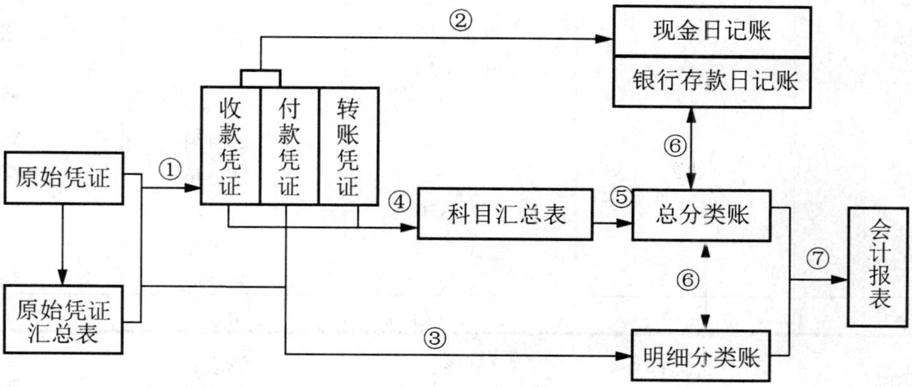

图 2.5　科目汇总表账务处理程序

6.4.2　科目汇总表账务处理程序的特点和使用范围

采用科目汇总表账务处理程序，先根据记账凭证汇总编成科目汇总表，然后根据科目汇总表登记总分类账，可大大地简化总分类账的登记工作；另外，科目汇总表上本期借、贷发生额合计数之间的相等关系，可进行发生额试算平衡，及时检验账簿记录的正确性。但由于科目汇总表是定期汇总计算每一账户的借方、贷方发生额，并不考虑账户间的对应关系，因而在科目汇总表和总分类账中，不能明确反映账户的对应关系，不便于了解经济业务的来龙去脉。因此科目汇总表账务处理程序主要适用于规模较大、经济业务量较多的大中型企业。

6.4.3　科目汇总表账务处理程序应用举例

仍以前述广州美味食品有限责任公司 2010 年 12 月的经济业务为例，说明科目汇总表账务处理程序的核算过程。

科目汇总表账务处理程序的①、②、③、⑥、⑦步骤与记账凭证账务处理程序相同，不同的步骤体现在登记总账的环节。

1. 根据记账凭证编制科目汇总表

该公司按旬汇总记账凭证，编制科目汇总表(步骤④)。该公司于本月每旬末将本旬的记账凭证汇总后编制成科目汇总表，分别见表 2-90～表 2-93(单位均为元)。

表 2-90　科目汇总表(一)

2010 年 12 月 1—10 日　　　　第 34 号

会计科目	总账页数	本期发生额		记账凭证起讫号数
		借方	贷方	
银行存款	略	900 000	149 800	略
原材料	略	58 000	52 000	略
在途物资	略	56 000	56 000	略
生产成本	略	52 000		略
固定资产	略	326 470		略
无形资产	略	150 000		略
短期借款	略		50 000	略
应付票据	略		23 474	略
应付账款	略		39 546	略
应交税费	略	28 350		略
长期借款	略		200 000	略
实收资本	略		1 000 000	略
合计		1 570 820	1 570 820	

会计主管：　　会计：　　复核：　　制表：

表 2-91　科目汇总表(二)

2010 年 12 月 11—20 日　　　　第 35 号

会计科目	总账页数	本期发生额		记账凭证起讫号数
		借方	贷方	
库存现金	略	2 000	1 900	略
银行存款	略	9 360	2 200	略
原材料	略		5 000	略
低值易耗品	略		1 280	略
制造费用	略	1 400		略
应交税费	略		1 360	略
其他业务收入	略		8 000	略
其他业务成本	略	5 000		略
管理费用	略	1 780		略
营业外支出	略	200		略
合计		19 740	19 740	

会计主管：　　会计：　　复核：　　制表：

表 2-92　科目汇总表(三)

2010 年 12 月 21—31 日　　　　第 36 号

会计科目	总账页数	本期发生额		记账凭证起讫号数
		借方	贷方	
库存现金	略	200	500	略
银行存款	略	104 900	343 005	略
应收票据	略	140 400		略
应收账款	略	93 600	93 600	略
其他应收款	略		1 000	略
库存商品	略	94 000	82 000	略
生产成本	略	42 000	94 000	略
制造费用	略	10 600	12 000	略
累计折旧	略		5 600	略
短期借款	略	45 000		略
预收账款	略		10 000	略
应付职工薪酬	略	76 000	76 000	略
应付股利	略	100 000	100 000	略
应交税费	略	17 505	55 005	略
长期借款	略	100 000		略
盈余公积	略		7 877.25	略
利润分配	略	215 754.5	160 392 25	略
主营业务收入	略	200 000	200 000	略
其他业务收入	略	8 000		略
主营业务成本	略	82 000	82 000	略
其他业务成本	略		5 000	略
管理费用	略	22 000	23 780	略
销售费用	略	22 300	22 300	略
财务费用	略	2 000	2 000	略
营业外收入	略	500	500	略
营业外支出	略	2 000	2 200	略
营业税金及附加	略	2 000	2 000	略
本年利润	略	208 500	208 500	略
所得税费用	略	17 505	17 505	略
合计		1 606 764.5	1 606 764.5	

会计主管：　　会计：　　复核：　　制表：

2. 根据上述科目汇总表登记总分类账

根据每旬旬末汇总编制的科目汇总表登记有关总分类账(步骤⑤)见表2-93。这里仅以“原材料”为例来说明科目汇总表账务处理程序的登账方法，其余总账依次类推。

表2-93 总分类账

总账科目：原材料　　单位：元

2010年		凭证号数	摘要	借方	贷方	借或贷	余额
月	日						
12	1		期初余额			借	150 000
	10	科汇34号	1～10日发生额	58 000	52 000	借	156 000
	20	科汇35号	11～20日发生额		5 000	借	156 000
	31		本月合计	58 000	57 000	借	151 000

学习小结

账务处理程序是从取得原始凭证到产生会计信息的一系列步骤和方法。会计循环过程中，会计凭证、会计账簿组织与记账程序和记账方法有机结合的方式和步骤称为账务处理程序，也称会计核算形式。其主要内容包括整理、汇总原始凭证，填制记账凭证，登记各种账簿，编制会计报表这一过程的步骤和方法。

记账凭证账务处理程序的主要特点是：根据记账凭证逐笔登记总分类账，操作简单、容易掌握，总分类账能详细反映经济业务的来龙去脉，直观地反映了会计处理的全过程。这种账务处理程序是会计核算中最基本的账务处理程序形式，其他几种账务处理程序都是在它的基础上，根据经济管理的需要发展而成的。这种账务处理程序一般适用于规模小、经济业务较少的企业。

汇总记账凭证账务处理程序与记账凭证账务处理程序相比，主要的区别在从记账凭证到登记总账这一记账程序上。采用汇总账务处理程序不是根据记账凭证直接登记总账，而是先将记账凭证定期分类编制汇总记账凭证，然后根据汇总记账凭证登记总分类账。采用这种账务处理程序，减轻了登记总分类账账簿的工作量，但不利于会计核算的日常分工，一般适用于规模较大、经济业务较多的企业。

采用科目汇总表账务处理程序，先根据记账凭证汇总编成科目汇总表，然后根据科目汇总表登记总分类账，可大大地简化总分类账的登记工作；而且可进行发生额试算平衡，及时检验账簿记录的正确性。但不能明确反映账户的对应关系，不便于了解经济业务的来龙去脉。因此科目汇总表账务处理程序主要适用于规模较大、经济业务量较多的大中型企业。

阅读材料

电算化会计账务处理程序的特点

会计电算化正在成为企业在设计会计信息系统上的普遍选择，但也有相当一部分企业还在采用传统的手工核算方式。很多的电算化系统在进行系统设计时，也借鉴了许多手工核算中的经验。因此，在学习会计专业知识的同时，也需要对会计信息处理技术的变革保持密切的关注。

以电子计算机为主的现代信息技术充分应用于会计工作后，对传统会计实务产生了深刻的影响：会计信息的处理工具由算盘发展到键盘，会计信息的载体从纸张发展到磁盘文件，会计信息的处理与传输呈现出高度自动化、电子化、无纸化和实时化的特点，并促使以簿记为主的传统会计组织发生根本性改变。本文拟通过与手工会计的比较对电算化会计账务处理程序的特点进行初步探讨。

1. 账簿体系虚拟化

账簿作为存放经分类汇总的会计数据的载体，是一个承前启后、不可缺少的桥梁与纽带。手工会计离开账簿，其会计报表的编制便成了无本之木、无水之鱼。簿籍只是账簿的外表形式，账簿的内容则是账户记录。账户就是对会计数据进行分类、归集而设置的单元。在电算化系统中，会计信息的生成仍然离不开账户这样最基本的存储单元，但账户的存储并不一定要借助于账簿来完成。信息技术的运用使账户记录与纸介质呈现出分离的趋势，纸介质不再作为账户分类和汇总数据的唯一载体。实践已经证明，在磁、电、光等介质保存会计数据可靠性得以保证的前提下，人们需要的各种核算资料尽可通过调用这些介质上的数据库文件并加以显示，完全不必使用纸张作为账户记录的载体。既然账户记录可以完全与纸张分离，手工会计中关于账簿的定义就不存在了。电算化系统中的账簿实际是“虚”的。所谓“虚”，是指磁盘上一般并不存在账，更不是一个手工账对应一个磁盘文件。账簿上反映的数据不外有两类，一类是发生额，另一类是余额。作为记账对象的发生额数据 来自于记账凭证，而作为记账结果的期末(或期初)余额数据，则是在账簿被登记之后形成的。所以，账簿记录只不过是记账凭证上账户记录的分类、汇总罢了。由于计算机具有强大、快速的数据处理功能，它使记账凭证库文件的分类、汇总变得十分容易。而对于账户余额，只要保证系统初始化时输入的初始余额数据正确无误，以后各个会计期的期末余额也就唾手可得了。因此，电算化系统中的账簿是凭证库文件及相关数据(主要是各会计账户的期初余额数据)自动、准确无误地派生出来的。理论上说，保留了凭证库文件及相关数据，也就保证了账簿的存在。

2. 记账过程虚拟化

电算化系统中的记账过程也是一个虚过程，因为并没有生成实际的账。“记账”就是将前凭证库文件中审核通过的记账凭证做上过账标志或者另外形成一个账后凭证库文件，表明该记账凭证已入账，不允许再对其修改。如果有错误，只能采用类似于手工会计下的红字冲销法，通过输入“更正凭证”予以纠正。所以，在电算化系统中，记账环节完全可以取消，即平时不登记日报账、明细账及总账，只将记账凭证保存在一起，需要时再采用瞬间成账的做法：根据科目余额库文件的期初余额数据和记账凭证库文件的科目发生额数据，当即形成所需的“账簿”并予以输出。同时，这种瞬间成账的方式也使会计报表瞬间形成成为可能。至于很多会计软件所提供的记账模块功能，主要是为了满足会计人员的习惯，即只有先记账才能查询和打印。

3. 证账表数据一致化

在手工会计中，分类账分为总分类账(总账)和明细分类账(明细账)。其登记的原则是平行登记，即把来源于记账凭证的信息一方面记入有关总账账户，同时还要记入该总账所属的有关明细账账户，并通过定期对账来检查和纠正总账或明细账中可能出现的记录错误。这种通过低效率的多重反映和相互稽核来换取数据处理的正确性与可靠性是手工账务处理程序的一个重要特征。然而，对账是设置账簿的产物。如果没有设置账簿，也就无所谓账证、账账、账表之间的核对了。一般，计算机本身是不会发生遗漏、重复及计算错误的。只要会计软件的程序正确且运行正常，账证、账账一定是相符的；只要报表公式定义正确，账表也一定相符。这样，就使手工会计下的对账环节不复存在了。事实上计算机对来源于记账凭证中的信息不再重复处理，而分类账也没有必要明确地区分为总账和明细账。当然，这并不排除会计软件中设置类似于总账和明细账的数据存储结构，但这样的总账和明细账之间并不存在统驭与被统驭的关系，其目的只是加快信息检索的速度。

4. 账务处理流程一体化

手工会计的账务处理流程，简单地说就是：凭证—账簿—报表，会计人员的工作重点是在填制凭证以后的阶段，要形成会计报表，必须经过填制凭证、过账、结账、试算平衡、对账等诸多程序。在电算化系统中，整个账务处理流程分为输入、处理、输出 3 个环节，首先将分散于手工会计各个核算岗位的会计数据统一收集后集中输入计算机，此后的各种数据处理工作都由计算机按照会计软件的要求自动完成，不受人工干预。从输入会计凭证到输出会计报表，一气呵成，一切中间环节都在机内自动处理，而需要的任何中间资料都可以通过系统提供的查询功能得到，真正实现了数出一处(都从凭证上来)、数据共享(同时产生所需账表)。整个账务处理流程具有高度的连续性、严密性，呈现出一体化趋势，极大地提高了财务报告的时效性。这样，在手工会计中非常费时、费力和烦琐的工作，变成了电算化系统中一个简单的指令或动作。过去需要众多人员从事的填制凭证、记账、编表等工作，现在只需要少量的录入人员进行操作就可以了。因此，手工会计中不同账务处理程序的划分已没有必要，可以采用一种统一的账务处理程序，这就为实现电算化系统中账务处理程序的通用化提供了前提。

资料来源：张前. 电算化会计信息账务处理程序的特点［J］. 河北财会，2001(7).

课后习题

一、单项选择题

1. 各种会计处理程序的主要区别在于(　　).
   A. 记账凭证的种类不同
   B. 登记总账的方法和依据不同
   C. 登记现金和银行存款日记账的方法和依据不同
   D. 登记各明细账的方法和依据不同
2. 记账凭证账务处理程序的主要特点是(　　)。
   A. 根据各种记账凭证编制汇总记账凭证
   B. 根据各种记账凭证逐笔登记总分类账
   C. 根据各种记账凭证编制科目汇总表
   D. 根据各种汇总记账凭证登记总分类账
3. 记账凭证账务处理程序的适用范围是(　　)。
   A. 规模较大、经济业务量较多的单位
   B. 采用单式记账的单位
   C. 规模较小、经济业务量较少的单位
   D. 会计基础工作薄弱的单位
4. 科目汇总表账务处理程序比记账凭证账务处理程序增设了(　　)。
   A. 原始凭证汇总表　　B. 汇总原始凭证
   C. 科目汇总表　　D. 汇总记账凭证
5. 汇总转账凭证是按每一账户的(　　)设置，按(　　)归类汇总。
   A. 借方 借方　　B. 借方 贷方　　C. 贷方 借方　　D. 贷方 贷方

二、多项选择题

1. 关于科目汇总表账务处理程序，下列说法正确的有(　　)。
   A. 可以大大减轻总账的登记工作　　B. 可以对发生额进行试算平衡
   C. 能明确反映账户的对应关系　　D. 适应于规模较大、业务量较多的企业
2. 记账凭证账务处理程序的优点有(　　)。
   A. 登记总分类账的工作量较小
   B. 账务处理程序简明，容易理解
   C. 总分类账登记详细，便于查账、对账
   D. 适用于规模大、业务量多的大型企业

3. 以记账凭证为依据，按科目贷方设置，借方归类汇总的汇总记账凭证有(　　)。

A. 汇总收款凭证　　B. 汇总付款凭证

C. 汇总转账凭证　　D. 科目汇总表

4. 在各种账务处理程序中，相同的会计账务处理工作有(　　)。

A. 编制汇总记账凭证　　B. 登记现金、银行存款日记账

C. 登记总分类账和各种明细账　　D. 编制会计报表

5. 选择适合于企业的会计处理程序，应遵循(　　)的要求。

A. 单位的经济活动特点　　B. 企业规模

C. 业务的繁简度　　D. 提高工作效率

三、判断题

1. 记账凭证账务处理程序的特点是直接根据记账凭证登记总分类账和明细分类账，它是最基本的账务处理程序。(　　)

2. 科目汇总表账务处理程序的主要不足在于科目汇总表不能反映账户之间的对应关系。(　　)

3. 汇总记账凭证会计处理程序的特点是定期编制汇总记账凭证，然后据此登记明细账。(　　)

4. 汇总收款凭证是以现金、银行存款科目的贷方分别设置，并按其对应的借方科目进行汇总而形成的一种凭证。(　　)

5. 汇总记账凭证与科目汇总表的汇总方法基本相同，两种账务的处理程序也基本相同。(　　)

四、简答题

1. 什么是账务处理程序？如何确定企业会计的账务处理程序？

2. 试述账务处理程序的意义。

3. 会计循环与会计账务处理程序有什么关系？

4. 试述确定账务处理程序的要求。

5. 试比较各种账务处理程序的基本内容、特点及其适用范围。

五、技能训练题

1. 习题一

【目的】熟悉记账凭证账务处理程序、汇总记账凭证账务处理程序和科目汇总表账务处理程序的步骤。

【资料】利用项目一技能训练题习题六的资料。

【要求】

(1) 开设各有关总分类账户、现金日记账、银行存款日记账、往来款项明细账、存货明细账等。

(2) 填制记账凭证。

(3) 分别编制科目汇总表、汇总记账凭证。

(4) 分别根据记账凭证、科目汇总表(全月一次汇总)、汇总记账凭证登记总分类账户。

(5) 登记各日记账和明细账。

2. 习题二

【目的】熟悉记账凭证账务处理程序、汇总记账凭证账务处理程序和科目汇总表账务处理程序的步骤。

【资料】利用项目2技能训练题的资料。

【要求】

(1) 开设各有关总分类账户、现金日记账、银行存款日记账、往来款项明细账、存货明细账等。

(2) 填制记账凭证。

(3) 分别编制科目汇总表、汇总记账凭证。

(4) 分别根据记账凭证、科目汇总表(全月一次汇总)、汇总记账凭证登记总分类账户。

(5) 登记各日记账和明细账。

参 考 文 献

[1] 中华人民共和国财政部．企业会计准则 2006[M]．北京：经济科学出版社，2006．

[2] 中华人民共和国财政部．企业会计准则——应用指南 2006 [M]．北京：中国财政经济出版社，2006．

[3] 财政部会计司编写组．企业会计准则讲解 2006[M]．北京：人民出版社，2007．

[4] 李海波．新编会计学原理——基础会计[M]．12 版．上海：立信会计出版社，2006．

[5] 常美．基础会计[M]．北京：北京大学出版社，中国农业大学出版社，2010．

[6] 会计从业资格考试辅导教材编写组．会计基础[M]．北京：中国财政经济出版社，2010．

[7] 李平．基础会计[M]．北京：清华大学出版社，2010．

[8] 杨月梅．基础会计[M]．北京：清华大学出版社，2007．

[9] 郭涛，何乃飞．会计学原理[M]．北京：机械工业出版社，2007．

[10] 贺世强．会计基础与实务[M]．大连：东北财经大学出版社，2009．

[11] 会计从业资格考试辅导教材编写组．财经法规与会计职业道德[M]．北京：中国财政经济出版社，2010．

[12] 王建忠．会计发展史[M]．大连：东北财经大学出版社，2005．

参考文献

[illegible]

北京大学出版社高职高专经管类规划教材书目

财务会计类

序号	书　名	标准书号	主　编	定价	出版年月	配套情况
1	统计学基础	978-7-81117-756-5	阮红伟	30	201101 第 2 次印刷	ppt
2	统计学原理	978-7-81117-825-8	廖江平	25	201111 第 3 次印刷	ppt
3	统计学原理与实务	978-7-5038-4836-0	姜长文	26	201007 第 5 次印刷	ppt
4	实用统计基础与案例	978-7-301-20409-2	黄彬红	35	201204	ppt
5	经济法实用教程	978-7-81117-675-9	胡卫东	39	201111 第 3 次印刷	ppt
6	经济法原理与实务	978-7-5038-4846-9	孙晓平	38	200905 第 3 次印刷	ppt
7	财经法规	978-7-81117-885-2	李　萍	35	201202 第 2 次印刷	ppt
8	会计基本技能	978-7-5655-0067-1	高东升	26	201109 第 2 次印刷	ppt
9	会计基础实训	978-7-301-19964-0	刘春才	29	201201	ppt
10	会计基础实务	978-7-301-21145-8	刘素菊，潘素琼	27	201208	ppt
11	企业会计基础	978-7-301-20460-3	徐炳炎	33	201204	ppt/浙江省重点教材建设项目网站
12	基础会计	978-7-5655-0062-6	常　美	28	201008	ppt
13	基础会计教程	978-7-81117-753-4	侯　颖	30	200907	ppt
14	基础会计教程与实训	978-7-5038-4845-2	李　洁	28	201008 第 5 次印刷	ppt
15	基础会计教程与实训（第 2 版）	978-7-301-16075-6	李　洁	30	201109	ppt
16	基础会计实训教程	978-7-5038-5017-2	王桂梅	20	201106 第 3 次印刷	ppt
17	基础会计原理与实务	978-7-5038-4849-0	侯旭华	28	200908 第 3 次印刷	ppt
18	财务管理	978-7-5655-0328-3	翟其红	29	201107	ppt
19	财务活动管理	978-7-5655-0162-3	石兰东	26	201101	ppt
20	财务会计	978-7-5655-0117-3	张双兰	40	201101	ppt
21	财务管理教程与实训	978-7-5038-4837-7	张　红	37	200911 第 3 次印刷	ppt
22	财务会计（第 2 版）	978-7-81117-975-6	李　哲	32	201003	ppt
23	财务会计	978-7-301-20951-6	张严心，金敬辉	32	201208	ppt
24	财务会计实用教程	978-7-5038-5027-1	丁增稳	36	200805	ppt
25	财务管理	978-7-301-17843-0	林　琳	35	201108	ppt
26	Excel 财务管理应用	978-7-5655-0358-0	陈立稳	33	201108	ppt
27	中小企业财务管理教程	978-7-301-19936-7	周兵	28	201201	ppt
28	成本会计	978-7-5655-0130-2	陈东领	25	201101	ppt
29	成本会计	978-7-81117-592-9	李桂梅	28	201207 第 3 次印刷	ppt
30	成本会计实训教程	978-7-81117-542-4	贺英莲	23	201101 第 3 次印刷	ppt
31	成本费用核算	978-7-5655-0165-4	王　磊	27	201101	ppt
32	成本会计	978-7-301-19409-6	徐亚明	24	201108	ppt
33	成本会计实务	978-7-301-19308-2	王书果	36	201108	ppt
34	审计业务操作	978-7-5655-0171-5	涂申清	30	201101	ppt
35	审计业务操作全程实训教程	978-7-5655-0259-0	涂申清	26	201204 第 2 次印刷	ppt
36	审计学原理与实务	978-7-5038-4843-8	马西牛	32	201007 第 2 次印刷	ppt
37	税务会计实用教程	978-7-5038-4848-3	李克桥	37	200808 第 2 次印刷	ppt
38	涉税业务核算	978-7-301-18287-1	周常青	29	201101	ppt
39	企业纳税实务	978-7-5655-0188-3	司宇佳	25	201101	ppt
40	企业纳税与筹划实务	978-7-301-20193-0	郭武燕	38	201203	ppt
41	纳税申报与筹划	978-7-301-20921-9	李英艳，黄体允	38	201207	ppt
42	会计电算化实用教程	978-7-5038-4853-7	张耀武	28	200802	ppt
43	会计电算化实用教程（第 2 版）	978-7-301-09400-6	刘东辉	20	200806	ppt
44	电算会计综合实习	978-7-301-21096-3	陈立稳，陈　健	38	201208	ppt

45	会计英语	978-7-5038-5012-7	杨　洪	28	200908 第 2 次印刷	ppt
46	财经英语阅读	978-7-81117-952-1	朱　琳	29	201101 第 2 次印刷	ppt
47	行业特殊业务核算	978-7-301-18204-8	余　浩	30	201101	ppt
48	预算会计	978-7-301-20440-5	冯　萍	39	201205	ppt

金融贸易类

序号	书　名	标准书号	主　编	定价	出版年月	配套情况
1	资产评估	978-7-81117-645-2	董亚红	40	201107 第 2 次印刷	ppt
2	国际结算	978-7-81117-842-5	黎国英	25	201207 第 2 次印刷	ppt
3	国际结算	978-7-5038-4844-5	徐新伟	32	200907 第 2 次印刷	ppt
4	国际贸易结算	978-7-301-20980-6	罗俊勤	31	201207	ppt
5	货币银行学	978-7-5038-4838-4	曹　艺	28	201206 第 4 次印刷	ppt
6	国际金融基础与实务	978-7-5038-4839-1	冷丽莲	33	200708	ppt
7	国际贸易概论	978-7-81117-841-8	黎国英	28	201204 第 4 次印刷	ppt
8	国际贸易理论与实务	978-7-5038-4852-0	程敏然	40	200708	ppt
9	国际贸易实务	978-7-301-19393-8	李湘滇	34	201108	ppt
10	国际贸易实务操作	978-7-301-19962-6	王言炉	37	201201	ppt
11	国际贸易实务	978-7-301-20929-5	夏新燕	30	201208	ppt
12	国际商务谈判	978-7-81117-532-5	卞桂英	33	201001 第 2 次印刷	ppt
13	国际商务谈判（第 2 版）	978-7-301-19705-9	刘金波	35	201112	ppt
14	国际商法实用教程	978-7-5655-0060-2	聂红梅	35	201204 第 2 次印刷	ppt
15	进出口贸易实务	978-7-5038-4842-1	周学明	30	200805 第 2 次印刷	ppt
16	金融英语	978-7-81117-537-0	刘　娣	24	201009 第 3 次印刷	ppt/省级精品课程网站
17	财政基础与实务	978-7-5038-4840-7	才凤玲	34	201001 第 2 次印刷	ppt
18	财政与金融	978-7-5038-4856-8	谢利人	37	200808 第 2 次印刷	ppt
19	外贸单证	978-7-301-17417-3	程文吉	28	201109	ppt/浙江省重点教材建设项目网站
20	新编外贸单证实务	978-7-301-21048-2	柳国华	30	201208	ppt
21	商务英语学习情境教程	978-7-301-18626-8	孙晓娟	27	201109	ppt/浙江省重点教材建设项目网站
22	国际贸易实务	978-7-301-20192-3	刘　慧	25	201203	ppt
23	国际商务单证	978-7-301-20974-5	刘　慧，杨志学	29	201207	ppt
24	国际投资	978-7-301-21041-3	高田歌	33	201208	ppt
25	国际金融	978-7-301-21097-0	张艳清	26	201208	ppt
26	商业银行会计实务	78-7-301-21132-8	王启姣	35	201208	ppt
27	保险实务	978-7-301-20952-3	朱丽莎	30	201208	ppt

营销管理类

序号	书　名	标准书号	主　编	定价	出版年月	配套情况
1	电子商务实用教程	978-7-301-18513-1	卢忠敏	33	201102	ppt
2	网络营销理论与实务	978-7-5655-0039-8	宋沛军	32	201112 第 2 次印刷	ppt
3	电子商务项目式教程	978-7-301-20976-9	胡　雷	25	201208	ppt
4	电子商务英语	978-7-301-17603-0	陈晓鸣	22	201111 第 2 次印刷	ppt
5	市场营销学	978-7-5038-4859-9	李世宗	28	200807 第 2 次印刷	ppt
6	市场营销	978-7-81117-957-6	钟立群	33	201207 第 2 次印刷	ppt
7	市场调查与预测	978-7-5655-0252-1	徐　林	27	201105	ppt
8	市场调查与预测	978-7-301-19904-6	熊衍红	31	201112	ppt
9	市场营销理论与实训	978-7-5655-0316-0	路　娟	27	201107	ppt
10	市场营销项目驱动教程	978-7-301-20750-5	肖　飞	34	201206	ppt
11	市场调研案例教程	978-7-81117-570-7	周宏敏	25	201101 第 2 次印刷	ppt

12	营销策划技术	978-7-81117-541-7	方志坚	26	201012 第 2 次印刷	ppt
13	营销策划	978-7-301-20608-9	许建民	37	201205	ppt/国家级精品课程网站
14	现代推销技术	978-7-301-20088-9	尤凤翔，屠立峰	32	201202	ppt
15	商务沟通实务	978-7-301-18312-0	郑兰先	31	201112 第 2 次印刷	ppt
16	商务礼仪	978-7-5655-0176-0	金丽娟	29	201207 第 2 次印刷	ppt
17	商务礼仪	978-7-81117-831-9	李　巍	33	201205 第 3 次印刷	ppt
18	现代商务礼仪	978-7-81117-855-5	覃常员	24	201206 第 3 次印刷	ppt
19	商务谈判	978-7-5038-4850-6	范银萍	32	200908 第 2 次印刷	ppt
20	商务谈判	978-7-301-20543-3	尤凤翔	26	201205	ppt
21	管理学基础	978-7-81117-974-3	李蔚田	34	201204 第 3 次印刷	ppt/教学参考资料
22	管理学原理	978-7-5038-4841-4	季　辉	26	201007 第 3 次印刷	ppt
23	管理学原理与应用	978-7-5655-0065-7	秦　虹	27	201207 第 2 次印刷	ppt
24	企业管理	978-7-5038-4858-2	张　亚	34	201007 第 3 次印刷	ppt
25	现代企业管理	978-7-81117-806-7	于翠华	38	200908	ppt
26	现代企业管理	978-7-301-19687-8	刘　磊	32	201204 第 2 次印刷	ppt
27	通用管理实务	978-7-81117-829-6	叶　萍	39	201101 第 2 次印刷	ppt
28	中小企业管理	978-7-81117-529-5	吕宏程	35	201108 第 4 次印刷	ppt
29	企业管理实务	978-7-301-20657-7	关善勇	28	201205	ppt
30	连锁经营与管理	978-7-5655-0019-0	宋之苓	37	201208 第 3 次印刷	ppt
31	企业经营管理模拟训练（含记录手册）	978-7-301-21033-8	叶　萍，宫恩田	29	201208	ppt
32	管理信息系统	978-7-81117-802-9	刘　宇	30	200907	ppt
33	现代公共关系原理与实务	978-7-5038-4835-3	张美清	25	201003 第 2 次印刷	ppt
34	公共关系实务	978-7-301-20096-4	李　东	32	201202	ppt
35	人力资源管理	978-7-5038-4851-3	李蔚田	40	200802	ppt
36	人力资源管理实务	978-7-301-19096-8	赵国忻	30	201107	ppt/浙江省重点教材建设项目网站
37	消费心理学	978-7-81117-661-2	臧良运	31	201205 第 5 次印刷	ppt
38	消费心理与行为分析	978-7-301-19887-2	王水清	30	201112	ppt
39	广告原理与实务	978-7-5038-4847-6	郑小兰	32	201007 第 2 次印刷	ppt
40	零售学	978-7-81117-759-6	陈文汉	33	201111 第 2 次印刷	ppt
41	商品学概论	978-7-5038-4855-1	方凤玲	20	201008 第 3 次印刷	ppt
42	秘书理论与实务	978-7-81117-590-5	赵志强	26	200812	ppt

物流管理类

序号	书　名	标准书号	主　编	定价	出版年月	配套情况
1	现代物流概论	978-7-81117-803-6	傅莉萍	40	201010 第 2 次印刷	ppt
2	现代物流管理	978-7-301-17374-9	申纲领	30	201205 第 2 次印刷	ppt
3	现代物流管理	978-7-5038-4854-4	沈　默	37	200908 第 3 第印刷	ppt
4	现代物流概论	978-7-301-20922-6	钮立新	38	201207	ppt
5	企业物流管理	978-7-81117-804-3	傅莉萍	32	201208 第 3 次印刷	ppt
6	物流专业英语	978-7-5655-0210-1	仲　颖	24	201205 第 2 次印刷	ppt
7	现代生产运作管理实务	978-7-301-17980-2	李陶然	39	201011	ppt
8	物流案例与实训	978-7-301-17521-7	申纲领	28	201201 第 2 次印刷	ppt
9	物流市场调研	978-7-81117-805-0	覃　逢	22	201102 第 2 次印刷	ppt
10	物流营销管理	978-7-81117-949-1	李小叶	36	201205 第 2 次印刷	ppt
11	采购管理实务	978-7-301-17917-8	李方峻	28	201205 第 2 次印刷	ppt
12	采购实务	978-7-301-19314-3	罗振华	33	201108	ppt
13	供应链管理	978-7-301-20639-3	杨　华	33	201205	ppt

14	采购与供应链管理实务	978-7-301-19968-8	熊 伟	36	201201	ppt
15	仓储管理技术	978-7-301-17522-4	王 冬	26	201007	ppt
16	仓储管理实务	978-7-301-18612-1	李怀湘	30	201103	ppt
17	仓储与配送管理	978-7-81117-995-8	吉 亮	38	201207 第 3 次印刷	ppt
18	仓储与配送管理实训教程	978-7-81117-886-9	杨叶勇	24	200910	ppt
19	仓储与配送管理实务	978-7-5038-4857-5	郭曙光	44	201009 第 2 次印刷	ppt
20	仓储与配送管理实务	978-7-301-20182-4	李陶然	35	201203	ppt
21	仓储与配送管理项目式教程	978-7-301-20656-0	王 瑜	38	201205	ppt
22	物流运输管理	978-7-301-17506-4	申纲领	29	201109 第 2 次印刷	ppt
23	物流运输实务	978-7-301-20286-9	黄 河	40	201203	ppt
24	运输管理项目式教程	978-7-301-19323-5	钮立新	30	201108	ppt
25	物流信息系统	978-7-81117-827-2	傅莉萍	40	201205 第 2 次印刷	ppt
26	物流信息系统案例与实训	978-7-81117-830-2	傅莉萍	26	200908	ppt
27	物流信息技术与应用	978-7-301-17212-4	谢金龙	30	201107 第 2 次印刷	ppt
28	物流成本管理	978-7-301-20891-5	傅莉萍	28	201207	ppt

请登录 www.pup6.cn 免费下载本系列教材的电子样书(PDF 版)、ppt 和相关教学资源。

欢迎免费索取样书，并欢迎到北京大学出版社来出版您的大作，您可在 www.pup6.cn 在线申请样书和进行选题登记，也可下载相关表格填写后发到我们的邮箱，我们将及时与您取得联系并做好全方位的服务。